KANT · KRITIK DER PRAKTISCHEN VERNUNFT

IMMANUEL KANT

KRITIK DER REINEN VERNUNFT
KRITIK DER PRAKTISCHEN VERNUNFT
KRITIK DER URTEILSKRAFT

HERAUSGEGEBEN
VON GOTTFRIED MARTIN,
INGEBORG HEIDEMANN, JOACHIM KOPPER
UND GERHARD LEHMANN

PHILIPP RECLAM JUN. STUTTGART

IMMANUEL KANT

KRITIK DER PRAKTISCHEN VERNUNFT

HERAUSGEGEBEN VON JOACHIM KOPPER

PHILIPP RECLAM JUN. STUTTGART

Universal-Bibliothek Nr. 1111 [3]

Gesamtherstellung: Reclam, Ditzingen. Printed in Germany 1986
ISBN 3-15-001111-6

VORWORT

zur Studienausgabe von Kants drei erkenntniskritischen Hauptwerken

Die hier vorgelegten Ausgaben der Kritik der reinen Vernunft, der Kritik der praktischen Vernunft und der Kritik der Urteilskraft erneuern die alten Ausgaben von Kehrbach in der Universal-Bibliothek. Kehrbach hatte 1877 die Kritik der reinen Vernunft erscheinen lassen, 1878 ließ er die Kritik der praktischen Vernunft und die Kritik der Urteilskraft folgen. Diese Ausgaben sind in immer neuen Auflagen erschienen, der Text wurde ständig überprüft und gebessert.

Durch die Arbeit von drei Generationen liegt heute die von der Preußischen Akademie der Wissenschaften begonnene Gesamtausgabe für die Werke, den Briefwechsel und den Nachlaß vollendet vor. Damit ergeben sich für jede Edition Kantischer Texte zwei Ausgangspunkte: die Originalausgabe und die Akademieausgabe. Für die hier vorgelegten Ausgaben ist jeweils eine bestimmte, im Apparat angegebene Originalausgabe zugrunde gelegt worden. Alle Abweichungen sowohl von der Originalausgabe als auch von der Akademieausgabe sind im Apparat verzeichnet worden, soweit sie das Verständnis betreffen. Im ganzen hält sich der hier gegebene Text näher an die Originalausgabe als an die Akademieausgabe. Die Zeichensetzung des Kantischen Textes ist so weit wie möglich beibehalten worden. Die bei Kant häufigen Archaismen sind dort dem heutigen Sprachgebrauch angeglichen worden, wo sie das Verständnis stören würden, sonst sind auch sie nach Möglichkeit beibehalten worden.

Die Herausgeber hoffen, daß auch die neuen Ausgaben in die Bedeutung der Kehrbachschen Ausgaben hineinwachsen werden.

Gottfried Martin, Ingeborg Heidemann
Joachim Kopper, Gerhard Lehmann

INHALTSÜBERSICHT

Vorrede

Warum diese Kritik nicht eine Kritik der *reinen* praktischen, sondern schlechthin der praktischen Vernunft überhaupt betitelt wird, obgleich der Parallelismus derselben mit der spekulativen das erstere zu erfordern scheint, darüber gibt diese Abhandlung hinreichenden Aufschluß. Sie soll bloß dartun, *daß es reine praktische Vernunft gebe*, und kritisiert in dieser Absicht ihr ganzes *praktisches Vermögen*. Wenn es ihr hiermit gelingt, so bedarf sie das *reine Vermögen selbst* nicht zu kritisieren, um zu sehen, ob sich die Vernunft mit einem solchen, als einer bloßen Anmaßung, nicht *übersteige* (wie es wohl mit der spekulativen geschieht). Denn wenn sie, als reine Vernunft, wirklich praktisch ist, so beweiset sie ihre und ihrer Begriffe Realität durch die Tat, und alles Vernünfteln wider die Möglichkeit, es zu sein, ist vergeblich. |

Mit diesem Vermögen steht auch die transzendentale *Freiheit* nunmehr fest, und zwar in derjenigen absoluten Bedeutung genommen, worin die spekulative Vernunft beim Gebrauche des Begriffs der Kausalität sie bedurfte, um sich wider die Antinomie zu retten, darin sie unvermeidlich gerät, wenn sie in der Reihe der Kausalverbindung sich das *Unbedingte* denken will, welchen Begriff sie aber nur problematisch, als nicht unmöglich zu denken, aufstellen konnte, ohne ihm seine objektive Realität zu sichern, sondern allein, um nicht durch vorgebliche Unmöglichkeit dessen, was sie doch wenigstens als denkbar gelten lassen muß, in ihrem Wesen angefochten und in einen Abgrund des Skeptizismus gestürzt zu werden.

Der Begriff der Freiheit, so fern dessen Realität durch ein apodiktisches Gesetz der praktischen Vernunft bewiesen ist, macht nun den Schlußstein von dem ganzen Gebäude eines Systems der reinen, selbst der spekulativen, Vernunft aus, und alle anderen Begriffe (die von Gott und Unsterblichkeit), welche, als bloße Ideen, in dieser ohne Haltung bleiben, schließen sich nun an ihn an, und bekommen mit ihm und durch ihn Bestand und objektive Realität, d. i. die | Möglichkeit derselben wird dadurch bewiesen, daß Freiheit wirklich ist; denn diese Idee offenbaret sich durchs moralische Gesetz.

Freiheit ist aber auch die einzige unter allen Ideen der spekulativen Vernunft, wovon wir die Möglichkeit a priori wissen, ohne sie doch einzusehen, weil sie die Bedingung* des moralischen Gesetzes ist, welches wir wissen. Die Ideen von Gott und Unsterblichkeit sind aber nicht Bedingungen des moralischen Gesetzes, sondern nur Bedingungen des

* Damit man hier nicht Inkonsequenzen anzutreffen wähne, wenn ich jetzt die Freiheit die Bedingung des moralischen Gesetzes nenne und in der Abhandlung nachher behaupte, daß das moralische Gesetz die Bedingung sei, unter der wir uns allererst der Freiheit bewußt werden können, so will ich nur erinnern, daß die Freiheit allerdings die ratio essendi[1] des moralischen Gesetzes, das moralische Gesetz aber die ratio cognoscendi[2] der Freiheit sei. Denn, wäre nicht das moralische Gesetz in unserer Vernunft eher deutlich gedacht, so würden wir uns niemals berechtigt halten, so etwas, als Freiheit ist, (ob diese gleich sich nicht widerspricht) anzunehmen. Wäre aber keine Freiheit, so würde das moralische Gesetz in uns gar nicht anzutreffen sein.

[1] dt.: Seinsgrund
[2] dt.: Erkenntnisgrund

notwendigen | Objekts eines durch dieses Gesetz bestimmten Willens, d. i. des bloß praktischen Gebrauchs unserer reinen Vernunft; also können wir von jenen Ideen auch, ich will nicht bloß sagen, nicht die Wirklichkeit, sondern auch nicht einmal die Möglichkeit zu erkennen und einzusehen behaupten. Gleichwohl aber sind sie die Bedingungen der Anwendung des moralisch bestimmten Willens auf sein ihm a priori gegebenes Objekt (das höchste Gut). Folglich kann und muß ihre Möglichkeit in dieser praktischen Beziehung angenommen werden, ohne sie doch theoretisch zu erkennen und einzusehen. Für die letztere Forderung ist in praktischer Absicht genug, daß sie keine innere Unmöglichkeit (Widerspruch) enthalten. Hier ist nun ein, in Vergleichung mit der spekulativen Vernunft, bloß subjektiver Grund des Fürwahrhaltens, der doch einer eben so reinen, aber praktischen Vernunft objektiv gültig ist, dadurch den Ideen von Gott und Unsterblichkeit vermittelst des Begriffs der Freiheit objektive Realität und Befugnis, ja subjektive Notwendigkeit (Bedürfnis der reinen Vernunft) sie anzunehmen verschafft wird, ohne daß dadurch doch die Vernunft im theoretischen Erkenntnisse erweitert, sondern nur die Möglichkeit, die vorher nur Problem war, hier | Assertion wird, gegeben, und so der praktische Gebrauch der Vernunft mit den Elementen des theoretischen verknüpft wird. Und dieses Bedürfnis ist nicht etwa ein hypothetisches, einer beliebigen Absicht der Spekulation, daß man etwas annehmen müsse, wenn man zur Vollendung des Vernunftgebrauchs in der Spekulation hinaufsteigen will, sondern ein gesetzliches, etwas anzunehmen, ohne welches nicht geschehen kann, was man sich zur Absicht seines Tuns und Lassens unnachlaßlich setzen soll.

Es wäre allerdings befriedigender für unsere spekulative Vernunft, ohne diesen Umschweif jene Aufgaben für sich aufzulösen, und sie als Einsicht zum praktischen Gebrauche aufzubewahren; allein es ist einmal mit unserem Vermögen der Spekulation nicht so gut bestellt. Diejenigen, welche sich solcher hohen Erkenntnisse rühmen, sollten damit nicht zurückhalten, sondern sie öffentlich zur Prüfung und Hochschätzung darstellen. Sie wollen *beweisen*; wohlan! so mögen sie denn beweisen, und die Kritik legt ihnen, als Siegern, ihre ganze Rüstung zu Füßen. Quid statis? Nolint. Atqui licet esse beatis[3]. — Da sie also in der Tat nicht wollen, vermutlich weil sie nicht | können, so müssen wir jene doch nur wiederum zur Hand nehmen, um die Begriffe von *Gott*, *Freiheit* und *Unsterblichkeit*, für welche die Spekulation nicht hinreichende Gewährleistung ihrer *Möglichkeit* findet, in moralischem Gebrauche der Vernunft zu suchen und auf demselben zu gründen.

Hier erklärt sich auch allererst das Rätsel der Kritik, wie man dem übersinnlichen *Gebrauche der Kategorien* in der Spekulation objektive *Realität absprechen*, und ihnen doch, in Ansehung der Objekte der reinen praktischen Vernunft, diese *Realität zugestehen* könne; denn vorher muß dieses notwendig *inkonsequent* aussehen, so lange man einen solchen praktischen Gebrauch nur dem Namen nach kennt. Wird man aber jetzt durch eine vollständige Zergliederung der[4] letzteren inne, daß gedachte Realität hier gar auf keine theoretische *Bestimmung der Kategorien* und Erweiterung des Erkenntnisses zum Übersinnlichen hinaus-

---

[3] Horaz, Satiren I, 1, 19. Übers.: Was steht ihr noch? Sie wollen nicht. Und doch könnten sie jetzt glücklich sein.

[4] Akad.Ausg.: des

gehe, sondern nur hierdurch gemeinet sei, daß ihnen in dieser Beziehung überall ein Objekt zukomme; weil sie entweder in der notwendigen Willensbestimmung a priori enthalten, oder mit dem Gegenstande derselben unzertrennlich verbunden | sind, so verschwindet jene Inkonsequenz; weil man einen andern Gebrauch von jenen Begriffen macht, als spekulative Vernunft bedarf. Dagegen eröffnet sich nun eine vorher kaum zu erwartende und sehr befriedigende Bestätigung der konsequenten Denkungsart der spekulativen Kritik darin, daß, da diese die Gegenstände der Erfahrung, als solche, und darunter selbst unser eigenes Subjekt, nur für Erscheinungen gelten zu lassen, ihnen aber gleichwohl Dinge an sich selbst zum Grunde zu legen, also nicht alles Übersinnliche für Erdichtung und dessen Begriff für leer an Inhalt zu halten, einschärfte: praktische Vernunft jetzt für sich selbst, und ohne mit der spekulativen Verabredung getroffen zu haben, einem übersinnlichen Gegenstande der Kategorie der Kausalität, nämlich der Freiheit, Realität verschafft, (obgleich, als praktischem Begriffe, auch nur zum praktischen Gebrauche,) also dasjenige, was dort bloß gedacht werden konnte, durch ein Faktum bestätigt. Hierbei erhält nun zugleich die befremdliche, obzwar unstreitige, Behauptung der spekulativen Kritik, daß sogar das denkende Subjekt ihm selbst, **in der inneren Anschauung,** bloß Erscheinung sei, in der Kritik der praktischen Vernunft auch ihre volle Bestätigung, so gut, daß | man auf sie kommen muß, wenn die erstere diesen Satz auch gar nicht bewiesen hätte*.

* Die Vereinigung der Kausalität, als Freiheit, mit ihr, als Naturmechanismus, davon die erste durchs Sittengesetz, die zweite

Hierdurch verstehe ich auch, warum die erheblichsten Einwürfe wider die Kritik, die mir bisher noch vorgekommen sind, sich gerade um diese zwei Angel drehen: nämlich einerseits im theoretischen Erkenntnis geleugnete und im praktischen behauptete objektive Realität der auf Noumenen angewandten Kategorien, andererseits die paradoxe Forderung, sich als Subjekt der Freiheit zum Noumen, zu gleich aber auch in Absicht auf die Natur zum Phänomen in seinem eigenen empirischen Bewußtsein zu machen. Denn, so lange man sich noch keine bestimmten Begriffe von Sittlichkeit und Freiheit machte, konnte man nicht | erraten, was man einerseits der vorgeblichen Erscheinung als Noumen zum Grunde legen wolle, und andererseits, ob es überall auch möglich sei, sich noch von ihm einen Begriff zu machen, wenn man vorher alle Begriffe des reinen Verstandes im theoretischen Gebrauche schon ausschließungsweise den bloßen Erscheinungen gewidmet hätte. Nur eine ausführliche Kritik der praktischen Vernunft kann alle diese Mißdeutung heben, und die konsequente Denkungsart, welche eben ihren größten Vorzug ausmacht, in ein helles Licht setzen.

So viel zur Rechtfertigung, warum in diesem Werke die Begriffe und Grundsätze der reinen spekulativen Vernunft, welche doch ihre besondere Kritik schon erlitten haben, hier hin und wieder nochmals der Prüfung unterworfen werden, welches dem systematischen Gange einer zu errichtenden Wissenschaft sonst

durchs Naturgesetz, und zwar in einem und demselben Subjekte, dem Menschen, fest steht, ist unmöglich, ohne diesen in Beziehung auf das erstere als Wesen an sich selbst, auf das zweite aber als Erscheinung, jenes im reinen, dieses im empirischen Bewußtsein, vorzustellen. Ohne dieses ist der Widerspruch der Vernunft mit sich selbst unvermeidlich.

nicht wohl geziemet (da abgeurteilte Sachen billig nur angeführt und nicht wiederum in Anregung gebracht werden müssen), doch *hier* erlaubt, ja nötig war; weil die Vernunft mit jenen Begriffen im Übergange zu einem ganz anderen Gebrauche betrachtet wird, als den sie *dort* von ihnen machte. Ein sol|cher Übergang macht aber eine Vergleichung des älteren mit dem neuern Gebrauche notwendig, um das neue Gleis von dem vorigen wohl zu unterscheiden und zugleich den Zusammenhang derselben bemerken zu lassen. Man wird also Betrachtungen dieser Art, unter andern diejenige[5], welche nochmals auf den Begriff der Freiheit, aber im praktischen Gebrauche der reinen Vernunft, gerichtet worden, nicht wie Einschiebsel betrachten, die etwa nur dazu dienen sollen, um Lük-ken des kritischen Systems der spekulativen Vernunft auszufüllen (denn dieses ist in seiner Absicht vollständig), und, wie es bei einem übereilten Baue herzugehen pflegt, hintennach noch Stützen und Strebepfeiler anzubringen, sondern als wahre Glieder, die den Zusammenhang des Systems bemerklich machen, um[6] Begriffe, die dort nur problematisch vorgestellt werden konnten, jetzt in ihrer realen Darstellung einsehen zu lassen. Diese Erinnerung geht vornehmlich den Begriff der Freiheit an, von dem man mit Befremdung bemerken muß, daß noch so viele ihn ganz wohl einzusehen und die Möglichkeit derselben erklären zu können sich rühmen, indem sie ihn bloß in psychologischer Beziehung betrachten, indessen daß, wenn sie ihn vorher in transzendentaler genau erwogen hät|ten, sie so wohl seine *Unentbehrlichkeit*, als problematischen Begriffs, in vollstän-

[5] „diejenige" kann sowohl als Singular als auch als — archaischer — Plural aufgefaßt werden

[6] 1. Aufl.: und; Akad.Ausg.: um

digem Gebrauche der spekulativen Vernunft, als auch die völlige Unbegreiflichkeit desselben hätten erkennen, und, wenn sie nachher mit ihm zum praktischen Gebrauche gingen, gerade auf die nämliche Bestimmung des letzteren in Ansehung seiner Grundsätze von selbst hätten kommen müssen, zu welcher sie sich sonst so ungern verstehen wollen. Der Begriff der Freiheit ist der Stein des Anstoßes für alle Empiristen, aber auch der Schlüssel zu den erhabensten praktischen Grundsätzen für kritische Moralisten, die dadurch einsehen, daß sie notwendig rational verfahren müssen. Um deswillen ersuche ich den Leser, das, was zum Schlusse der Analytik über diesen Begriff gesagt wird, nicht mit flüchtigem Auge zu übersehen.

Ob ein solches System, als hier von der reinen praktischen Vernunft aus der Kritik der letzteren entwikkelt wird, viel oder wenig Mühe gemacht habe, um vornehmlich den rechten Gesichtspunkt, aus dem das Ganze derselben richtig vorgezeichnet werden kann, nicht zu verfehlen, muß ich den Kennern einer dergleichen Arbeit zu beurteilen überlassen. Es setzt | zwar die Grundlegung zur Metaphysik der Sitten voraus, aber nur in so fern, als diese mit dem Prinzip der Pflicht vorläufige Bekanntschaft macht und eine bestimmte Formel derselben angibt und rechtfertigt*; sonst besteht es durch sich selbst.

* Ein Rezensent, der etwas zum Tadel dieser Schrift sagen wollte, hat es besser getroffen, als er wohl selbst gemeint haben mag, indem er sagt: daß darin kein neues Prinzip der Moralität, sondern nur eine neue Formel aufgestellet worden. Wer wollte aber auch einen neuen Grundsatz aller Sittlichkeit einführen, und diese gleichsam zuerst erfinden? gleich als ob vor ihm die Welt, in dem was Pflicht sei, unwissend, oder in durchgängigem Irrtume gewesen wäre. Wer aber weiß, was dem Mathematiker eine Formel bedeutet, die das, was zu tun sei, um eine

Daß die E i n t e i l u n g aller praktischen Wissenschaften zur V o l l s t ä n d i g k e i t nicht mit beigefügt worden, wie es die Kritik der spekulativen Vernunft leistete, dazu ist auch gültiger Grund in der Beschaffenheit dieses praktischen Vernunftvermögens anzutreffen. Denn die besondere Bestimmung der Pflichten, als Menschen|pflichten, um sie einzuteilen, ist nur möglich, wenn vorher das Subjekt dieser Bestimmung (der Mensch), nach der Beschaffenheit, mit der er wirklich ist, obzwar nur so viel als in Beziehung auf Pflicht überhaupt nötig ist, erkannt worden; diese aber gehört nicht in eine Kritik der praktischen Vernunft überhaupt, die nur die Prinzipien ihrer Möglichkeit, ihres Umfanges und Grenzen vollständig ohne besondere Beziehung auf die menschliche Natur angeben soll. Die Einteilung gehört also hier zum System der Wissenschaft, nicht zum System der Kritik.

Ich habe einem gewissen, wahrheitliebenden und scharfen, dabei also doch immer achtungswürdigen Rezensenten jener G r u n d l e g u n g z u r M e t a p h y s i k d e r S i t t e n auf seinen Einwurf, d a ß d e r B e g r i f f d e s G u t e n d o r t n i c h t (wie es seiner Meinung nach nötig gewesen wäre) v o r d e m m o r a l i s c h e n P r i n z i p f e s t g e s e t z t w o r d e n*, in dem zweiten Hauptstücke der Analytik, |

Aufgabe zu befolgen, ganz genau bestimmt und nicht verfehlen läßt, wird eine Formel, welche dieses in Ansehung aller Pflicht überhaupt tut, nicht für etwas Unbedeutendes und Entbehrliches halten.

* Man könnte mir noch den Einwurf machen, warum ich nicht auch den Begriff des B e g e h r u n g s v e r m ö g e n s, oder des G e f ü h l s d e r L u s t vorher erklärt habe; obgleich | dieser Vorwurf unbillig sein würde, weil man diese Erklärung, als in der Psychologie gegeben, billig sollte voraussetzen können. Es könnte aber freilich die Definition daselbst so eingerichtet sein, daß das Gefühl der Lust der Bestimmung des Begehrungsvermögens zum

wie ich hoffe, Genüge getan; eben so auch auf manche andere Einwürfe Rücksicht genommen, die | mir von Männern zu Händen gekommen sind, die den Willen blicken lassen, daß die Wahrheit auszumitteln ihnen am Herzen liegt, (denn die, so nur ihr | altes System

Grunde gelegt würde (wie es auch wirklich gemeinhin so zu geschehen pflegt), dadurch aber das oberste Prinzip der praktischen Philosophie notwendig *empirisch* ausfallen müßte, welches doch allererst auszumachen ist, und in dieser Kritik gänzlich widerlegt wird. Daher will ich diese Erklärung hier so geben, wie sie sein muß, um diesen streitigen Punkt, wie billig, im Anfange unentschieden zu lassen. — **Leben** ist das Vermögen eines Wesens, nach Gesetzen des Begehrungsvermögens zu handeln. Das **Begehrungsvermögen** ist das *Vermögen* desselben, *durch seine Vorstellungen Ursache von der Wirklichkeit der Gegenstände dieser Vorstellungen zu sein.* **Lust** ist die *Vorstellung der Übereinstimmung des Gegenstandes oder der Handlung mit den* **subjektiven** *Bedingungen des Lebens*, d. i. mit dem Vermögen der *Kausalität einer Vorstellung in Ansehung der Wirklichkeit ihres Objekts* (oder der Bestimmung der Kräfte des Subjekts zur Handlung es hervorzubringen). Mehr brauche ich nicht zum Behuf der Kritik von Begriffen, die aus der Psychologie entlehnt werden, das übrige leistet die Kritik selbst. Man | wird leicht gewahr, daß die Frage, ob die Lust dem Begehrungsvermögen jederzeit zum Grunde gelegt werden müsse, oder ob sie auch unter gewissen Bedingungen nur auf die Bestimmung desselben folge, durch diese Erklärung unentschieden bleibt; denn sie ist aus lauter Merkmalen des reinen Verstandes d. i. Kategorien zusammengesetzt, die nichts Empirisches enthalten. Eine solche Behutsamkeit ist in der ganzen Philosophie sehr empfehlungswürdig, und wird dennoch oft verabsäumt, nämlich seinen Urteilen vor der vollständigen Zergliederung des Begriffs, die oft nur sehr spät erreicht wird, durch gewagte Definition nicht vorzugreifen. Man wird auch durch den ganzen Lauf der Kritik (der theoretischen sowohl als praktischen Vernunft) bemerken, daß sich in demselben mannigfaltige Veranlassung vorfinde, manche Mängel im alten dogmatischen Gange der Philosophie zu ergänzen, und Fehler abzuändern, die nicht eher bemerkt werden, als wenn man von Begriffen einen Gebrauch der Vernunft macht, *der aufs Ganze derselben geht.*

vor Augen haben, und bei denen schon vorher beschlossen ist, was gebilligt oder mißbilligt werden soll, verlangen doch keine Erörterung, die ihrer Privatabsicht im Wege sein könnte;) und so werde ich es auch fernerhin halten.

Wenn es um die Bestimmung eines besonderen Vermögens der menschlichen Seele, nach seinen Quellen, Inhalte und Grenzen zu tun ist, so kann man zwar, nach der Natur des menschlichen Erkenntnisses, nicht anders als von den *Teilen* derselben, ihrer genauen und (so viel als nach der jetzigen Lage unserer schon erworbenen Elemente derselben möglich ist) vollständigen Darstellung anfangen. Aber es ist noch eine zweite Aufmerksamkeit, die mehr philosophisch und *architektonisch* ist; nämlich, die *Idee des Ganzen* richtig zu fassen, und aus derselben alle jene Teile in ihrer wechselseitigen Beziehung auf einander, vermittelst der Ableitung derselben von dem Begriffe jenes Ganzen, in einem reinen Vernunftvermögen ins Auge zu fassen. Diese Prüfung und Ge|währleistung ist nur durch die innigste Bekanntschaft mit dem System möglich, und die, welche in Ansehung der ersteren Nachforschung verdrossen gewesen, also diese Bekanntschaft zu erwerben nicht der Mühe wert geachtet haben, gelangen nicht zur zweiten Stufe, nämlich der Übersicht, welche eine synthetische Wiederkehr zu demjenigen ist, was vorher analytisch gegeben worden, und es ist kein Wunder, wenn sie allerwärts Inkonsequenzen finden, obgleich die Lücken, die diese vermuten lassen, nicht im System selbst, sondern bloß in ihrem eigenen unzusammenhängenden Gedankengange anzutreffen sind.

Ich besorge in Ansehung dieser Abhandlung nichts von dem Vorwurfe, eine *neue Sprache* einführen zu wollen, weil die Erkenntnisart sich hier von selbst der Popularität nähert. Dieser Vorwurf konnte auch niemandem in Ansehung der ersteren Kritik beifallen, der sie nicht bloß durchgeblättert, sondern durchgedacht hatte. Neue Worte zu künsteln, wo die Sprache schon so an Ausdrücken für gegebene Be|griffe keinen Mangel hat, ist eine kindische Bemühung, sich unter der Menge, wenn nicht durch neue und wahre Gedanken, doch durch einen neuen Lappen auf dem alten Kleide auszuzeichnen. Wenn daher die Leser jener Schrift populärere Ausdrücke wissen, die doch dem Gedanken eben so angemessen sind[7], als mir jene zu sein scheinen, oder etwa die Nichtigkeit dieser Gedanken selbst, mithin zugleich jedes Ausdrucks, der ihn bezeichnet, darzutun sich getrauen; so würden sie mich durch das erstere sehr verbinden, denn ich will nur verstanden sein; in Ansehung des zweiten aber sich ein Verdienst um die Philosophie erwerben. So lange aber jene Gedanken noch stehen, zweifele ich sehr, daß ihnen angemessene und doch gangbarere Ausdrücke dazu aufgefunden werden dürften.* |

* Mehr (als jene Unverständlichkeit) besorge ich hier hin und wieder Mißdeutung in Ansehung einiger Ausdrücke, die ich mit größter Sorgfalt aussuchte, um den Begriff nicht verfehlen zu lassen, darauf sie weisen. So hat in der Tafel der Kategorien der praktischen Vernunft, in dem Titel der Modalität, das Erlaubte und Unerlaub|te (praktisch-objektiv Mögliche und Unmögliche) mit der nächstfolgenden Kategorie der Pflicht und des Pflichtwidrigen im gemeinen Sprachgebrauche beinahe einerlei Sinn; hier aber soll das erstere dasjenige bedeuten, was mit einer bloß möglichen praktischen Vorschrift in Einstimmung oder Widerstreit ist (wie etwa die Auflösung aller Probleme der Geometrie und Mechanik), das zweite, was in solcher Beziehung auf ein in der Vernunft überhaupt wirklich liegendes Gesetz steht; und dieser Unterschied der Bedeutung ist auch dem gemeinen Sprachgebrauche nicht ganz fremd, wenn gleich etwas ungewöhnlich. So ist es z. B. einem Redner, als

[7] 1. Aufl.: seyn; Akad.Ausg.: sind

Auf diese Weise wären denn nunmehr die Prinzipien a priori zweier Vermögen des Gemüts, des | Erkenntnis- und Begehrungsvermögens ausgemittelt, und, nach den Bedingungen, dem Umfange und | Grenzen ihres Gebrauchs, bestimmt, hierdurch aber zu einer systematischen, theoretischen so wohl als praktischen Philosophie, als Wissenschaft, sicherer Grund gelegt.

solchem, *unerlaubt*, neue Worte oder Wortfügungen zu schmieden; dem Dichter ist es in gewissem Maße *erlaubt*; in keinem von beiden wird hier an Pflicht gedacht. Denn wer sich um den Ruf eines Redners bringen will, dem kann es niemand wehren. Es ist hier nur um den Unterschied der *Imperativen* unter *problematischem*, *assertorischem* und *apodiktischem* Bestimmungsgrunde, zu tun. Eben so habe ich in derjenigen Note, wo ich die moralischen Ideen praktischer Vollkommenheit in ver|schiedenen philosophischen Schulen gegen einander stellete, die Idee der *Weisheit* von der der *Heiligkeit* unterschieden, ob ich sie gleich selbst im Grunde und objektiv für einerlei erkläret habe. Allein ich verstehe an diesem Orte darunter nur diejenige Weisheit, die sich der Mensch (der Stoiker) anmaßt, also *subjektiv* als Eigenschaft dem Menschen angedichtet. (Vielleicht könnte der Ausdruck *Tugend*, womit der Stoiker auch großen Staat trieb, besser das Charakteristische seiner Schule bezeichnen.) Aber der Ausdruck eines *Postulats* der reinen praktischen Vernunft konnte noch am meisten Mißdeutung veranlassen, wenn man damit die Bedeutung vermengete, welche die Postulate der reinen Mathematik haben, und welche apodiktische Gewißheit bei sich führen. Aber diese postulieren die *Möglichkeit einer Handlung*, deren Gegenstand man a priori theoretisch mit völliger Gewißheit als *möglich* voraus erkannt hat. Jenes aber postuliert die Möglichkeit eines *Gegenstandes* (Gottes und der Unsterblichkeit der Seele) selbst aus apodiktischen *praktischen* Gesetzen, also nur zum Behuf einer praktischen Vernunft; da denn diese Gewißheit der postulierten Möglichkeit gar nicht | theoretisch, mithin auch nicht apodiktisch, d. i. in Ansehung des Objekts erkannte Notwendigkeit, sondern in Ansehung des Subjekts, zur Befolgung ihrer objektiven, aber praktischen Gesetze notwendige Annehmung, mithin bloß notwendige Hypothesis ist. Ich wußte für diese subjektive, aber doch wahre und unbedingte Vernunftnotwendigkeit keinen besseren Ausdruck auszufinden.

Was Schlimmeres könnte aber diesen Bemühungen wohl nicht begegnen, als wenn jemand die unerwartete Entdeckung machte, daß es überall gar kein Erkenntnis a priori gebe, noch geben könne. Allein es hat hiermit keine Not. Es wäre eben so viel, als ob jemand durch Vernunft beweisen wollte, daß es keine Vernunft gebe. Denn wir sagen nur, daß wir etwas durch Vernunft erkennen, wenn wir uns bewußt sind, daß wir es auch hätten wissen können, wenn es uns auch nicht so in der Erfahrung vorgekom|men wäre; mithin ist Vernunfterkenntnis und Erkenntnis a priori einerlei. Aus einem Erfahrungssatze Notwendigkeit (ex pumice aquam[8]) auspressen wollen, mit dieser auch wahre Allgemeinheit (ohne welche kein Vernunftschluß, mithin auch nicht der Schluß aus der Analogie, welche eine wenigstens präsumierte Allgemeinheit und objektive Notwendigkeit ist, und diese also doch immer voraussetzt,) einem Urteile verschaffen wollen, ist gerader Widerspruch. Subjektive Notwendigkeit, d. i. Gewohnheit, statt der objektiven, die nur in Urteilen a priori stattfindet, unterschieben, heißt der Vernunft das Vermögen absprechen, über den Gegenstand zu urteilen, d. i. ihn, und was ihm zukomme, zu erkennen, und z. B. von dem, was öfters und immer auf einen gewissen vorhergehenden Zustand folgte, nicht sagen, daß man aus diesem auf jenes s c h l i e ß e n könne (denn das würde objektive Notwendigkeit und Begriff von einer Verbindung a priori bedeuten), sondern nur ähnliche Fälle (mit den Tieren auf ähnliche Art) erwarten dürfe, d. i. den Begriff der Ursache im Grunde als falsch und | bloßen Gedankenbetrug verwerfen. Diesem Mangel der objektiven und daraus folgenden allgemeinen Gültigkeit

---

[8] dt.: aus (Bims)stein Wasser

dadurch abhelfen wollen, daß man doch keinen Grund sähe, andern vernünftigen Wesen eine andere Vorstellungsart beizulegen, wenn das einen gültigen Schluß abgäbe, so würde uns unsere Unwissenheit mehr Dienste zur Erweiterung unserer Erkenntnis leisten, als alles Nachdenken. Denn bloß deswegen, weil wir andere vernünftige Wesen außer dem Menschen nicht kennen, würden wir ein Recht haben, sie als so beschaffen anzunehmen, wie wir uns erkennen, d. i. wir würden sie wirklich kennen. Ich erwähne hier nicht einmal, daß nicht die Allgemeinheit des Fürwahrhaltens die objektive Gültigkeit eines Urteils (d. i. die Gültigkeit desselben als Erkenntnisses) beweise, sondern, wenn jene auch zufälliger Weise zuträfe, dieses doch noch nicht einen Beweis der Übereinstimmung mit dem Objekt abgeben könne; vielmehr die objektive Gültigkeit allein den Grund einer notwendigen allgemeinen Einstimmung ausmache. |

Hume würde sich bei diesem System des allgemeinen Empirismus in Grundsätzen auch sehr wohl befinden; denn er verlangte, wie bekannt, nichts mehr, als daß, statt aller objektiven Bedeutung der Notwendigkeit im Begriffe der Ursache, eine bloß subjektive, nämlich Gewohnheit, angenommen werde, um der Vernunft alles Urteil über Gott, Freiheit und Unsterblichkeit abzusprechen; und er verstand sich gewiß sehr gut darauf, um, wenn man ihm nur die Prinzipien zugestand, Schlüsse mit aller logischen Bündigkeit daraus zu folgern. Aber so allgemein hat selbst Hume den Empirismus nicht gemacht, um auch die Mathematik darin einzuschließen. Er hielt ihre Sätze für analytisch, und, wenn das seine Richtigkeit hätte, würden sie in der Tat auch apodiktisch sein, gleichwohl aber daraus kein Schluß auf ein Vermögen der Vernunft, auch in der Philosophie apodiktische Urteile, nämlich solche, die synthetisch wären, (wie der Satz der Kausalität,) zu fällen, gezogen werden können. Nähme man aber den Empirismus der Prinzipien allgemein an, so wäre auch Mathematik damit eingeflochten. |

Wenn nun diese mit der Vernunft, die bloß empirische Grundsätze zuläßt, in Widerstreit gerät, wie dieses in der Antinomie, da Mathematik die unendliche Teilbarkeit des Raumes unwidersprechlich beweiset, der Empirismus aber sie nicht verstatten kann, unvermeidlich ist: so ist die größte mögliche Evidenz der Demonstration, mit den vorgeblichen Schlüssen aus Erfahrungsprinzipien, in offenbarem Widerspruch, und nun muß man, wie der Blinde des Cheselden fragen: was betrügt mich, das Gesicht oder Gefühl? (denn der Empirismus gründet sich auf einer gefühlten, der Rationalismus aber auf einer eingesehenen Notwendigkeit.) Und so offenbaret sich der allgemeine Empirismus als der echte Skeptizismus, den man dem Hume fälschlich in so unbeschränkter Bedeutung beilegte*, da er wenigstens einen sicheren | Probierstein der Erfahrung an der Mathematik übrig ließ, statt daß jener schlechterdings keinen Probierstein derselben (der immer nur in Prinzipien a priori angetroffen werden kann) verstattet, obzwar diese doch nicht aus bloßen Gefühlen, sondern auch aus Urteilen besteht.

Doch, da es in diesem philosophischen und kriti-

* Namen, welche einen Sektenanhang bezeichnen, haben zu aller Zeit viel Rechtsverdrehung bei sich geführt; ungefähr so, als wenn jemand sagte: *N.* ist ein Idealist. Denn, ob er gleich, durchaus, nicht allein einräumt, sondern darauf dringt, daß unseren Vorstellungen äuße|rer Dinge wirkliche Gegenstände äußerer Dinge korrespondieren, so will er doch, daß die Form der Anschauung derselben nicht ihnen, sondern nur dem menschlichen Gemüte anhänge.

schen Zeitalter schwerlich mit jenem Empirismus Ernst sein kann, und er vermutlich nur zur Übung der Urteilskraft, und um durch den Kontrast die Notwendigkeit rationaler Prinzipien a priori in ein helleres Licht zu setzen, aufgestellet wird: so kann man es denen doch Dank wissen, die sich mit dieser sonst eben nicht belehrenden Arbeit bemühen wollen.

Einleitung

Von der Idee einer Kritik der praktischen Vernunft

Der theoretische Gebrauch der Vernunft beschäftigte sich mit Gegenständen des bloßen Erkenntnisvermögens, und eine Kritik derselben, in Absicht auf diesen Gebrauch, betraf eigentlich nur das reine Erkenntnisvermögen, weil dieses Verdacht erregte, der sich auch hernach bestätigte, daß es sich leichtlich über seine Grenzen, unter unerreichbare Gegenstände, oder gar einander widerstreitende Begriffe, verlöre. Mit dem praktischen Gebrauche der Vernunft verhält es sich schon anders. In diesem beschäftigt sich die Vernunft mit Bestimmungsgründen des Willens, welcher ein Vermögen ist, den Vorstellungen entsprechende Gegenstände entweder hervorzubringen, oder doch sich selbst zur Bewirkung derselben (das physische Vermögen mag nun hinreichend sein, | oder nicht) d. i. seine Kausalität zu bestimmen. Denn da kann wenigstens die Vernunft zur Willensbestimmung zulangen, und hat so fern immer objektive Realität, als es nur auf das Wollen ankommt. Hier ist also die erste Frage: ob reine Vernunft zur Bestimmung des Willens für sich allein zulange, oder ob sie nur als empirischbedingte ein Bestimmungsgrund derselben sein könne. Nun tritt hier ein durch die Kritik der reinen Vernunft gerechtfertigter, obzwar keiner empirischen Darstellung fähiger Begriff der Kausalität, nämlich der der Freiheit, ein, und wenn wir anjetzt

Gründe ausfindig machen können, zu beweisen, daß diese Eigenschaft dem menschlichen Willen (und so auch dem Willen aller vernünftigen Wesen) in der Tat zukomme, so wird dadurch nicht allein dargetan, daß reine Vernunft praktisch sein könne, sondern daß sie allein, und nicht die empirisch-beschränkte, unbedingterweise praktisch sei. Folglich werden wir nicht eine Kritik der r e i n e n p r a k t i s c h e n, sondern nur der p r a k t i s c h e n Vernunft überhaupt, zu bearbeiten haben. Denn reine Vernunft, wenn allererst dargetan worden, daß es eine solche gebe, bedarf keiner Kritik. Sie ist es, welche selbst die Richtschnur zur Kritik alles ihres Gebrauchs enthält. Die | Kritik der praktischen Vernunft überhaupt hat also die Obliegenheit, die empirisch bedingte Vernunft von der Anmaßung abzuhalten, ausschließungsweise den Bestimmungsgrund des Willens allein abgeben zu wollen. Der Gebrauch der reinen Vernunft, wenn, daß es eine solche gebe, ausgemacht ist, ist allein immanent; der empirisch-bedingte, der sich die Alleinherrschaft anmaßt, ist dagegen transzendent, und äußert sich in Zumutungen und Geboten, die ganz über ihr Gebiet hinausgehen, welches gerade das umgekehrte Verhältnis von dem ist, was von der reinen Vernunft im spekulativen Gebrauche gesagt werden konnte.

Indessen, da es immer noch reine Vernunft ist, deren Erkenntnis hier dem praktischen Gebrauche zum Grunde liegt, so wird doch die Einteilung einer Kritik der praktischen Vernunft, dem allgemeinen Abrisse nach, der der spekulativen gemäß angeordnet werden müssen. Wir werden also eine E l e m e n t a r l e h r e und M e t h o d e n l e h r e derselben, in jener, als dem ersten Teile, eine A n a l y t i k, als Regel der Wahrheit, und eine D i a l e k t i k, als Darstellung und Auflösung des Scheins in Urteilen der praktischen

Vernunft haben müssen. Allein die Ordnung in der Unterabteilung | der Analytik wird wiederum das Umgewandte von der in der Kritik der reinen spekulativen Vernunft sein. Denn in der gegenwärtigen werden wir von Grundsätzen anfangend zu Begriffen und von diesen allererst, wo möglich, zu den Sinnen[1] gehen; da wir hingegen bei der spekulativen Vernunft von den Sinnen anfingen, und bei den Grundsätzen endigen mußten. Hiervon liegt der Grund nun wiederum darin: daß wir es jetzt mit einem Willen zu tun haben, und die Vernunft nicht im Verhältnis auf Gegenstände, sondern auf diesen Willen und dessen Kausalität zu erwägen haben, da denn die Grundsätze der empirisch unbedingten Kausalität den Anfang machen müssen, nach welchem der Versuch gemacht werden kann, unsere Begriffe von dem Bestimmungsgrunde eines solchen Willens, ihrer Anwendung auf Gegenstände, zuletzt auf das Subjekt und dessen Sinnlichkeit, allererst festzusetzen. Das Gesetz der Kausalität aus Freiheit, d. i. irgend ein reiner praktischer Grundsatz, macht hier unvermeidlich den Anfang, und bestimmt die Gegenstände, worauf er allein bezogen werden kann.

[1] 1. Aufl. und Akad.Ausg.: keine Sperrung

Der

Kritik der praktischen Vernunft

Erster Teil

Elementarlehre

der

reinen praktischen Vernunft

Erstes Buch

Die Analytik der reinen praktischen Vernunft

Erstes Hauptstück

Von den Grundsätzen der reinen praktischen Vernunft

§ 1
Erklärung

Praktische Grundsätze sind Sätze, welche eine allgemeine Bestimmung des Willens enthalten, die mehrere praktische Regeln unter sich hat. Sie sind subjektiv, oder Maximen, wenn die Bedingung nur als für den Willen des Subjekts gültig von ihm angesehen wird; objektiv aber, oder praktische Gesetze, wenn jene als objektiv d. i. für den Willen jedes vernünftigen Wesens gültig erkannt wird.

Anmerkung

Wenn man annimmt, daß reine Vernunft einen praktisch d. i. zur Willensbestimmung hinreichenden Grund in sich ent|halten könne, so gibt es praktische Gesetze; wo aber nicht, so werden alle praktischen Grundsätze bloße Maximen sein. In einem pathologisch-affizierten Willen eines vernünftigen Wesens kann ein Widerstreit der Maximen, wider die von ihm selbst erkannten praktischen Gesetze, angetroffen werden. Z. B. es kann sich jemand zur Maxime machen, keine Beleidigung ungerächet zu erdulden, und doch zugleich einsehen, daß dieses kein praktisches Gesetz, sondern nur seine Maxime sei, dagegen, als Regel für den Willen eines jeden vernünftigen Wesens, in einer und derselben Maxime, mit sich selbst nicht zusammen stimmen könne. In der Naturerkenntnis sind die Prinzipien dessen, was geschieht, (z. B. das Prinzip der Gleichheit der Wirkung und Gegenwirkung in der Mitteilung der Bewegung) zugleich Gesetze der Natur; denn der Gebrauch der Vernunft ist dort theoretisch und durch die Beschaffenheit des Objekts bestimmt. In der praktischen Erkenntnis, d. i. derjenigen, welche es bloß mit Bestimmungsgründen des Willens zu tun hat, sind Grundsätze, die man sich macht, darum noch nicht Gesetze, darunter man unvermeidlich stehe, weil die Vernunft im Praktischen es mit dem Subjekte zu tun hat, nämlich dem Begehrungsvermögen, nach dessen besonderer Beschaffenheit sich die Regel vielfältig richten kann. — Die praktische Regel ist jederzeit ein Produkt der Vernunft, weil sie Handlung, als Mittel zur Wirkung, als Absicht, vorschreibt[1]. Diese Regel ist aber für ein Wesen bei dem Vernunft nicht ganz allein Bestimmungsgrund des Willens ist, ein Imperativ, d. i. eine Regel, die durch ein Sollen, welches die objektive Nötigung der Handlung ausdrückt, bezeichnet wird, und bedeutet, daß, wenn die Vernunft den Willen gänzlich bestimmete, die Handlung unausbleiblich nach dieser Regel geschehen würde. Die Imperativen

[1] 1. Aufl.: Absicht vorschreibt

gelten also objektiv, | und sind von Maximen, als subjektiven Grundsätzen, gänzlich unterschieden. Jene bestimmen aber entweder die Bedingungen der Kausalität des vernünftigen Wesens, als wirkender Ursache, bloß in Ansehung der Wirkung und Zulänglichkeit zu derselben, oder sie bestimmen nur den Willen, er mag zur Wirkung hinreichend sein oder nicht. Die ersteren würden hypothetische Imperativen sein, und bloße Vorschriften der Geschicklichkeit enthalten; die zweiten würden dagegen kategorisch und allein praktische Gesetze sein. Maximen sind also zwar *Grundsätze*, aber nicht *Imperativen*. Die Imperativen selber aber, wenn sie bedingt sind, d. i. nicht den Willen schlechthin als Willen, sondern nur in Ansehung einer begehrten Wirkung bestimmen, d. i. hypothetische Imperativen sind, sind zwar praktische *Vorschriften*, aber keine *Gesetze*. Die letztern müssen den Willen als Willen, noch ehe ich frage, ob ich gar das zu einer begehrten Wirkung erforderliche Vermögen habe, oder was mir, um diese hervorzubringen, zu tun sei, hinreichend bestimmen, mithin kategorisch sein, sonst sind es keine Gesetze; weil ihnen die Notwendigkeit fehlt, welche, wenn sie praktisch sein soll, von pathologischen, mithin dem Willen zufällig anklebenden Bedingungen, unabhängig sein muß. Saget jemandem, z. B. daß er in der Jugend arbeiten und sparen müsse, um im Alter nicht zu darben: so ist dieses eine richtige und zugleich wichtige praktische Vorschrift des Willens. Man sieht aber leicht, daß der Wille hier auf etwas *Anderes* verwiesen werde, wovon man voraussetzt, daß er es begehre, und dieses Begehren muß man ihm, dem Täter selbst, überlassen, ob er noch andere Hilfsquellen, außer seinem selbst erworbenen Vermögen, vorhersehe, oder ob er gar nicht hoffe alt zu werden, oder sich denkt im Falle der Not dereinst schlecht behelfen zu können. Die Vernunft, aus der allein | alle Regel, die Notwendigkeit enthalten soll, entspringen kann, legt in diese ihre Vorschrift zwar auch Notwendigkeit, (denn ohne das wäre sie kein Imperativ,) aber diese ist nur subjektiv bedingt, und man kann sie nicht in allen Subjekten in gleichem Grade voraussetzen. Zu ihrer Gesetzgebung aber wird erfordert, daß sie bloß sich selbst vorauszusetzen bedürfe, weil die Regel nur alsdann objektiv und allgemein gültig ist, wenn sie ohne zufällige, subjektive Bedingungen gilt, die ein vernünftig Wesen von dem anderen unterscheiden. Nun sagt jemandem: er solle niemals lügenhaft versprechen, so ist dies eine Regel, die bloß seinen Willen betrifft; die Absichten, die der Mensch haben mag, mögen durch denselben erreicht werden können, oder nicht; das bloße Wollen ist das, was durch jene Regel völlig a priori bestimmt werden soll. Findet sich nun, daß diese Regel praktisch richtig sei, so ist sie ein Gesetz, weil sie ein kategorischer Imperativ ist. Also beziehen sich praktische Gesetze allein auf den Willen, unangesehen dessen, was durch die Kausalität desselben ausgerichtet wird, und man kann von der letztern (als zur Sinnenwelt gehörig) abstrahieren, um sie rein zu haben.

§ 2

Lehrsatz I

Alle praktischen Prinzipien, die ein Objekt (Materie) des Begehrungsvermögens, als Bestimmungsgrund des Willens, voraussetzen, sind insgesamt empirisch und können keine praktischen Gesetze abgeben.

Ich verstehe unter der Materie des Begehrungsvermögens einen Gegenstand, dessen Wirklichkeit begehret wird. Wenn die Begierde nach diesem Gegenstande | nun vor der praktischen Regel vorhergeht, und die Bedingung ist, sie sich zum Prinzip zu machen[2], so sage ich (erstlich): dieses Prinzip ist alsdann jederzeit empirisch. Denn der Bestimmungsgrund der Willkür ist alsdann die Vorstellung eines Objekts, und dasjenige Verhältnis derselben zum Subjekt, wodurch das Begehrungsvermögen zur Wirklichmachung desselben bestimmt wird. Ein solches Verhältnis aber zum Subjekt heißt die Lust an der Wirklichkeit eines Gegenstandes. Also müßte diese als Bedingung der Möglichkeit der Bestimmung der Willkür vorausgesetzt werden. Es kann aber von keiner Vorstellung irgend eines Gegenstandes, welche sie auch sei, a priori erkannt werden, ob sie mit Lust oder Unlust verbunden, oder indifferent sein werde. Also muß in solchem Falle der Bestimmungsgrund der Willkür jederzeit empirisch sein, mithin auch das praktische materiale Prinzip, welches ihn als Bedingung voraussetzte.

Da nun (zweitens) ein Prinzip, das sich nur auf die subjektive Bedingung der Empfänglichkeit einer Lust oder Unlust, (die jederzeit nur empirisch erkannt, und nicht für alle vernünftigen Wesen in gleicher Art gültig sein kann,) gründet, zwar wohl für das Subjekt, das sie besitzt, zu ihrer Maxime, aber auch für diese selbst (weil es ihm an objektiver Notwendigkeit, die a priori erkannt werden muß, mangelt) nicht zum | Gesetze dienen kann, so kann ein solches Prinzip niemals ein praktisches Gesetz abgeben.

---

[2] 1. Aufl.: Prinzip machen; Akad.Ausg.: Prinzip zu machen

§ 3
Lehrsatz II

Alle materialen praktischen Prinzipien sind, als solche, insgesamt von einer und derselben Art, und gehören unter das allgemeine Prinzip der Selbstliebe, oder eigenen Glückseligkeit.

Die Lust aus der Vorstellung der Existenz einer Sache, so fern sie ein Bestimmungsgrund des Begehrens dieser Sache sein soll, gründet sich auf der *Empfänglichkeit* des Subjekts, weil sie von dem Dasein eines Gegenstandes *abhängt*; mithin gehört sie dem Sinne (Gefühl) und nicht dem Verstande an, der eine Beziehung der Vorstellung *auf ein Objekt*, nach Begriffen, aber nicht auf das Subjekt, nach Gefühlen, ausdrückt. Sie ist also nur so fern praktisch, als die Empfindung der Annehmlichkeit, die das Subjekt von der Wirklichkeit des Gegenstandes erwartet, das Begehrungsvermögen bestimmt. Nun ist aber das Bewußtsein eines vernünftigen Wesens von der Annehmlichkeit des Lebens, die ununterbrochen sein ganzes Dasein begleitet, die *Glückseligkeit*, und das Prinzip, diese sich zum höchsten Bestimmungsgrunde der Willkür zu machen, das Prinzip der Selbstliebe. Also sind alle materialen Prinzipien, die den Bestimmungsgrund der | Willkür in der, aus irgend eines Gegenstandes Wirklichkeit zu empfindenden, Lust oder Unlust setzen, so fern gänzlich von *einerlei Art*, daß sie insgesamt zum Prinzip der Selbstliebe, oder eigenen Glückseligkeit gehören.

Folgerung

Alle materialen praktischen Regeln setzen den Bestimmungsgrund des Willens im unteren Begehrungsvermögen, und, gäbe es gar keine bloß formalen Gesetze desselben, die den Willen hinreichend bestimmeten, so würde auch kein oberes Begehrungsvermögen eingeräumt werden können.

Anmerkung I

Man muß sich wundern, wie sonst scharfsinnige Männer einen Unterschied zwischen dem unteren und oberen Begehrungsvermögen darin zu finden glauben können, ob die **Vorstellungen**, die mit dem Gefühl der Lust verbunden sind, in den Sinnen, oder dem Verstande ihren Ursprung haben. Denn es kommt, wenn man nach den Bestimmungsgründen des Begehrens fragt und sie in einer von irgend etwas erwarteten Annehmlichkeit setzt, gar nicht darauf an, wo die Vorstellung dieses vergnügenden Gegenstandes herkomme, sondern nur wie sehr sie vergnügt. Wenn eine Vorstellung, sie mag immerhin im Verstande ihren Sitz und Ursprung haben, die Willkür nur dadurch bestimmen kann, daß sie ein Gefühl einer Lust im Subjekte voraussetzet, so ist, daß sie ein Bestimmungsgrund der Willkür sei, gänzlich von der Beschaffenheit des inneren Sinnes abhängig, daß dieser nämlich dadurch mit Annehmlichkeit affiziert werden kann. Die Vor|stellungen der Gegenstände mögen noch so ungleichartig, sie mögen Verstandes-, selbst Vernunftvorstellungen im Gegensatze der Vorstellungen der Sinne sein, so ist doch das

Gefühl der Lust, wodurch jene doch eigentlich nur den Bestimmungsgrund des Willens ausmachen, (die Annehmlichkeit, das Vergnügen, das man davon erwartet, welches die Tätigkeit zur Hervorbringung des Objekts antreibt,) nicht allein so fern von einerlei Art, daß es jederzeit bloß empirisch erkannt werden kann, sondern auch so fern, als er[3] eine und dieselbe Lebenskraft, die sich im Begehrungsvermögen äußert, affiziert, und in dieser Beziehung von jedem anderen Bestimmungsgrunde in nichts, als dem Grade, verschieden sein kann. Wie würde man sonst zwischen zwei der Vorstellungsart nach gänzlich verschiedenen Bestimmungsgründen eine Vergleichung der Größe nach anstellen können, um den, der am meisten das Begehrungsvermögen affiziert, vorzuziehen? Eben derselbe Mensch kann ein ihm lehrreiches Buch, das ihm nur einmal zu Händen kommt, ungelesen zurückgeben, um die Jagd nicht zu versäumen, in der Mitte einer schönen Rede weggehen, um zur Mahlzeit nicht zu spät zu kommen, eine Unterhaltung durch vernünftige Gespräche, die er sonst sehr schätzt, verlassen, um sich an den Spieltisch zu setzen, so gar einen Armen, dem wohlzutun ihm sonst Freude ist, abweisen, weil er jetzt eben nicht mehr Geld in der Tasche hat, als er braucht, um den Eintritt in die Komödie zu bezahlen. Beruht die Willensbestimmung auf dem Gefühle der Annehmlichkeit oder Unannehmlichkeit, die er aus irgend einer Ursache erwartet, so ist es ihm gänzlich einerlei, durch welche Vorstellungsart er affiziert werde. Nur wie stark, wie lange, wie leicht erworben und oft wiederholt, diese Annehmlichkeit sei, daran liegt es ihm, um sich zur Wahl zu entschließen. So wie dem|jenigen, der Gold zur Ausgabe braucht,

[3] 2. Aufl. u. Akad.Ausg.: es

gänzlich einerlei ist, ob die Materie desselben, das Gold, aus dem Gebirge gegraben, oder aus dem Sande gewaschen ist, wenn es nur allenthalben für denselben Wert angenommen wird, so fragt kein Mensch, wenn es ihm bloß an der Annehmlichkeit des Lebens gelegen ist, ob Verstandes- oder Sinnesvorstellungen, sondern nur wie viel und großes Vergnügen sie ihm auf die längste Zeit verschaffen. Nur diejenigen, welche der reinen Vernunft das Vermögen, ohne Voraussetzung irgend eines Gefühls den Willen zu bestimmen, gerne abstreiten möchten, können sich so weit von ihrer eigenen Erklärung verirren, das, was sie selbst vorher auf ein und eben dasselbe Prinzip gebracht haben, dennoch hernach für ganz ungleichartig zu erklären. So findet sich z. B. daß man auch an bloßer Kraftanwendung, an dem Bewußtsein seiner Seelenstärke in Überwindung der Hindernisse, die sich unserem Vorsatze entgegensetzen, an der Kultur der Geistestalente, usw., Vergnügen finden könne, und wir nennen das mit Recht feinere Freuden und Ergötzungen, weil sie mehr, wie andere, in unserer Gewalt sind, sich nicht abnutzen, das Gefühl zu noch mehrerem Genuß derselben vielmehr stärken, und, indem sie ergötzen, zugleich kultivieren. Allein sie darum für eine andere Art, den Willen zu bestimmen, als bloß durch den Sinn, auszugeben, da sie doch einmal, zur Möglichkeit jener Vergnügen, ein darauf in uns angelegtes Gefühl, als erste Bedingung dieses Wohlgefallens, voraussetzen, ist gerade so, als wenn Unwissende, die gerne in der Metaphysik pfuschern möchten, sich die Materie so fein, so überfein, daß sie selbst darüber schwindlig werden möchten, denken, und dann glauben, auf diese Art sich ein geistiges und doch ausgedehntes Wesen erdacht zu haben. Wenn wir es, mit dem Epikur, bei der Tugend aufs |

bloße Vergnügen aussetzen, das sie verspricht, um den Willen zu bestimmen: so können wir ihn hernach nicht tadeln, daß er dieses mit denen der gröbsten Sinne für ganz gleichartig hält; denn man hat gar nicht Grund ihm aufzubürden, daß er die Vorstellungen, wodurch dieses Gefühl in uns erregt würde, bloß den körperlichen Sinnen beigemessen hätte. Er hat von vielen derselben den Quell, so viel man erraten kann, eben sowohl in dem Gebrauch des höheren Erkenntnisvermögens gesucht; aber das hinderte ihn nicht und konnte ihn auch nicht hindern, nach genanntem Prinzip das Vergnügen selbst, das uns jene allenfalls intellektuellen Vorstellungen gewähren, und wodurch sie allein Bestimmungsgründe des Willens sein können, gänzlich für gleichartig zu halten. Konsequent zu sein, ist die größte Obliegenheit eines Philosophen, und wird doch am seltensten angetroffen. Die alten griechischen Schulen geben uns davon mehr Beispiele, als wir in unserem synkretistischen Zeitalter antreffen, wo ein gewisses Koalitionssystem widersprechender Grundsätze voll Unredlichkeit und Seichtigkeit erkünstelt wird, weil es sich einem Publikum besser empfiehlt, das zufrieden ist, von allem Etwas, und im Ganzen nichts zu wissen, und dabei in allen Sätteln gerecht zu sein. Das Prinzip der eigenen Glückseligkeit, so viel Verstand und Vernunft bei ihm auch gebraucht werden mag, würde doch für den Willen keine anderen Bestimmungsgründe, als die dem unteren Begehrungsvermögen angemessen sind, in sich fassen, und es gibt also entweder gar kein oberes Begehrungsvermögen[4], oder reine Vernunft muß für sich allein prak-

[4] 1. Aufl.: kein Begehrungsvermögen; „oberes" in Kants Handexemplar hinzugefügt; Akad.Ausg.: kein oberes Begehrungsvermögen

tisch sein, d. i. ohne Voraussetzung irgend eines Gefühls, mithin ohne Vorstellungen des Angenehmen oder Unangenehmen, als der Materie des Begehrungsvermögens, die jederzeit eine empirische Bedingung der Prinzipien ist, durch die bloße Form der praktischen Regel | den Willen bestimmen können. Alsdann allein ist Vernunft nur, so fern sie für sich selbst den Willen bestimmt, (nicht im Dienste der Neigungen ist,) ein wahres o b e r e s Begehrungsvermögen, dem das pathologisch bestimmbare untergeordnet ist, und wirklich, ja s p e z i f i s c h von diesem unterschieden, so daß sogar die mindeste Beimischung von den Antrieben der letzteren ihrer Stärke und Vorzuge Abbruch tut, so wie das mindeste Empirische, als Bedingung in einer mathematischen Demonstration, ihre Würde und Nachdruck herabsetzt und vernichtet. Die Vernunft bestimmt in einem praktischen Gesetze unmittelbar den Willen, nicht vermittelst eines dazwischen kommenden Gefühls der Lust und Unlust, selbst nicht an diesem Gesetze, und nur, daß sie als reine Vernunft praktisch sein kann, macht es ihr möglich, g e s e t z g e b e n d zu sein.

A n m e r k u n g II

Glücklich zu sein, ist notwendig das Verlangen jedes vernünftigen aber endlichen Wesens, und also ein unvermeidlicher Bestimmungsgrund seines Begehrungsvermögens. Denn die Zufriedenheit mit seinem ganzen Dasein ist nicht etwa ein ursprünglicher Besitz, und eine Seligkeit, welche ein Bewußtsein seiner unabhängigen Selbstgenugsamkeit voraussetzen würde, sondern ein durch seine endliche Natur selbst ihm aufgedrungenes Problem, weil es bedürftig ist, und dieses Bedürfnis betrifft die Materie seines Begehrungsvermögens, d. i. etwas, was sich auf ein subjektiv zum Grunde liegendes Gefühl der Lust oder Unlust bezieht, dadurch das, was es zur Zufriedenheit mit seinem Zustande bedarf, bestimmt wird. Aber eben darum, weil dieser materiale Bestimmungsgrund von dem Subjekte bloß empirisch erkannt werden kann, ist es unmöglich diese Aufgabe als ein Gesetz zu betrachten, weil dieses als objektiv in allen Fällen und für alle vernünftigen Wesen | *eben denselben Bestimmungsgrund* des Willens enthalten müßte. Denn obgleich der Begriff der Glückseligkeit der praktischen Beziehung der *Objekte* aufs Begehrungsvermögen *allerwärts* zum Grunde liegt, so ist er doch nur der allgemeine Titel der subjektiven Bestimmungsgründe, und bestimmt nichts spezifisch, darum es doch in dieser praktischen Aufgabe allein zu tun ist, und ohne welche Bestimmung sie gar nicht aufgelöset werden kann. Worin nämlich jeder seine Glückseligkeit zu setzen habe, kommt auf jedes sein besonderes Gefühl der Lust und Unlust an, und selbst in einem und demselben Subjekt auf die Verschiedenheit des Bedürfnisses, nach den Abänderungen dieses Gefühls, und ein *subjektiv notwendiges* Gesetz (als Naturgesetz) ist also *objektiv* ein gar sehr *zufälliges* praktisches Prinzip, das in verschiedenen Subjekten sehr verschieden sein kann und muß, mithin niemals ein Gesetz abgeben kann, weil es, bei der Begierde nach Glückseligkeit, nicht auf die Form der Gesetzmäßigkeit, sondern lediglich auf die Materie ankommt, nämlich ob und wie viel Vergnügen ich in der Befolgung des Gesetzes zu erwarten habe. Prinzipien der Selbstliebe können zwar allgemeine Regeln der Geschicklichkeit (Mittel zu Absichten auszufinden) enthalten, alsdann sind es aber bloß theoretische Prinzipien*, (z. B. wie | derjenige, der gerne Brot essen möchte, sich eine Mühle auszudenken habe)[5]. Aber praktische Vorschriften, die sich auf sie gründen, können niemals allgemein sein, denn der Bestimmungsgrund des Begehrungsvermögens ist auf das Gefühl der Lust und Unlust, das niemals als allgemein auf dieselben Gegenstände gerichtet, angenommen werden kann, gegründet.

Aber gesetzt, endliche vernünftige Wesen dächten auch in Ansehung dessen, was sie für Objekte ihrer Gefühle des Vergnügens oder Schmerzens anzunehmen hätten, imgleichen sogar in Ansehung der Mittel, deren sie sich bedienen müssen, um die erstern zu erreichen, die andern abzuhalten, durchgehends einerlei, so würde das Prinzip der Selbstliebe dennoch von ihnen durchaus für kein praktisches Gesetz ausgegeben werden können; denn diese Einhelligkeit wäre selbst doch nur zufällig. Der Bestimmungsgrund wäre immer doch nur subjektiv gültig und bloß empirisch, und hätte diejenige Notwendigkeit nicht, die in einem jeden Gesetze gedacht wird, nämlich die objektive aus Gründen a priori; man müßte denn diese Notwendigkeit gar nicht für praktisch, sondern für bloß physisch ausgeben, näm-

* Sätze, welche in der Mathematik oder Naturlehre praktisch genannt werden, sollten eigentlich technisch heißen. Denn um die Willensbestimmung ist es diesen Lehren gar nicht zu tun; sie zeigen nur das Mannigfaltige der möglichen Handlung an, welches eine gewisse Wirkung hervorzubringen hinreichend ist, und sind also eben so theoretisch, als alle Sätze, welche die Verknüpfung der Ursache mit einer Wirkung aussagen. Wem nun die letztere beliebt, der muß sich auch gefallen lassen, die erstere zu sein.

[5] Klammer so in der Akad.Ausg.; 1. Aufl.: Öffnung der Klammer fehlt; 2. Aufl.: keine Klammer

lich daß die Handlung durch unsere Neigung uns eben so unausbleiblich abgenötigt würde, als das Gähnen, wenn wir andere gähnen sehen. Man würde eher behaupten können, daß es gar keine praktischen Gesetze gebe, sondern nur Anratungen zum Behuf unserer Begierden, als daß bloß subjektive Prinzipien zum Range praktischer Gesetze erhoben würden, die durchaus objektive und nicht bloß subjektive Notwendigkeit haben, und durch Vernunft a priori, nicht durch Erfahrung (so empirisch allgemein diese auch sein mag) erkannt sein müssen. Selbst die Regeln einstimmiger Erscheinungen werden nur Naturgesetze (z. B. die mechanischen) genannt, wenn man sie entweder wirklich a priori erkennt, oder | doch (wie bei den chemischen) annimmt, sie würden a priori aus objektiven Gründen erkannt werden, wenn unsere Einsicht tiefer ginge. Allein bei bloß subjektiven praktischen Prinzipien wird das ausdrücklich zur Bedingung gemacht, daß ihnen nicht objektive, sondern subjektive Bedingungen der Willkür zum Grunde liegen müssen; mithin, daß sie jederzeit nur als bloße Maximen, niemals aber als praktische Gesetze, vorstellig gemacht werden dürfen. Diese letztere Anmerkung scheint beim ersten Anblicke bloße Wortklauberei zu sein; allein sie ist die[6] Wortbestimmung des allerwichtigsten Unterschiedes, der nur in praktischen Untersuchungen in Betrachtung kommen mag.

---

[6] 1. Aufl.: allein die; „sie ist" in Kants Handexemplar hinzugefügt; Akad.Ausg.: allein sie ist die

§ 4
Lehrsatz III

Wenn ein vernünftiges Wesen sich seine Maximen als praktische allgemeine Gesetze denken soll, so kann es sich dieselben nur als solche Prinzipien denken, die nicht der Materie, sondern bloß der Form nach, den Bestimmungsgrund des Willens enthalten.

Die Materie eines praktischen Prinzips ist der Gegenstand des Willens. Dieser ist entweder der Bestimmungsgrund des letzteren, oder nicht. Ist er der Bestimmungsgrund desselben, so würde die Regel des Willens einer empirischen Bedingung (dem Verhältnisse der bestimmenden Vorstellung zum Gefühle der Lust und Unlust) unterworfen, folglich kein praktisches Gesetz sein. Nun bleibt von einem Gesetze, wenn man alle Materie, d. i. jeden Gegenstand des Willens (als Bestimmungsgrund) davon absondert, nichts übrig, | als die bloße Form einer allgemeinen Gesetzgebung. Also kann ein vernünftiges Wesen sich seine subjektiv-praktischen Prinzipien, d. i. Maximen, entweder gar nicht zugleich als allgemeine Gesetze denken, oder es muß annehmen, daß die bloße Form derselben, nach der jene sich zur allgemeinen Gesetzgebung schicken, sie für sich allein zum praktischen Gesetze mache.

Anmerkung

Welche Form in der Maxime sich zur allgemeinen Gesetzgebung schicke, welche nicht, das kann der gemeinste Verstand ohne Unterweisung unterscheiden. Ich habe z. B. es mir zur Maxime gemacht, mein Vermögen durch alle sicheren Mittel zu vergrößern. Jetzt ist ein Depositum in meinen Händen, dessen Eigentümer verstorben ist und keine Handschrift darüber zurückgelassen hat. Natürlicherweise ist dies der Fall meiner Maxime. Jetzt will ich nur wissen, ob jene Maxime auch als allgemeines praktisches Gesetz gelten könne. Ich wende jene also auf gegenwärtigen Fall an, und frage, ob sie wohl die Form eines Gesetzes annehmen, mithin ich wohl durch meine Maxime zugleich ein solches Gesetz geben könnte: daß jedermann ein Depositum ableugnen dürfe, dessen Niederlegung ihm niemand beweisen kann. Ich werde sofort gewahr, daß ein solches Prinzip, als Gesetz, sich selbst vernichten würde, weil es machen würde, daß es gar kein Depositum gäbe. Ein praktisches Gesetz, was ich dafür erkenne, muß sich zur allgemeinen Gesetzgebung qualifizieren; dies ist ein identischer Satz und also für sich klar. Sage ich nun, mein Wille steht unter einem praktischen Gesetze, so kann ich nicht meine Neigung (z. B. im gegenwärtigen Falle meine Habsucht) als den zu einem allgemeinen praktischen Gesetze schicklichen Bestim|mungsgrund desselben anführen; denn diese, weit gefehlt, daß sie zu einer allgemeinen Gesetzgebung tauglich sein sollte, so muß sie vielmehr in der Form eines allgemeinen Gesetzes sich selbst aufreiben.

Es ist daher wunderlich, wie, da die Begierde zur Glückseligkeit, mithin auch die Maxime, dadurch sich jeder diese letztere zum Bestimmungsgrunde seines Willens setzt, allgemein ist, es verständigen Männern habe in den Sinn kommen können, es darum für ein allgemein praktisches Gesetz auszugeben. Denn da sonst ein allgemeines Naturgesetz alles einstimmig macht, so würde hier, wenn man der Maxime die Allgemeinheit eines Gesetzes geben wollte, grade das äußerste Widerspiel der Einstimmung, der ärgste Widerstreit und die gänzliche Vernichtung der Maxime selbst und ihrer Absicht erfolgen. Denn der Wille Aller hat alsdann nicht ein und dasselbe Objekt, sondern ein jeder hat das seinige (sein eigenes Wohlbefinden), welches sich zwar zufälligerweise, auch mit anderer ihren Absichten, die sie gleichfalls auf sich selbst richten, vertragen kann, aber lange nicht zum Gesetze hinreichend ist, weil die Ausnahmen, die man gelegentlich zu machen befugt ist, endlos sind, und gar nicht bestimmt in eine allgemeine Regel befaßt werden können. Es kommt auf diese Art eine Harmonie heraus, die derjenigen ähnlich ist, welche ein gewisses Spottgedicht auf die Seeleneintracht zweier sich zu Grunde richtenden Eheleute schildert: O wundervolle Harmonie, was er will, will auch sie etc. oder was von der Anheischigmachung König Franz des Ersten gegen Kaiser Karl den Fünften erzählt wird: was mein Bruder Karl haben will, (Mailand) das will ich auch haben. Empirische Bestimmungsgründe taugen zu keiner allgemeinen äußeren Gesetzgebung, aber auch eben so wenig zur innern; denn jeder legt | sein Subjekt, ein anderer aber ein anderes Subjekt der Neigung zum Grunde, und in jedem Subjekt selber ist bald die, bald eine andere im Vorzuge des Einflusses. Ein Gesetz ausfindig zu machen, das sie insgesamt unter dieser Bedingung, nämlich mit allerseitiger Einstimmung, regierte, ist schlechterdings unmöglich.

§ 5
Aufgabe I

Vorausgesetzt, daß die bloße gesetzgebende Form der Maximen allein der zureichende Bestimmungsgrund eines Willens sei: die Beschaffenheit desjenigen Willens zu finden, der dadurch allein bestimmbar ist.

Da die bloße Form des Gesetzes lediglich von der Vernunft vorgestellt werden kann, und mithin kein Gegenstand der Sinne ist, folglich auch nicht unter die Erscheinungen gehört; so ist die Vorstellung derselben als Bestimmungsgrund des Willens von allen Bestimmungsgründen der Begebenheiten in der Natur nach dem Gesetze der Kausalität unterschieden, weil bei diesen die bestimmenden Gründe selbst Erscheinungen sein müssen. Wenn aber auch kein anderer Bestimmungsgrund des Willens für diesen zum Gesetz dienen kann, als bloß jene allgemeine gesetzgebende Form; so muß ein solcher Wille als gänzlich unabhängig von dem Naturgesetz der Erscheinungen, nämlich dem Gesetze der Kausalität, beziehungsweise auf einander, gedacht werden. Eine solche Unabhängigkeit aber heißt Freiheit im strengsten d. i. transzendentalen Verstande. Also | ist ein Wille, dem die bloße gesetzgebende Form der Maxime allein zum Gesetze dienen kann, ein freier Wille.

§ 6
Aufgabe II

Vorausgesetzt, daß ein Wille frei sei, das Gesetz zu finden, welches ihn allein notwendig zu bestimmen tauglich ist.

Da die Materie des praktischen Gesetzes, d. i. ein

Objekt der Maxime, niemals anders als empirisch gegeben werden kann, der freie Wille aber, als von empirischen (d. i. zur Sinnenwelt gehörigen) Bedingungen unabhängig, dennoch bestimmbar sein muß; so muß ein freier Wille, unabhängig von der Materie des Gesetzes, dennoch einen Bestimmungsgrund in dem Gesetze antreffen. Es ist aber, außer der Materie des Gesetzes, nichts weiter in demselben, als die gesetzgebende Form enthalten. Also ist die gesetzgebende Form, so fern sie in der Maxime enthalten ist, das einzige, was einen Bestimmungsgrund des Willens ausmachen kann.

Anmerkung

Freiheit und unbedingtes praktisches Gesetz weisen also wechselweise auf einander zurück. Ich frage hier nun nicht: ob sie auch in der Tat verschieden seien[7], und nicht vielmehr ein unbedingtes Gesetz bloß das Selbstbewußtsein einer reinen praktischen Vernunft, diese aber ganz einerlei mit dem positiven Begriffe der Freiheit sei; sondern wovon unsere Erkenntnis des Unbedingt-Praktischen anhebe, ob von der | Freiheit, oder dem praktischen Gesetze. Von der Freiheit kann es[8] nicht anheben; denn deren können wir uns weder unmittelbar bewußt werden, weil ihr[9] erster Begriff negativ ist, noch darauf aus der Erfahrung schließen, denn Erfahrung gibt uns nur das Gesetz der Erscheinungen, mithin den Mechanismus der Natur, das gerade Widerspiel der Freiheit, zu erkennen. Also ist es das moralische Gesetz, des-

[7] 1. Aufl.: seyn; Akad.Ausg.: seien
[8] scil.: das Erkenntnis
[9] 1. Aufl.: sein; Akad.Ausg.: ihr

sen wir uns unmittelbar bewußt werden (so bald wir uns Maximen des Willens entwerfen), welches sich uns zuerst darbietet, und, indem die Vernunft jenes als einen durch keine sinnlichen Bedingungen zu überwiegenden, ja davon gänzlich unabhängigen Bestimmungsgrund darstellt, gerade auf den Begriff der Freiheit führt. Wie ist aber auch das Bewußtsein jenes moralischen Gesetzes möglich? Wir können uns reiner praktischer Gesetze bewußt werden, eben so, wie wir uns reiner theoretischer Grundsätze bewußt sind, indem wir auf die Notwendigkeit, womit sie uns die Vernunft vorschreibt, und auf Absonderung aller empirischen Bedingungen, dazu uns jene hinweiset, Acht haben. Der Begriff eines reinen Willens entspringt aus den ersteren, wie das Bewußtsein eines reinen Verstandes aus dem letzteren. Daß dieses die wahre Unterordnung unserer Begriffe sei, und Sittlichkeit uns zuerst den Begriff der Freiheit entdecke, mithin praktische Vernunft zuerst der spekulativen das unauflöslichste Problem mit diesem Begriffe aufstelle, um sie durch denselben in die größte Verlegenheit zu setzen, erhellet schon daraus: daß, da aus dem Begriffe der Freiheit in den Erscheinungen nichts erklärt werden kann, sondern hier immer Naturmechanismus den Leitfaden ausmachen muß, überdem auch die Antinomie der reinen Vernunft, wenn sie zum Unbedingten in der Reihe der Ursachen aufsteigen will, sich, bei einem so sehr wie bei dem andern, in Unbegreiflich|keiten verwickelt, indessen daß doch der letztere (Mechanismus) wenigstens Brauchbarkeit in Erklärung der Erscheinungen hat, man niemals zu dem Wagstücke gekommen sein würde, Freiheit in die Wissenschaft einzuführen, wäre nicht das Sittengesetz und mit ihm praktische Vernunft dazu gekommen und hätte uns diesen Begriff nicht aufgedrungen. Aber auch die Erfahrung bestätigt diese Ordnung der Begriffe in uns. Setzet, daß jemand von seiner wollüstigen Neigung vorgibt, sie sei, wenn ihm der beliebte Gegenstand und die Gelegenheit dazu vorkämen, für ihn ganz unwiderstehlich, ob, wenn ein Galgen vor dem Hause, da er diese Gelegenheit trifft, aufgerichtet wäre, um ihn sogleich nach genossener Wollust daran zu knüpfen, er alsdann nicht seine Neigung bezwingen würde. Man darf nicht lange raten, was er antworten würde. Fragt ihn aber, ob, wenn sein Fürst ihm, unter Androhung derselben unverzögerten Todesstrafe, zumutete, ein falsches Zeugnis wider einen ehrlichen Mann, den er gerne unter scheinbaren Vorwänden verderben möchte, abzulegen, ob er da, so groß auch seine Liebe zum Leben sein mag, sie wohl zu überwinden für möglich halte. Ob er es tun würde, oder nicht, wird er vielleicht sich nicht getrauen zu versichern; daß es ihm aber möglich sei, muß er ohne Bedenken einräumen. Er urteilet also, daß er etwas kann, darum weil er sich bewußt ist, daß er es soll, und erkennt in sich die Freiheit, die ihm sonst ohne das moralische Gesetz unbekannt geblieben wäre.

§ 7
Grundgesetz der reinen praktischen Vernunft

Handle so, daß die Maxime deines Willens jederzeit zugleich als Prinzip einer allgemeinen Gesetzgebung gelten könne. |

Anmerkung

Die reine Geometrie hat Postulate als praktische Sätze, die aber nichts weiter enthalten, als die Voraussetzung, daß man etwas tun *könne*, wenn etwa gefordert würde, man *solle* es tun, und diese sind die einzigen Sätze derselben, die ein Dasein betreffen. Es sind also praktische Regeln unter einer problematischen Bedingung des Willens. Hier aber sagt die Regel: man solle schlechthin auf gewisse Weise verfahren. Die praktische Regel ist also unbedingt, mithin, als kategorisch praktischer Satz, a priori vorgestellt, wodurch der Wille schlechterdings und unmittelbar (durch die praktische Regel selbst, die also hier Gesetz ist,) objektiv bestimmt wird. Denn reine, *an sich praktische Vernunft* ist hier unmittelbar gesetzgebend. Der Wille wird als unabhängig von empirischen Bedingungen, mithin als reiner Wille, *durch die bloße Form des Gesetzes* als bestimmt gedacht, und dieser Bestimmungsgrund als die oberste Bedingung aller Maximen angesehen. Die Sache ist befremdlich genug, und hat ihres gleichen in der ganzen übrigen praktischen Erkenntnis nicht. Denn der Gedanke a priori von einer möglichen allgemeinen Gesetzgebung, der also bloß problematisch ist, wird, ohne von der Erfahrung oder irgend einem äußeren Willen etwas zu entlehnen, als Gesetz unbedingt geboten. Es ist aber auch nicht eine Vorschrift, nach welcher eine Handlung geschehen soll, dadurch eine begehrte Wirkung möglich ist, (denn da wäre die Regel immer physisch bedingt,) sondern eine Regel, die bloß den Willen, in Ansehung der Form seiner Maximen, a priori bestimmt, und da ist ein Gesetz, welches bloß zum Behuf der *subjektiven* Form der Grundsätze dient, als Bestimmungsgrund durch die objektive Form eines Gesetzes überhaupt, wenigstens zu denken, nicht unmöglich. Man kann das Be|wußtsein dieses Grundgesetzes ein Faktum der Vernunft nennen, weil man es nicht aus vorhergehenden Datis der Vernunft, z. B. dem Bewußtsein der Freiheit (denn dieses ist uns nicht vorher gegeben), herausvernünfteln kann, sondern weil es sich für sich selbst uns aufdringt als synthetischer Satz a priori, der auf keiner, weder reinen noch empirischen Anschauung gegründet ist, ob er gleich analytisch sein würde, wenn man die Freiheit des Willens voraussetzte, wozu aber, als positivem Begriffe, eine intellektuelle Anschauung erfordert werden würde, die man hier gar nicht annehmen darf. Doch muß man, um dieses Gesetz ohne Mißdeutung als gegeben anzusehen, wohl bemerken: daß es kein empirisches, sondern das einzige Faktum der reinen Vernunft sei, die sich dadurch als ursprünglich gesetzgebend (sic volo, sic jubeo[10],) ankündigt.

Folgerung

Reine Vernunft ist für sich allein praktisch, und gibt (dem Menschen) ein allgemeines Gesetz, welches wir das Sittengesetz nennen.

Anmerkung

Das vorher genannte Faktum ist unleugbar. Man darf nur das Urteil zergliedern, welches die Menschen über die Gesetzmäßigkeit ihrer Handlungen fällen:

[10] dt.: so will ich es, so befehle ich es

so wird man jederzeit finden, daß, was auch die Neigung dazwischen sprechen mag, ihre Vernunft dennoch, unbestechlich und durch sich selbst gezwungen, die Maxime des Willens bei einer Handlung jederzeit an den reinen Willen halte, d. i. an sich selbst, indem sie sich als a priori praktisch betrachtet. Dieses Prinzip der Sittlichkeit nun, eben um der Allgemeinheit der Gesetzgebung willen, die es zum formalen obersten Bestimmungsgrunde des Willens, unangesehen aller subjektiven Verschiedenheiten des|selben, macht, erklärt die Vernunft zugleich zu einem Gesetze für alle vernünftigen Wesen, so fern sie überhaupt einen Willen d. i. ein Vermögen haben, ihre Kausalität durch die Vorstellung von Regeln zu bestimmen, mithin so fern sie der Handlungen nach Grundsätzen, folglich auch nach praktischen Prinzipien a priori (denn diese haben allein diejenige Notwendigkeit, welche die Vernunft zum Grundsatze fordert), fähig sind[11]. Es schränkt sich also nicht bloß auf Menschen ein, sondern geht auf alle endlichen Wesen, die Vernunft und Willen haben, ja schließt sogar das unendliche Wesen, als oberste Intelligenz, mit ein. Im ersteren Falle aber hat das Gesetz die Form eines Imperativs, weil man an jenem zwar, als vernünftigem Wesen, einen *reinen*, aber, als mit Bedürfnissen und sinnlichen Bewegursachen affiziertem Wesen, keinen *heiligen* Willen, d. i. einen solchen, der keiner dem moralischen Gesetze widerstreitenden Maximen fähig wäre, voraussetzen kann. Das moralische Gesetz ist daher bei jenen ein *Imperativ*, der kategorisch gebietet, weil das Gesetz unbedingt ist; das Verhältnis eines solchen Willens zu diesem Gesetze ist *Abhängigkeit*, unter dem Namen der Verbindlichkeit, welche

[11] 1. Aufl.: seyn; Akad.Ausg.: sind

eine Nötigung, obzwar durch bloße Vernunft und deren[12] objektives Gesetz, zu einer Handlung bedeutet, die darum Pflicht heißt, weil eine pathologisch affizierte (obgleich dadurch nicht bestimmte, mithin auch immer freie) Willkür, einen Wunsch bei sich führt, der aus subjektiven Ursachen entspringt, daher auch dem reinen objektiven Bestimmungsgrunde oft entgegen sein kann, und also eines Widerstandes der praktischen Vernunft, der ein innerer, aber intellektueller, Zwang genannt werden kann, als moralischer Nötigung bedarf. In der allergenugsamsten Intelligenz wird die Willkür, als keiner Maxime fähig, die nicht zugleich objektiv Gesetz sein konnte[13], mit Recht | vorgestellt, und der Begriff der Heiligkeit, der ihr um deswillen zukommt, setzt sie zwar nicht über alle praktischen, aber doch über alle praktisch-einschränkenden Gesetze, mithin Verbindlichkeit und Pflicht weg. Diese Heiligkeit des Willens ist gleichwohl eine praktische Idee, welche notwendig zum Urbilde dienen muß, welchem sich ins Unendliche zu nähern das einzige ist, was allen endlichen vernünftigen Wesen zusteht, und welche das reine Sittengesetz, das darum selbst heilig heißt, ihnen beständig und richtig vor Augen hält, von welchem ins Unendliche gehenden Progressus seiner Maximen und Unwandelbarkeit derselben zum beständigen Fortschreiten sicher zu sein, d. i. Tugend, das Höchste ist, was endliche praktische Vernunft bewirken kann, die selbst wiederum wenigstens als natürlich erworbenes Vermögen nie vollendet sein kann, weil die Sicherheit in solchem Falle niemals apodiktische Gewißheit wird, und als Überredung sehr gefährlich ist.

---

[12] 1. Aufl.: dessen; Akad.Ausg.: deren
[13] Akad.Ausg.: könnte

§ 8
Lehrsatz IV

Die Autonomie des Willens ist das alleinige Prinzip aller moralischen Gesetze und der ihnen gemäßen Pflichten: Alle Heteronomie der Willkür gründet dagegen nicht allein gar keine Verbindlichkeit, sondern ist vielmehr dem Prinzip derselben und der Sittlichkeit des Willens entgegen. In der Unabhängigkeit nämlich von aller Materie des Gesetzes (nämlich einem begehrten Objekte) und zugleich doch Bestimmung der Willkür durch die bloße allgemeine gesetzgebende Form, deren eine Maxime fähig sein muß, besteht das alleinige Prinzip der Sittlichkeit. Jene Unabhängigkeit aber | ist Freiheit im negativen, diese eigene Gesetzgebung aber der reinen, und als solche, praktischen Vernunft, ist Freiheit im positiven Verstande. Also drückt das moralische Gesetz nichts anders aus, als die Autonomie der reinen praktischen Vernunft, d. i. der Freiheit, und diese ist selbst die formale Bedingung aller Maximen, unter der sie allein mit dem obersten praktischen Gesetze zusammenstimmen können. Wenn daher die Materie des Wollens, welche nichts anders, als das Objekt einer Begierde sein kann, die mit dem Gesetz verbunden wird, in das praktische Gesetz **als Bedingung der Möglichkeit desselben** hineinkommt, so wird daraus Heteronomie der Willkür, nämlich Abhängigkeit vom Naturgesetze, irgend einem Antriebe oder Neigung zu folgen, und der Wille gibt sich nicht selbst das Gesetz, sondern nur die Vorschrift zur vernünftigen Befolgung pathologischer Gesetze; die Maxime aber, die auf solche Weise niemals die allgemein-gesetzgebende Form in sich enthalten kann, stiftet auf diese Weise nicht allein keine Verbindlichkeit, sondern ist selbst dem Prinzip einer reinen praktischen Vernunft, hiermit also auch der sittlichen Gesinnung entgegen, wenn gleich die Handlung, die daraus entspringt, gesetzmäßig sein sollte.

Anmerkung I

Zum praktischen Gesetze muß also niemals eine praktische Vorschrift gezählt werden, die eine materiale (mithin empi|rische) Bedingung bei sich führt. Denn das Gesetz des reinen Willens, der frei ist, setzt diesen in eine ganz andere Sphäre, als die empirische, und die Notwendigkeit, die es ausdrückt, da sie keine Naturnotwendigkeit sein soll, kann also bloß in formalen Bedingungen der Möglichkeit eines Gesetzes überhaupt bestehen. Alle Materie praktischer Regeln beruht immer auf subjektiven Bedingungen, die ihr keine Allgemeinheit für vernünftige Wesen, als lediglich die bedingte (im Falle ich dieses oder jenes begehre, was ich alsdann tun müsse, um es wirklich zu machen,) verschaffen, und sie drehen sich insgesamt um das Prinzip der eigenen Glückseligkeit. Nun ist freilich unleugbar, daß alles Wollen auch einen Gegenstand, mithin eine Materie haben müsse; aber diese ist darum nicht eben der Bestimmungsgrund und Bedingung der Maxime; denn, ist sie es, so läßt diese sich nicht in allgemein gesetzgebender Form darstellen, weil die Erwartung der Existenz des Gegenstandes alsdann die bestimmende Ursache der Willkür sein würde, und die Abhängigkeit des Begehrungsvermögens von der Existenz irgend einer Sache dem Wollen zum Grunde gelegt werden müßte, welche immer nur in empirischen Bedingungen gesucht werden, und daher niemals den Grund zu einer notwendigen und allgemeinen Regel abgeben kann. So wird fremder Wesen Glückseligkeit das Objekt des Willens eines vernünftigen Wesens sein können. Wäre sie aber der Bestimmungsgrund der Maxime, so müßte man voraussetzen, daß wir in dem Wohlsein anderer nicht allein ein natürliches Vergnügen, sondern auch ein Bedürfnis finden, so wie die sympathetische Sinnesart bei Menschen es mit sich bringt. Aber dieses Bedürfnis kann ich nicht bei jedem vernünftigen Wesen (bei Gott gar nicht) voraussetzen. Also kann zwar die Materie der Maxime bleiben, sie muß aber | nicht die Bedingung derselben sein, denn sonst würde diese nicht zum Gesetze taugen. Also die bloße Form eines Gesetzes, welches die Materie einschränkt, muß zugleich ein Grund sein, diese Materie zum Willen hinzuzufügen, aber sie nicht vorauszusetzen. Die Materie sei z. B. meine eigene Glückseligkeit. Diese, wenn ich sie jedem beilege (wie ich es denn in der Tat bei endlichen Wesen tun darf) kann nur alsdann ein *objektives* praktisches Gesetz werden, wenn ich anderer ihre in dieselbe mit einschließe. Also entspringt das Gesetz, anderer Glückseligkeit zu befördern, nicht von der Voraussetzung, daß dieses ein Objekt für jedes seine Willkür sei, sondern bloß daraus, daß die Form der Allgemeinheit, deren die Vernunft als Bedingung bedarf, einer Maxime der Selbstliebe die objektive Gültigkeit eines Gesetzes zu geben, der Bestimmungsgrund des Willens wird, und also war das Objekt (anderer Glückseligkeit) nicht der Bestimmungsgrund des reinen Willens, sondern die bloße gesetzliche Form war es allein, dadurch ich meine auf Neigung gegründete Maxime einschränkte, um ihr die Allgemeinheit eines Gesetzes zu verschaffen, und sie so der reinen praktischen Vernunft angemessen zu machen, aus welcher Einschränkung, und nicht dem

Zusatz einer äußeren Triebfeder, alsdann der Begriff der Verbindlichkeit, die Maxime meiner Selbstliebe auch auf die Glückseligkeit anderer zu erweitern, allein entspringen konnte[14].

Anmerkung II

Das gerade Widerspiel des Prinzips der Sittlichkeit ist: wenn das der eigenen Glückseligkeit zum Bestimmungsgrunde des Willens gemacht wird, wozu, wie ich oben gezeigt habe, alles überhaupt gezählt werden muß, was den Bestimmungsgrund, der zum Gesetze dienen soll, irgend worin anders, als in der gesetzgebenden Form der Maxime setzt. Dieser | Widerstreit ist aber nicht bloß logisch, wie der zwischen empirisch-bedingten Regeln, die man doch zu notwendigen Erkenntnisprinzipien erheben wollte, sondern praktisch, und würde, wäre nicht die Stimme der Vernunft in Beziehung auf den Willen so deutlich, so unüberschreibar, selbst für den gemeinsten Menschen so vernehmlich, die Sittlichkeit gänzlich zu Grunde richten; so aber kann sie sich nur noch in den kopfverwirrenden Spekulationen der Schulen erhalten, die dreist genug sind[15], sich gegen jene himmlische Stimme taub zu machen, um eine Theorie, die kein Kopfbrechen kostet, aufrecht zu erhalten.

Wenn ein dir sonst beliebter Umgangsfreund sich bei dir wegen eines falschen abgelegten Zeugnisses dadurch zu rechtfertigen vermeinete, daß er zuerst die, seinem Vorgeben nach, heilige Pflicht der eigenen Glückseligkeit vorschützte, alsdann die Vorteile her-

---

14 1. Aufl.: könnte; Akad.Ausg.: konnte
15 1. Aufl.: seyn; Akad.Ausg.: sind

zählte, die er sich alle dadurch erworben, die Klugheit namhaft machte, die er beobachtet, um wider alle Entdeckung sicher zu sein, selbst wider die von Seiten deiner selbst, dem er das Geheimnis darum allein offenbaret, damit er es zu aller Zeit ableugnen könne; dann aber im ganzen Ernst vorgäbe, er habe eine wahre Menschenpflicht ausgeübt: so würdest du ihm entweder gerade ins Gesicht lachen, oder mit Abscheu davon zurückbeben, ob du gleich, wenn jemand bloß auf eigene Vorteile seine Grundsätze gesteuert hat, wider diese Maßregeln nicht das mindeste einzuwenden hättest. Oder setzet, es empfehle euch jemand einen Mann zum Haushalter, dem ihr alle eure Angelegenheiten blindlings anvertrauen könnet, und, um euch Zutrauen einzuflößen, rühmete er ihn als einen klugen Menschen, der sich auf seinen eigenen Vorteil meisterhaft verstehe, auch als einen rastlos wirksamen, der keine Gelegenheit dazu ungenutzt vorbeigehen ließe, endlich, damit | auch ja nicht Besorgnisse wegen eines pöbelhaften Eigennutzes desselben im Wege stünden, rühmete er, wie er recht fein zu leben verstünde, nicht im Geldsammeln oder brutaler Üppigkeit, sondern in der Erweiterung seiner Kenntnisse, einem wohlgewählten belehrenden Umgange, selbst im Wohltun der Dürftigen, sein Vergnügen suchte, übrigens aber wegen der Mittel (die doch ihren Wert oder Unwert nur vom Zwecke entlehnen) nicht bedenklich wäre, und fremdes Geld und Gut ihm hierzu, so bald er nur wisse, daß er es unentdeckt und ungehindert tun könne, so gut wie sein eigenes wäre: so würdet ihr entweder glauben, der Empfehlende habe euch zum besten, oder er habe den Verstand verloren. — So deutlich und scharf sind die Grenzen der Sittlichkeit und der Selbstliebe abgeschnitten, daß selbst das gemeinste Auge den Unterschied, ob etwas zu der einen oder der andern gehöre, gar nicht verfehlen kann. Folgende wenige Bemerkungen können zwar bei einer so offenbaren Wahrheit überflüssig scheinen, allein sie dienen doch wenigstens dazu, dem Urteile der gemeinen Menschenvernunft etwas mehr Deutlichkeit zu verschaffen.

Das Prinzip der Glückseligkeit kann zwar Maximen, aber niemals solche abgeben, die zu Gesetzen des Willens tauglich wären, selbst wenn man sich die allgemeine Glückseligkeit zum Objekte machte. Denn, weil dieser ihre Erkenntnis auf lauter Erfahrungsdatis beruht, weil jedes Urteil darüber gar sehr von jedes seiner Meinung, die noch dazu selbst sehr veränderlich ist, abhängt, so kann es wohl generelle, aber niemals universelle Regeln, d. i. solche, die im Durchschnitte am öftesten zutreffen, nicht aber solche, die jederzeit und notwendig gültig sein müssen, geben, mithin können keine praktischen Gesetze darauf gegründet werden. Eben darum, weil hier ein Objekt der Willkür der Regel derselben zum Grunde gelegt | und also vor dieser vorhergehen muß, so kann diese nicht worauf anders, als auf das, was man empfiehlt, und also auf Erfahrung bezogen und darauf gegründet werden, und da muß die Verschiedenheit des Urteils endlos sein. Dieses Prinzip schreibt also nicht allen vernünftigen Wesen eben dieselben praktischen Regeln vor, ob sie zwar unter einem gemeinsamen Titel, nämlich dem der Glückseligkeit, stehen. Das moralische Gesetz wird aber nur darum als objektiv notwendig gedacht, weil es für jedermann gelten soll, der Vernunft und Willen hat.

Die Maxime der Selbstliebe (Klugheit) rät bloß an; das Gesetz der Sittlichkeit gebietet. Es ist aber doch ein großer Unterschied zwischen dem, wozu man uns anrätig ist, und dem, wozu wir verbindlich sind.

Was nach dem Prinzip der Autonomie der Willkür zu tun sei, ist für den gemeinsten Verstand ganz leicht und ohne Bedenken einzusehen; was unter Voraussetzung der Heteronomie derselben zu tun sei, schwer, und erfordert Weltkenntnis; d. i. was Pflicht sei, bietet sich jedermann von selbst dar; was aber wahren dauerhaften Vorteil bringe, ist allemal, wenn dieser auf das ganze Dasein erstreckt werden soll, in undurchdringliches Dunkel eingehüllt, und erfordert viel Klugheit, um die praktische, darauf gestimmte Regel durch geschickte Ausnahmen auch nur auf erträgliche Art den Zwecken des Lebens anzupassen. Gleichwohl gebietet das sittliche Gesetz jedermann, und zwar die pünktlichste, Befolgung. Es muß also zu der Beurteilung dessen, was nach ihm zu tun sei, nicht so schwer sein, daß nicht der gemeinste und ungeübteste Verstand selbst ohne Weltklugheit damit umzugehen wüßte.

Dem kategorischen Gebote der Sittlichkeit Genüge zu leisten, ist in jedes Gewalt zu aller Zeit; der empirisch-bedingten | Vorschrift der Glückseligkeit nur selten, und bei weitem nicht, auch nur in Ansehung einer einzigen Absicht, für jedermann möglich. Die Ursache ist, weil es bei dem ersteren nur auf die Maxime ankommt, die echt und rein sein muß, bei der letzteren aber auch auf die Kräfte und das physische Vermögen, einen begehrten Gegenstand wirklich zu machen. Ein Gebot, daß jedermann sich glücklich zu machen suchen sollte, wäre töricht; denn man gebietet niemals jemandem das, was er schon unausbleiblich von selbst will. Man müßte ihm bloß die Maßregeln gebieten, oder vielmehr darreichen, weil er nicht alles das kann, was er will. Sittlichkeit aber gebieten, unter dem Namen der Pflicht, ist ganz vernünftig; denn deren Vorschrift will erstlich eben nicht jedermann gerne gehorchen, wenn sie mit Neigungen im Widerstreite ist, und was die Maßregeln betrifft, wie er dieses Gesetz befolgen könne, so dürfen diese hier nicht gelehrt werden; denn, was er in dieser Beziehung will, das kann er auch.

Der im Spiel verloren hat, kann sich wohl über sich selbst und seine Unklugheit ärgern, aber wenn er sich bewußt ist, im Spiel betrogen (obzwar dadurch gewonnen) zu haben, so muß er sich selbst verachten, so bald er sich mit dem sittlichen Gesetze vergleicht. Dieses muß also doch wohl etwas anderes, als das Prinzip der eigenen Glückseligkeit sein. Denn zu sich selber sagen zu müssen: ich bin ein Nichtswürdiger, ob ich gleich meinen Beutel gefüllt habe, muß doch ein anderes Richtmaß des Urteils haben, als sich selbst Beifall zu geben, und zu sagen: ich bin ein kluger Mensch, denn ich habe meine Kasse bereichert.

Endlich ist noch etwas in der Idee unserer praktischen Vernunft, welches die Übertretung eines sittlichen Gesetzes begleitet, nämlich ihre Strafwürdigkeit. Nun läßt sich mit | dem Begriffe einer Strafe, als einer solchen, doch gar nicht das Teilhaftigwerden der Glückseligkeit verbinden. Denn obgleich der, so da straft, wohl zugleich die gütige Absicht haben kann, diese Strafe auch auf diesen Zweck zu richten, so muß sie doch zuvor als Strafe, d. i. als bloßes Übel für sich selbst gerechtfertigt sein, so daß der Gestrafte, wenn es dabei bliebe, und er auch auf keine sich hinter dieser Härte verbergende Gunst hinaussähe, selbst gestehen muß, es sei ihm Recht geschehen, und sein Los sei seinem Verhalten vollkommen angemessen. In jeder Strafe, als solcher, muß zuerst Gerechtigkeit sein, und diese macht das Wesentliche dieses Begriffs aus. Mit ihr kann zwar auch Gütigkeit verbunden werden, aber auf diese hat der Strafwürdige, nach seiner Aufführung, nicht die mindeste Ursache sich Rechnung zu machen. Also ist Strafe ein physisches Übel, welches, wenn es auch nicht als natürliche Folge mit dem Moralisch-Bösen verbunden wäre, doch als Folge nach Prinzipien einer sittlichen Gesetzgebung verbunden werden müßte. Wenn nun alles Verbrechen, auch ohne auf die physischen Folgen in Ansehung des Täters zu sehen, für sich strafbar ist, d. i. Glückseligkeit (wenigstens zum Teil) verwirkt, so wäre es offenbar ungereimt zu sagen: das Verbrechen habe darin eben bestanden, daß er sich eine Strafe zugezogen hat, indem er seiner eigenen Glückseligkeit Abbruch tat (welches nach dem Prinzip der Selbstliebe der eigentliche Begriff alles Verbrechens sein müßte). Die Strafe würde auf diese Art der Grund sein, etwas ein Verbrechen zu nennen, und die Gerechtigkeit müßte vielmehr darin bestehen, alle Bestrafung zu unterlassen und selbst die natürliche zu verhindern; denn alsdann wäre in der Handlung nichts Böses mehr, weil die Übel, die sonst darauf folgeten, und um deren willen die Handlung allein böse hieß, nunmehr abgehalten | wären. Vollends aber alles Strafen und Belohnen nur als das Maschinenwerk in der Hand einer höheren Macht anzusehen, welches vernünftige Wesen dadurch zu ihrer Endabsicht (der Glückseligkeit) in Tätigkeit zu setzen allein dienen sollte, ist gar zu sichtbar ein alle Freiheit aufhebender Mechanismus ihres Willens, als daß es nötig wäre uns hierbei aufzuhalten.

Feiner noch, obgleich eben so unwahr, ist das Vorgeben derer, die einen gewissen moralischen besondern Sinn annehmen, der, und nicht die Vernunft, das moralische Gesetz bestimmete, nach welchem das Bewußtsein der Tugend unmittelbar mit Zufriedenheit und Vergnügen, das des Lasters aber mit Seelenunruhe und Schmerz verbunden wäre, und so alles doch auf Verlangen nach eigener Glückseligkeit aussetzen. Ohne das hierher zu ziehen, was oben gesagt worden, will ich nur die Täuschung bemerken, die hierbei vorgeht. Um den Lasterhaften als durch das Bewußtsein seiner Vergehungen mit Gemütsunruhe geplagt vorzustellen, müssen sie ihn, der vornehmsten Grundlage seines Charakters nach, schon zum voraus als, wenigstens in einigem Grade, moralisch gut, so wie den, welchen das Bewußtsein pflichtmäßiger Handlungen ergötzt, vorher schon als tugendhaft vorstellen. Also mußte doch der Begriff der Moralität und Pflicht vor aller Rücksicht auf diese Zufriedenheit vorhergehen und kann von dieser gar nicht abgeleitet werden. Nun muß man doch die Wichtigkeit dessen, was wir Pflicht nennen, das Ansehen des moralischen Gesetzes und den unmittelbaren Wert, den die Befolgung desselben der Person in ihren eigenen Augen gibt, vorher schätzen, um jene Zufriedenheit in dem Bewußtsein seiner Angemessenheit zu derselben, und den bitteren Verweis, wenn man sich dessen Übertretung vorwerfen kann, zu fühlen. Man kann also | diese Zufriedenheit oder Seelenunruhe nicht vor der Erkenntnis der Verbindlichkeit fühlen und sie zum Grunde der letzteren machen. Man muß wenigstens auf dem halben Wege schon ein ehrlicher Mann sein, um sich von jenen Empfindungen auch nur eine Vorstellung machen zu können. Daß übrigens, so wie, vermöge der Freiheit, der menschliche Wille durchs moralische Gesetz unmittelbar bestimmbar ist, auch die öftere Ausübung, diesem Bestimmungsgrunde gemäß, subjektiv zuletzt ein Gefühl der Zufriedenheit mit sich selbst wirken könne, bin ich gar nicht in Abrede; vielmehr gehört es selbst zur Pflicht, dieses, welches eigentlich allein das moralische Gefühl genannt zu werden verdient, zu gründen und zu kultivieren; aber der Begriff der Pflicht kann davon nicht abgeleitet werden, sonst müßten wir uns ein Gefühl eines Gesetzes als eines solchen denken, und das zum Gegenstande der Empfindung machen, was nur durch Vernunft gedacht werden kann; welches, wenn es nicht ein platter Widerspruch werden soll, allen Begriff der Pflicht ganz aufheben, und an deren Statt bloß ein mechanisches Spiel feinerer, mit den gröberen bisweilen in Zwist geratender, Neigungen setzen würde.

Wenn wir nun unseren f o r m a l e n obersten Grundsatz der reinen praktischen Vernunft (als einer Autonomie des Willens) mit allen bisherigen m a t e - r i a l e n Prinzipien der Sittlichkeit vergleichen, so können wir in einer Tafel alle übrigen, als solche, dadurch wirklich zugleich alle möglichen anderen Fälle, außer einem einzigen formalen, erschöpft sind, vorstellig machen, und so durch den Augenschein beweisen, daß es vergeblich sei, sich nach einem andern Prinzip, als dem jetzt vorgetragenen, umzusehen. — Alle möglichen Bestimmungsgründe des Willens sind nämlich entweder bloß s u b j e k t i v und also empirisch, oder auch o b j e k t i v und rational; beide aber entweder ä u ß e r e oder i n n e r e.

Praktische materiale Bestimmungsgründe
im Prinzip der Sittlichkeit sind

Subjektive				**Objektive**	
äußere		innere		innere	äußere
Der Erziehung (nach Montaigne)	Der bürgerlichen Verfassung (nach Mandeville)	Des physischen Gefühls (nach Epikur)	Des moralischen Gefühls (nach Hutcheson)	Der Vollkommenheit (nach Wolff und den Stoikern)	Des Willens Gottes (nach Crusius und andern theologischen Moralisten)

Die auf der linken Seite stehenden sind insgesamt empirisch und taugen offenbar gar nicht zum allgemeinen Prinzip der Sittlichkeit. Aber die auf der rechten Seite gründen sich auf der Vernunft, (denn Vollkommenheit, als Beschaffenheit der Dinge, und die höchste Vollkommenheit in Substanz vorgestellt, d. i. Gott, sind beide nur durch Vernunftbegriffe zu denken.) Allein der erstere Begriff, nämlich der Vollkommenheit, kann entweder in theoretischer Bedeutung genommen werden, und da bedeutet er nichts, als Vollständigkeit eines jeden Dinges in seiner Art (transzendentale), oder eines Dinges bloß als Dinges überhaupt (metaphysische), und davon kann hier nicht die Rede sein. Der Begriff der Vollkommenheit in praktischer Bedeutung aber ist die Tauglichkeit, oder Zulänglichkeit eines Dinges zu allerlei Zwecken. Diese Vollkommenheit, als Beschaffenheit des Menschen, folglich innerliche, ist nichts anders, als Talent, und, was dieses stärkt oder ergänzt, Geschicklichkeit. Die höchste Vollkommenheit in Substanz, d. i. Gott, folglich äußerliche, (in praktischer Absicht betrachtet,) ist die Zulänglichkeit dieses Wesens zu allen Zwecken überhaupt. Wenn nun also uns Zwecke vorher gegeben werden müssen, in Beziehung auf welche der Begriff der Vollkommenheit (einer inneren, an uns selbst, oder einer äußeren, an Gott,) allein Bestimmungsgrund des Willens werden kann, ein Zweck aber, als Objekt, welches vor der Willensbestimmung durch eine praktische Regel vorhergehen und den Grund der Möglichkeit einer solchen enthalten muß, mithin die Materie des Willens, als Bestimmungsgrund desselben genommen, jederzeit empirisch ist, mithin zum Epikurischen Prinzip der Glückseligkeitslehre, niemals aber zum reinen Vernunftprinzip der Sittenlehre und der Pflicht dienen kann, (wie denn Talente und ihre Beför|derung nur, weil sie zu Vorteilen des Lebens beitragen, oder der Wille Gottes, wenn Einstimmung mit ihm, ohne vorhergehendes von dessen Idee unabhängiges praktisches Prinzip, zum Objekte des Willens genommen worden, nur durch die Glückseligkeit, die wir davon erwarten, Bewegursache desselben werden können,) so folgt erstlich, daß alle hier aufgestellten Prinzipien material sind, zweitens, daß sie alle möglichen materialen Prinzipien befassen, und daraus endlich der Schluß: daß, weil materiale Prinzipien zum obersten Sittengesetz ganz untauglich sind, (wie bewiesen worden,) das formale praktische Prinzip der reinen Vernunft, nach welchem die bloße Form einer durch unsere Maximen möglichen allgemeinen Gesetzgebung den obersten und unmittelbaren Bestimmungsgrund des Willens ausmachen muß, das einzige mögliche sei, welches zu kategorischen Imperativen, d. i. praktischen Gesetzen (welche Handlungen zur Pflicht machen), und überhaupt zum Prinzip der Sittlichkeit, sowohl in der Beurteilung, als auch der Anwendung auf den menschlichen Willen, in Bestimmung desselben, tauglich ist. |

I

Von der Deduktion der Grundsätze der reinen praktischen Vernunft

Diese Analytik tut dar, daß reine Vernunft praktisch sein, d. i. für sich, unabhängig von allem Empirischen, den Willen bestimmen könne — und dieses zwar durch ein Faktum, worin sich reine Vernunft bei uns in der Tat praktisch beweiset, nämlich die Autonomie in dem Grundsatze der Sittlichkeit, wodurch sie den Willen zur Tat bestimmt. — Sie zeigt zugleich, daß dieses Faktum mit dem Bewußtsein der Freiheit des Willens unzertrennlich verbunden, ja mit ihm einerlei sei, wodurch der Wille eines vernünftigen Wesens, das, als zur Sinnenwelt gehörig, sich, gleich anderen wirksamen Ursachen, notwendig den Gesetzen der Kausalität unterworfen erkennt, im Praktischen, doch zugleich sich auf einer andern Seite, nämlich als Wesen an sich selbst, seines in einer intelligibelen Ordnung der Dinge bestimmbaren Daseins bewußt ist, zwar nicht einer besondern Anschauung seiner selbst, sondern gewissen dynamischen Gesetzen gemäß, die die Kausalität desselben in der Sinnenwelt bestimmen können; denn, daß Freiheit, wenn sie uns beigelegt wird, uns in eine intelligibele Ordnung der Dinge versetze, ist anderwärts hinreichend bewiesen worden. |

Wenn wir nun damit den analytischen Teil der Kritik der reinen spekulativen Vernunft vergleichen, so zeigt sich ein merkwürdiger Kontrast beider gegen einander. Nicht Grundsätze, sondern reine sinnliche A n s c h a u u n g (Raum und Zeit) war daselbst das erste Datum, welches Erkenntnis a priori und zwar nur für Gegenstände der Sinne möglich machte. — Synthetische Grundsätze aus bloßen Begriffen ohne Anschauung waren unmöglich, vielmehr konnten diese nur in Beziehung auf jene, welche sinnlich war, mithin auch nur auf Gegenstände möglicher Erfahrung stattfinden, weil die Begriffe des Verstandes, mit dieser Anschauung verbunden, allein dasjenige Erkenntnis möglich machen, welches wir Erfahrung nennen. — Über die Erfahrungsgegenstände hinaus, also von Dingen als Noumenen, wurde der spekulativen Vernunft alles Positive einer Erkenntnis mit völligem Rechte abgesprochen. — Doch leistete diese so viel, daß sie den Begriff der Noumenen, d. i. die Möglichkeit, ja Notwendigkeit dergleichen zu denken, in Sicherheit setzte, und z. B. die Freiheit, negativ betrachtet, anzunehmen, als ganz verträglich mit jenen Grundsätzen und Einschränkungen der reinen theoretischen Vernunft, wider alle Einwürfe rettete, ohne doch von solchen Gegenständen irgend etwas Bestimmtes und Erweiterndes zu erkennen zu geben, indem sie vielmehr alle Aussicht dahin gänzlich abschnitt. |

Dagegen gibt das moralische Gesetz, wenn gleich keine Aussicht, dennoch ein schlechterdings aus allen Datis der Sinnenwelt und dem ganzen Umfange unseres theoretischen Vernunftgebrauchs unerklärliches Faktum an die Hand, das auf eine reine Verstandeswelt Anzeige gibt, ja diese so gar positiv bestimmt und uns etwas von ihr, nämlich ein Gesetz, erkennen läßt.

Dieses Gesetz soll der Sinnenwelt, als einer sinnlichen Natur, (was die vernünftigen Wesen betrifft,) die Form einer Verstandeswelt d. i. einer übersinnlichen Natur verschaffen, ohne doch jener ihrem Mechanismus Abbruch zu tun. Nun ist Natur im allgemeinsten Verstande die Existenz der Dinge unter Gesetzen. Die sinnliche Natur vernünftiger Wesen überhaupt ist die Existenz derselben unter empirisch bedingten Gesetzen, mithin für die Vernunft Heteronomie. Die übersinnliche Natur eben derselben Wesen ist dagegen ihre Existenz nach Gesetzen, die von aller empirischen Bedingung unabhängig sind, mithin zur Autonomie der reinen Vernunft gehören. Und, da die Gesetze, nach welchen das Dasein der Dinge vom Erkenntnis abhängt, praktisch sind; so ist die übersinnliche Natur, so weit wir uns einen Begriff von ihr machen können, nichts anders, als eine Natur unter der Autonomie der reinen praktischen Vernunft. Das Gesetz dieser Autonomie aber ist das moralische Gesetz; welches also das Grundgesetz einer übersinnlichen Natur und einer reinen | Verstandeswelt ist, deren Gegenbild in der Sinnenwelt, aber doch zugleich ohne Abbruch der Gesetze derselben, existieren soll. Man könnte jene die urbildliche (natura archetypa), die wir bloß in der Vernunft erkennen; diese aber, weil sie die mögliche Wirkung der Idee der ersteren, als Bestimmungsgrundes des Willens, enthält, die nachgebildete (natura ectypa) nennen. Denn in der Tat versetzt uns das moralische Gesetz, der Idee nach, in eine Natur, in welcher reine Vernunft, wenn sie mit dem ihr angemessenen physischen Vermögen begleitet wäre, das höchste Gut hervorbringen würde, und bestimmt unseren Willen die Form der Sinnenwelt, als einem Ganzen vernünftiger Wesen, zu erteilen.

Daß diese Idee wirklich unseren Willensbestimmungen gleichsam als Vorzeichnung zum Muster liege, bestätigt die gemeinste Aufmerksamkeit auf sich selbst.

Wenn die Maxime, nach der ich ein Zeugnis abzulegen gesonnen bin, durch die praktische Vernunft geprüft wird, so sehe ich immer danach, wie sie sein würde, wenn sie als allgemeines Naturgesetz gölte. Es ist offenbar, in dieser Art würde es jedermann zur Wahrhaftigkeit nötigen. Denn es kann nicht mit der Allgemeinheit eines Naturgesetzes bestehen, Aussagen für beweisend und dennoch als vorsetzlich unwahr gelten zu lassen. Eben so wird die Maxime, die ich in | Ansehung der freien Disposition über mein Leben nehme, sofort bestimmt, wenn ich mich frage, wie sie sein müßte, damit sich eine Natur nach einem Gesetze derselben erhalte. Offenbar würde niemand in einer solchen Natur sein Leben willkürlich endigen können, denn eine solche Verfassung würde keine bleibende Naturordnung sein, und so in allen übrigen Fällen. Nun ist aber in der wirklichen Natur, so wie sie ein Gegenstand der Erfahrung ist, der freie Wille nicht von selbst zu solchen Maximen bestimmt, die für sich selbst eine Natur nach allgemeinen Gesetzen gründen könnten, oder auch in eine solche, die nach ihnen angeordnet wäre, von selbst passeten; vielmehr sind es Privatneigungen, die zwar ein Naturganzes nach pathologischen (physischen) Gesetzen, aber nicht eine Natur, die allein durch unsern Willen nach reinen praktischen Gesetzen möglich wäre, ausmachen. Gleichwohl sind wir uns durch die Vernunft eines Gesetzes bewußt, welchem, als ob durch unseren Willen zugleich eine Naturordnung entspringen müßte, alle unsere Maximen unterworfen sind. Also muß dieses die Idee einer nicht empirisch-gegebenen und dennoch durch Freiheit möglichen, mithin übersinnlichen Natur sein, der wir, wenigstens in praktischer Beziehung, objektive Realität geben, weil wir sie als Objekt unseres Willens, als reiner vernünftiger Wesen ansehen. |

Der Unterschied also zwischen den Gesetzen einer Natur, welcher der Wille unterworfen ist, und einer Natur, die einem Willen (in Ansehung dessen, was Beziehung desselben auf seine freien Handlungen hat) unterworfen ist, beruht darauf, daß bei jener die Objekte Ursachen der Vorstellungen sein müssen, die den Willen bestimmen, bei dieser aber der Wille Ursache von den Objekten sein soll, so daß die Kausalität desselben ihren Bestimmungsgrund lediglich in reinem Vernunftvermögen liegen hat, welches deshalb auch eine reine praktische Vernunft genannt werden kann.

Die zwei Aufgaben also: wie reine Vernunft einerseits a priori Objekte erkennen, und wie sie andererseits unmittelbar ein Bestimmungsgrund des Willens d. i. der Kausalität des vernünftigen Wesens in Ansehung der Wirklichkeit der Objekte (bloß durch den Gedanken der Allgemeingültigkeit ihrer eigenen Maximen als Gesetzes) sein könne, sind sehr verschieden.

Die erste, als zur Kritik der reinen spekulativen Vernunft gehörig, erfordert, daß zuvor erklärt werde, wie Anschauungen, ohne welche uns überall kein Objekt gegeben und also auch keines synthetisch erkannt werden kann, a priori möglich sind, und ihre Auflösung fällt dahin aus, daß sie insgesamt nur sinnlich sind[16], daher auch kein spekulatives Erkenntnis möglich werden lassen, das weiter ginge, als mögliche Erfahrung reicht, | und daß daher alle Grundsätze jener reinen spekulativen[17] Vernunft nichts weiter ausrichten, als Erfahrung, entweder von gegebenen Gegenständen, oder denen, die ins Unendliche gegeben werden mögen, niemals aber vollständig gegeben sind, möglich zu machen.

Die zweite, als zur Kritik der praktischen Vernunft gehörig, fordert keine Erklärung, wie die Objekte des Begehrungsvermögens möglich sind, denn das bleibt, als Aufgabe der theoretischen Naturkenntnis, der Kritik der spekulativen Vernunft überlassen, sondern nur, wie Vernunft die Maxime des Willens bestimmen könne, ob es nur vermittelst empirischer Vorstellungen[18], als Bestimmungsgründe, geschehe, oder

---

[16] 1. Aufl.: seyn; Akad.Ausg.: sind
[17] 1. Aufl.: praktischen; Akad.Ausg.: spekulativen
[18] 1. Aufl.: Vorstellung; Akad.Ausg.: Vorstellungen

ob auch reine Vernunft praktisch und ein Gesetz einer möglichen, gar nicht empirisch erkennbaren, Naturordnung sein würde. Die Möglichkeit einer solchen übersinnlichen Natur, deren Begriff zugleich der Grund der Wirklichkeit derselben durch unseren freien Willen sein könne, bedarf keiner Anschauung a priori (einer intelligibelen Welt), die in diesem Falle, als übersinnlich, für uns auch unmöglich sein müßte. Denn es kommt nur auf den Bestimmungsgrund des Wollens in den Maximen desselben an, ob jener empirisch, oder ein Begriff der reinen Vernunft (von der Gesetzmäßigkeit derselben überhaupt) sei, und wie er letzteres sein könne. Ob die Kausalität des Willens zur Wirklichkeit der Objekte zulange, oder nicht, bleibt den theoretischen Prin|zipien der Vernunft zu beurteilen überlassen, als Untersuchung der Möglichkeit der Objekte des Wollens, deren Anschauung also in der praktischen Aufgabe gar kein Moment derselben ausmacht. Nur auf die Willensbestimmung und den Bestimmungsgrund der Maxime desselben, als eines freien Willens, kommt es hier an, nicht auf den Erfolg. Denn, wenn der Wille nur für die reine Vernunft gesetzmäßig ist, so mag es mit dem Vermögen desselben in der Ausführung stehen, wie es wolle, es mag nach diesen Maximen der Gesetzgebung einer möglichen Natur eine solche wirklich daraus entspringen, oder nicht, darum bekümmert sich die Kritik, die da untersucht, ob und wie reine Vernunft praktisch, d. i. unmittelbar willenbestimmend, sein könne, gar nicht.

In diesem Geschäfte kann sie also ohne Tadel und muß sie von reinen praktischen Gesetzen und deren Wirklichkeit anfangen. Statt der Anschauung aber legt sie denselben den Begriff ihres Daseins in der intelligibelen Welt, nämlich der Freiheit, zum Grunde.

Denn dieser bedeutet nichts anders, und jene Gesetze sind nur in Beziehung auf Freiheit des Willens möglich, unter Voraussetzung derselben aber notwendig, oder, umgekehrt, diese ist notwendig, weil jene Gesetze, als praktische Postulate, notwendig sind. Wie nun dieses Bewußtsein der moralischen Gesetze, oder, welches einerlei ist, das der Freiheit, möglich sei, läßt sich | nicht weiter erklären, nur die Zulässigkeit derselben in der theoretischen Kritik gar wohl verteidigen.

Die Exposition des obersten Grundsatzes der praktischen Vernunft ist nun geschehen, d. i. erstlich, was er enthalte, daß er gänzlich a priori und unabhängig von empirischen Prinzipien für sich bestehe, und dann, worin er sich von allen anderen praktischen Grundsätzen unterscheide, gezeigt worden. Mit der Deduktion, d. i. der Rechtfertigung seiner objektiven und allgemeinen Gültigkeit und der Einsicht der Möglichkeit eines solchen synthetischen Satzes a priori, darf man nicht so gut fortzukommen hoffen, als es mit den Grundsätzen des reinen theoretischen Verstandes anging. Denn diese bezogen sich auf Gegenstände möglicher Erfahrung, nämlich auf Erscheinungen, und man konnte beweisen, daß nur dadurch, daß diese Erscheinungen nach Maßgabe jener Gesetze unter die Kategorien gebracht werden, diese Erscheinungen als Gegenstände der Erfahrung erkannt werden können, folglich alle mögliche Erfahrung diesen Gesetzen angemessen sein müsse. Einen solchen Gang kann ich aber mit der Deduktion des moralischen Gesetzes nicht nehmen. Denn es betrifft nicht das Erkenntnis von der Beschaffenheit der Gegenstände, die der Vernunft irgend wodurch anderwärts gegeben werden mögen, sondern ein Erkenntnis, so fern es der Grund von der Existenz der Gegenstände selbst werden kann und die Vernunft durch |

dieselbe[19] Kausalität in einem vernünftigen Wesen hat, d. i. reine Vernunft, die als ein unmittelbar den Willen bestimmendes Vermögen angesehen werden kann.

Nun ist aber alle menschliche Einsicht zu Ende, so bald wir zu Grundkräften oder Grundvermögen gelanget sind; denn deren Möglichkeit kann durch nichts begriffen, darf aber auch eben so wenig beliebig erdichtet und angenommen werden. Daher kann uns im theoretischen Gebrauche der Vernunft nur Erfahrung dazu berechtigen, sie anzunehmen. Dieses Surrogat, statt einer Deduktion aus Erkenntnisquellen a priori, empirische Beweise anzuführen, ist uns hier aber in Ansehung des reinen praktischen Vernunftvermögens auch benommen. Denn, was den Beweisgrund seiner Wirklichkeit von der Erfahrung herzuholen bedarf, muß den Gründen seiner Möglichkeit nach von Erfahrungsprinzipien abhängig sein, für dergleichen aber reine und doch praktische Vernunft schon ihres Begriffs wegen unmöglich gehalten werden kann. Auch ist das moralische Gesetz gleichsam als ein Faktum der reinen Vernunft, dessen wir uns a priori bewußt sind und welches apodiktisch gewiß ist, gegeben, gesetzt, daß man auch in der Erfahrung kein Beispiel, da es genau befolgt wäre, auftreiben könnte[20]. Also kann die objektive Realität des moralischen Gesetzes durch keine Deduktion, durch alle Anstrengung der theoretischen, spekulativen oder empirisch unterstützten Vernunft, bewiesen, und | also, wenn man auch auf die apodiktische Gewißheit Verzicht tun wollte, durch Erfahrung bestätigt und so a posteriori bewiesen werden, und steht dennoch für sich selbst fest.

---

[19] „dieselbe" bezieht sich wohl auf „Erkenntnis", das hier allerdings sächlich gebraucht ist

[20] 1. Aufl.: konnte; 2. Aufl. u. Akad.Ausg.: könnte

Etwas anderes aber und ganz Widersinnisches tritt an die Stelle dieser vergeblich gesuchten Deduktion des moralischen Prinzips, nämlich, daß es umgekehrt selbst zum Prinzip der Deduktion eines unerforschlichen Vermögens dient, welches keine Erfahrung beweisen, die spekulative Vernunft aber (um unter ihren kosmologischen Ideen das Unbedingte seiner Kausalität nach zu finden, damit sie sich selbst nicht widerspreche,) wenigstens als möglich annehmen mußte, nämlich das der Freiheit, von der das moralische Gesetz, welches selbst keiner rechtfertigenden Gründe bedarf, nicht bloß die Möglichkeit, sondern die Wirklichkeit an Wesen beweiset, die dies Gesetz als für sie verbindend erkennen. Das moralische Gesetz ist in der Tat ein Gesetz der Kausalität durch Freiheit, und also der Möglichkeit einer übersinnlichen Natur, so wie das metaphysische Gesetz der Begebenheiten in der Sinnenwelt ein Gesetz der Kausalität der sinnlichen Natur war, und jenes bestimmt also das, was spekulative Philosophie unbestimmt lassen mußte, nämlich das Gesetz für eine Kausalität, deren Begriff in der letzteren nur negativ war, und verschafft diesem also zuerst objektive Realität. |

Diese Art von Kreditiv des moralischen Gesetzes, da es selbst als ein Prinzip der Deduktion der Freiheit, als einer Kausalität der reinen Vernunft, aufgestellt wird, ist, da die theoretische Vernunft wenigstens die Möglichkeit einer Freiheit a n z u n e h m e n genötigt war, zur Ergänzung eines Bedürfnisses derselben, statt aller Rechtfertigung a priori völlig hinreichend. Denn das moralische Gesetz beweiset seine Realität dadurch auch für die Kritik der spekulativen Vernunft genugtuend, daß es einer bloß negativ gedachten Kausalität, deren Möglichkeit jener unbegreiflich und dennoch sie anzunehmen nötig war, positive Bestimmung, nämlich den Begriff einer den Willen unmittelbar (durch die Bedingung einer allgemeinen gesetzlichen Form seiner Maximen) bestimmenden Vernunft hinzufügt, und so der Vernunft, die mit ihren Ideen, wenn sie spekulativ verfahren wollte, immer überschwenglich wurde, zum erstenmale objektive, obgleich nur praktische Realität zu geben vermag und ihren transzendenten Gebrauch in einen immanenten (im Felde der Erfahrung durch Ideen selbst wirkende Ursache[21] zu sein) verwandelt.

Die Bestimmung der Kausalität der Wesen in der Sinnenwelt, als einer solchen, konnte niemals unbedingt sein, und dennoch muß es zu aller Reihe der Bedingungen notwendig etwas Unbedingtes, mithin auch eine sich gänzlich von selbst bestimmende Kausalität ge|ben. Daher war die Idee der Freiheit, als eines Vermögens absoluter Spontaneität, nicht ein Bedürfnis, sondern was deren Möglichkeit betrifft, ein analytischer Grundsatz der reinen spekulativen Vernunft. Allein, da es schlechterdings unmöglich ist, ihr gemäß ein Beispiel in irgend einer Erfahrung zu geben, weil unter den Ursachen der Dinge, als Erscheinungen, keine Bestimmung der Kausalität, die schlechterdings unbedingt wäre, angetroffen werden kann, so konnten wir nur den Gedanken von einer freihandelnden Ursache, wenn wir diesen auf ein Wesen in der Sinnenwelt, so fern es andererseits auch als Noumenon betrachtet wird, anwenden, verteidigen, indem wir zeigten, daß es sich nicht widerspreche, alle seine Handlungen als physisch bedingt, so fern sie Erscheinungen sind, und doch zugleich die Kausalität derselben, so fern das handelnde Wesen ein Verstandeswesen ist, als physisch unbedingt

---

[21] 1. Aufl. u. Akad.Ausg.: Ursachen; Hartenstein: Ursache

anzusehen, und so den Begriff der Freiheit zum regulativen Prinzip der Vernunft zu machen, wodurch ich zwar den Gegenstand, dem dergleichen Kausalität beigelegt wird, gar nicht erkenne, was er sei, aber doch das Hindernis wegnehme, indem ich einerseits in der Erklärung der Weltbegebenheiten, mithin auch der Handlungen vernünftiger Wesen, dem Mechanismus der Naturnotwendigkeit, vom Bedingten zur Bedingung ins Unendliche zurückzugehen, Gerechtigkeit widerfahren lasse, andererseits aber der spekulativen Vernunft | den für sie leeren Platz offen erhalte, nämlich das Intelligibele, um das Unbedingte dahin zu versetzen. Ich konnte aber diesen Gedanken nicht realisieren, d. i. ihn nicht in Erkenntnis eines so handelnden Wesens, auch nur bloß seiner Möglichkeit nach, verwandeln. Diesen leeren Platz füllt nun reine praktische Vernunft, durch ein bestimmtes Gesetz der Kausalität in einer intelligibelen Welt, (durch Freiheit,) nämlich das moralische Gesetz, aus. Hierdurch wächst nun zwar der spekulativen Vernunft in Ansehung ihrer Einsicht nichts zu, aber doch in Ansehung der Sicherung ihres problematischen Begriffs der Freiheit, welchem hier objektive und obgleich nur praktische, dennoch unbezweifelte Realität verschafft wird. Selbst den Begriff der Kausalität, dessen Anwendung, mithin auch Bedeutung, eigentlich nur in Beziehung auf Erscheinungen, um sie zu Erfahrungen zu verknüpfen, stattfindet, (wie die Kritik der reinen Vernunft beweiset,) erweitert sie nicht so, daß sie seinen Gebrauch über gedachte Grenzen ausdehne. Denn wenn sie darauf ausginge, so müßte sie zeigen wollen, wie das logische Verhältnis des Grundes und der Folge bei einer anderen Art von Anschauung, als die sinnliche ist, synthetisch gebraucht werden könne, d. i. wie causa noumenon möglich sei; welches sie gar nicht leisten kann, worauf sie aber auch als praktische Vernunft gar nicht Rücksicht nimmt, indem sie nur den Bestimmungsgrund der Kausalität | des Menschen, als Sinnenwesens, (welche gegeben ist,) in der reinen Vernunft (die darum praktisch heißt,) setzt, und also den Begriff der Ursache selbst, von dessen Anwendung auf Objekte zum Behuf theoretischer Erkenntnisse sie hier gänzlich abstrahieren kann, (weil dieser Begriff immer im Verstande, auch unabhängig von aller Anschauung, a priori angetroffen wird,) nicht um Gegenstände zu erkennen, sondern die Kausalität in Ansehung derselben überhaupt zu bestimmen, also in keiner andern, als praktischen Absicht braucht, und daher den Bestimmungsgrund des Willens in die intelligibele Ordnung der Dinge verlegen kann, indem sie zugleich gerne gesteht, das, was der Begriff der Ursache zur Erkenntnis dieser Dinge für eine Bestimmung haben möge, gar nicht zu verstehen. Die Kausalität in Ansehung der Handlungen des Willens in der Sinnenwelt muß sie allerdings auf bestimmte Weise erkennen, denn sonst könnte praktische Vernunft wirklich keine Tat hervorbringen. Aber den Begriff, den sie von ihrer eigenen Kausalität als Noumenon macht, braucht sie nicht theoretisch zum Behuf der Erkenntnis ihrer übersinnlichen Existenz zu bestimmen, und also ihm so fern Bedeutung geben zu können. Denn Bedeutung bekommt er ohnedem, obgleich nur zum praktischen Gebrauche, nämlich durchs moralische Gesetz. Auch theoretisch betrachtet bleibt er immer ein reiner a priori gegebener Verstandesbegriff, der auf | Gegenstände angewandt werden kann, sie mögen sinnlich oder nicht sinnlich gegeben werden; wiewohl er im letzteren Falle keine bestimmte theoretische Bedeutung und

Anwendung hat, sondern bloß ein formaler, aber doch wesentlicher Gedanke des Verstandes von einem Objekte überhaupt ist. Die Bedeutung, die ihm die Vernunft durchs moralische Gesetz verschafft, ist lediglich praktisch, da nämlich die Idee des Gesetzes einer Kausalität (des Willens) selbst Kausalität hat, oder ihr Bestimmungsgrund ist.

II
Von der Befugnis der reinen Vernunft, im praktischen Gebrauche, zu einer Erweiterung, die ihr im spekulativen für sich nicht möglich ist

An dem moralischen Prinzip haben wir ein Gesetz der Kausalität aufgestellt, welches den Bestimmungsgrund der letzteren über alle Bedingungen der Sinnenwelt wegsetzt, und den Willen, wie er als zu einer intelligibelen Welt gehörig bestimmbar sei, mithin das Subjekt dieses Willens (den Menschen) nicht bloß als zu einer reinen Verstandeswelt gehörig, obgleich in dieser Beziehung als uns unbekannt (wie es nach der Kritik | der reinen spekulativen Vernunft geschehen konnte) gedacht, sondern ihn auch in Ansehung seiner Kausalität, vermittelst eines Gesetzes, welches zu gar keinem Naturgesetze der Sinnenwelt gezählt werden kann, bestimmt, also unser Erkenntnis über die Grenzen des[22] letzteren erweitert, welche Anmaßung doch die Kritik der reinen Vernunft in aller Spekulation für nichtig erklärte. Wie ist nun hier praktischer Gebrauch der reinen Ver-

[22] Akad.Ausg.: der

nunft mit dem theoretischen eben derselben, in Ansehung der Grenzbestimmung ihres Vermögens zu vereinigen?

D a v i d H u m e, von dem man sagen kann, daß er alle Anfechtung der Rechte einer reinen Vernunft, welche eine gänzliche Untersuchung derselben notwendig machten, eigentlich anfing, schloß so. Der Begriff der U r s a c h e ist ein Begriff, der die N o t w e n d i g k e i t der Verknüpfung der Existenz des Verschiedenen, und zwar, so fern es verschieden ist, enthält, so: daß, wenn A gesetzt wird, ich erkenne, daß etwas davon ganz Verschiedenes, B, notwendig auch existieren müsse. Notwendigkeit kann aber nur einer Verknüpfung beigelegt werden, so fern sie a priori erkannt wird; denn die Erfahrung würde von einer Verbindung nur zu erkennen geben, daß sie sei, aber nicht, daß sie so notwendigerweise sei. Nun ist es, sagt er, unmöglich, die Verbindung, die zwischen einem Dinge und einem a n d e r e n, (oder einer Bestimmung und einer anderen, | ganz von ihr verschiedenen,) wenn sie nicht in der Wahrnehmung gegeben werden, a priori und als notwendig zu erkennen. Also ist der Begriff einer Ursache selbst lügenhaft und betrügerisch, und ist, am gelindesten davon zu reden, eine so fern noch zu entschuldigende Täuschung, da die G e w o h n h e i t (eine s u b j e k t i v e Notwendigkeit) gewisse Dinge, oder ihre Bestimmungen, öfters neben, oder nach einander ihrer Existenz nach, als sich beigesellet, wahrzunehmen, unvermerkt für eine o b j e k t i v e Notwendigkeit in den Gegenständen selbst eine solche Verknüpfung zu setzen, genommen, und so der Begriff einer Ursache erschlichen und nicht rechtmäßig erworben ist, ja auch niemals erworben oder beglaubigt werden kann, weil er eine an sich nichtige, chimärische, vor keiner Vernunft haltbare Verknüpfung fordert, der gar kein Objekt jemals korrespondieren kann. — So ward nun zuerst in Ansehung alles Erkenntnisses, das die Existenz der Dinge betrifft, (die Mathematik blieb also davon noch ausgenommen,) der Empirismus als die einzige Quelle der Prinzipien eingeführt, mit ihm aber zugleich der härteste Skeptizismus selbst in Ansehung der ganzen Naturwissenschaft (als Philosophie). Denn wir können, nach solchen Grundsätzen, niemals aus gegebenen Bestimmungen der Dinge ihrer Existenz nach auf eine Folge schließen, (denn dazu würde der Begriff einer Ursache, der die Notwendigkeit einer solchen Verknüpfung enthält, | erfordert werden,) sondern nur nach der Regel der Einbildungskraft, ähnliche Fälle, wie sonst, erwarten, welche Erwartung aber niemals sicher ist, sie mag auch noch so oft eingetroffen sein. Ja bei keiner Begebenheit könnte man sagen: es müsse etwas vor ihr vorhergegangen sein, worauf sie notwendig folgte, d. i. sie müsse eine Ursache haben, und also, wenn man auch noch so öftere Fälle kennete, wo dergleichen vorherging, so daß eine Regel davon abgezogen werden konnte, so könnte man darum es nicht als immer und notwendig sich auf die Art zutragend annehmen, und so müsse man dem blinden Zufalle, bei welchem aller Vernunftgebrauch aufhört, auch sein Recht lassen, welches denn den Skeptizismus, in Ansehung der von Wirkungen zu Ursachen aufsteigenden Schlüsse, fest gründet und unwiderleglich macht.

Die Mathematik war so lange noch gut weggekommen, weil Hume dafür hielt, daß ihre Sätze alle analytisch wären, d. i. von einer Bestimmung zur andern, um der Identität willen, mithin nach dem Satze des Widerspruchs fortschritten, (welches aber falsch ist, indem sie vielmehr alle synthetisch sind, und, obgleich z. B. die Geometrie es nicht mit der Existenz der Dinge, sondern nur ihrer Bestimmung a priori in einer möglichen Anschauung zu tun hat, dennoch eben so gut, wie durch Kausalbegriffe, von einer Bestimmung A zu einer ganz verschiedenen B, als dennoch | mit jener notwendig verknüpft, übergeht)[23]. Aber endlich muß jene wegen ihrer apodiktischen Gewißheit so hochgepriesene Wissenschaft doch dem Empirismus in Grundsätzen, aus demselben Grunde, warum Hume, an der Stelle der objektiven Notwendigkeit in dem Begriffe der Ursache, die Gewohnheit setzte, auch unterliegen, und sich, unangesehen alles ihres Stolzes, gefallen lassen, ihre kühnen, a priori Beistimmung gebietenden Ansprüche herabzustimmen und den Beifall für die Allgemeingültigkeit ihrer Sätze von der Gunst der Beobachter erwarten, die als Zeugen es doch nicht weigern würden zu gestehen, daß sie das, was der Geometer als Grundsätze vorträgt, jederzeit auch so wahrgenommen hätten, folglich, ob es gleich eben nicht notwendig wäre, doch fernerhin, es so erwarten zu dürfen, erlauben würden. Auf diese Weise führt Humes Empirismus in Grundsätzen auch unvermeidlich auf den Skeptizismus, selbst in Ansehung der Mathematik, folglich in allem wissenschaftlichen theoretischen Gebrauche der Vernunft (denn dieser gehört entweder zur Philosophie, oder zur Mathematik). Ob der gemeine Vernunftgebrauch (bei einem so schrecklichen Umsturz, als man den Häuptern der Erkenntnis begegnen sieht) besser durchkommen, und nicht vielmehr, noch unwiederbringlicher, in eben diese Zerstörung alles Wissens

---

[23] Klammer so in der Akad.Ausg.; 1. Aufl.: Klammer nicht geschlossen

werde verwickelt werden, mithin ein allgemeiner Skeptizismus nicht aus denselben Grundsätzen fol|gen müsse, (der freilich aber nur die Gelehrten treffen würde,) das will ich jeden[24] selbst beurteilen lassen.

Was nun meine Bearbeitung in der Kritik der reinen Vernunft betrifft, die zwar durch jene Humische Zweifellehre veranlaßt ward, doch viel weiter ging, und das ganze Feld der reinen theoretischen Vernunft im synthetischen Gebrauche, mithin auch desjenigen, was man Metaphysik überhaupt nennt, befassete: so verfuhr ich, in Ansehung der den Begriff der Kausalität betreffenden Zweifel des schottischen Philosophen, auf folgende Art. Daß Hume, wenn er (wie es doch auch fast überall geschieht,) die Gegenstände der Erfahrung für Dinge an sich selbst nahm, den Begriff der Ursache für trüglich und falsches Blendwerk erklärte, daran tat er ganz recht; denn von Dingen an sich selbst und deren Bestimmungen als solchen kann nicht eingesehen werden, wie darum, weil etwas A gesetzt wird, etwas anderes B auch notwendig gesetzt werden müsse, und also konnte er eine solche Erkenntnis a priori von Dingen an sich selbst gar nicht einräumen. Einen empirischen Ursprung dieses Begriffs konnte der scharfsinnige Mann noch weniger verstatten, weil dieser geradezu der Notwendigkeit der Verknüpfung widerspricht, welche das Wesentliche des Begriffs der Kausalität ausmacht; mithin ward der Begriff in die Acht erklärt, und in seine Stelle trat die Gewohnheit im Beobachten des Laufs der Wahrnehmungen. |

Aus meinen Untersuchungen aber ergab es sich, daß die Gegenstände, mit denen wir es in der Erfahrung

[24] 1. Aufl.: will jeden; 2. Aufl. u. Akad.Ausg.: will ich jeden

zu tun haben, keineswegs Dinge an sich selbst, sondern bloß Erscheinungen sind, und daß, obgleich bei Dingen an sich selbst gar nicht abzusehen ist, ja unmöglich ist einzusehen, wie, wenn A gesetzt wird, es widersprechend sein solle, B, welches von A ganz verschieden ist, nicht zu setzen, (die Notwendigkeit der Verknüpfung zwischen A als Ursache und B als Wirkung,) es sich doch ganz wohl denken lasse, daß sie als Erscheinungen in einer Erfahrung auf gewisse Weise (z. B. in Ansehung der Zeitverhältnisse) notwendig verbunden sein müssen und nicht getrennt werden können, ohne derjenigen Verbindung zu widersprechen, vermittelst deren diese Erfahrung möglich ist, in welcher sie Gegenstände und uns allein erkennbar sind. Und so fand es sich auch in der Tat: so, daß ich den Begriff der Ursache nicht allein nach seiner objektiven Realität in Ansehung der Gegenstände der Erfahrung beweisen, sondern ihn auch, als Begriff a priori, wegen der Notwendigkeit der Verknüpfung, die er bei sich führt, deduzieren, d. i. seine Möglichkeit aus reinem Verstande, ohne empirische Quellen, dartun, und so, nach Wegschaffung des Empirismus seines Ursprungs, die unvermeidliche Folge desselben, nämlich den Skeptizismus, zuerst in Ansehung der Naturwissenschaft, dann auch, wegen des ganz vollkommen aus denselben Grün|den Folgenden in Ansehung der Mathematik, beider Wissenschaften, die auf Gegenstände möglicher Erfahrung bezogen werden, und hiermit den totalen Zweifel an allem, was theoretische Vernunft einzusehen behauptet, aus dem Grunde heben konnte.

Aber wie wird es mit der Anwendung dieser Kategorie der Kausalität (und so auch aller übrigen; denn ohne sie läßt sich kein Erkenntnis des Existierenden zu Stande bringen;) auf Dinge, die nicht Gegenstände möglicher Erfahrung sind, sondern über dieser ihre Grenze hinaus liegen? Denn ich habe die objektive Realität dieser Begriffe nur in Ansehung der Gegenstände möglicher Erfahrung deduzieren können. Aber eben dieses, daß ich sie auch nur in diesem Falle gerettet habe, daß ich gewiesen habe, es lassen sich dadurch doch Objekte denken, obgleich nicht a priori bestimmen: dieses ist es, was ihnen einen Platz im reinen Verstande gibt, von dem sie auf Objekte überhaupt (sinnliche, oder nicht sinnliche) bezogen werden. Wenn etwas noch fehlt, so ist es die Bedingung der Anwendung dieser Kategorien, und namentlich der der Kausalität, auf Gegenstände, nämlich die Anschauung, welche, wo sie nicht gegeben ist, die Anwendung zum Behuf der theoretischen Erkenntnis des Gegenstandes, als Noumenon, unmöglich macht, die also, wenn es jemand darauf wagt, (wie auch in der Kritik der reinen Vernunft geschehen,) gänzlich verwehrt wird, indessen, | daß doch immer die objektive Realität des Begriffs bleibt, auch von Noumenen gebraucht werden kann, aber ohne diesen Begriff theoretisch im mindesten bestimmen und dadurch ein Erkenntnis bewirken zu können. Denn, daß dieser Begriff auch in Beziehung auf ein Objekt nichts Unmögliches enthalte, war dadurch bewiesen, daß ihm sein Sitz im reinen Verstande bei aller Anwendung auf Gegenstände der Sinne gesichert war, und ob er gleich hernach etwa, auf Dinge an sich selbst (die nicht Gegenstände der Erfahrung sein können) bezogen, keiner Bestimmung, zur Vorstellung eines bestimmten Gegenstandes, zum Behuf einer theoretischen Erkenntnis, fähig ist, so konnte er doch immer noch zu irgend einem anderen (vielleicht dem praktischen) Behuf einer Bestimmung zur Anwendung desselben fähig sein, welches nicht sein würde, wenn, nach Hume, dieser Begriff der Kausalität etwas, das überall zu denken unmöglich ist, enthielte.

Um nun diese Bedingung der Anwendung des gedachten Begriffs auf Noumenen ausfindig zu machen, dürfen wir nur zurücksehen, weswegen wir nicht mit der Anwendung desselben auf Erfahrungsgegenstände zufrieden sind, sondern ihn auch gern von Dingen an sich selbst brauchen möchten. Denn da zeigt sich bald, daß es nicht eine theoretische, sondern praktische Absicht sei, welche uns dieses zur Notwendigkeit macht. Zur Spekulation würden wir, wenn es uns | damit auch gelänge, doch keinen wahren Erwerb in Naturkenntnis und überhaupt in Ansehung der Gegenstände, die uns irgend gegeben werden mögen, machen, sondern allenfalls einen weiten Schritt vom Sinnlichbedingten (bei welchem zu bleiben und die Kette der Ursachen fleißig durchzuwandern wir so schon genug zu tun haben) zum Übersinnlichen tun, um[25] unser Erkenntnis von der Seite der Gründe zu vollenden und zu begrenzen, indessen daß immer eine unendliche Kluft zwischen jener Grenze und dem, was wir kennen, unausgefüllt übrig bliebe, und wir mehr einer eiteln Fragsucht, als einer gründlichen Wißbegierde, Gehör gegeben hätten.

Außer dem Verhältnisse aber, darin der Verstand zu Gegenständen (im theoretischen Erkenntnisse) steht, hat er auch eines zum Begehrungsvermögen, das darum der Wille heißt, und der reine Wille, so fern der reine Verstand (der in solchem Falle Vernunft heißt) durch die bloße Vorstellung eines Gesetzes praktisch ist. Die objektive Realität eines reinen Willens, oder, welches einerlei ist, einer

[25] 1. Aufl.: tun und; 2. Aufl.: tun um; Akad.Ausg.: tun, um

reinen praktischen Vernunft ist im moralischen Gesetze a priori gleichsam durch ein Faktum gegeben; denn so kann man eine Willensbestimmung nennen, die unvermeidlich ist, ob sie gleich nicht auf empirischen Prinzipien beruht. Im Begriffe eines Willens aber ist der Begriff der Kausalität schon enthalten, mithin in dem eines reinen Willens der Begriff | einer Kausalität mit Freiheit, d. i. die nicht nach Naturgesetzen bestimmbar, folglich keiner empirischen Anschauung, als Beweises seiner Realität, fähig ist, dennoch aber in dem reinen praktischen Gesetze a priori, seine objektive Realität, doch (wie leicht einzusehen,) nicht zum Behufe des theoretischen, sondern bloß praktischen Gebrauchs der Vernunft vollkommen rechtfertigt. Nun ist der Begriff eines Wesens, das freien Willen hat, der Begriff einer causa noumenon, und daß sich dieser Begriff nicht selbst widerspreche, davor ist man schon dadurch gesichert, daß der Begriff einer Ursache als gänzlich vom reinen Verstande entsprungen, zugleich auch seiner objektiven Realität in Ansehung der Gegenstände überhaupt durch die Deduktion gesichert, dabei seinem Ursprunge nach von allen sinnlichen Bedingungen unabhängig, also für sich auf Phänomene nicht eingeschränkt, (es sei denn, wo ein theoretischer bestimmter Gebrauch davon gemacht werden wollte,) auf Dinge als reine Verstandeswesen allerdings angewandt werden könne. Weil aber dieser Anwendung keine Anschauung, als die jederzeit nur sinnlich sein kann, untergelegt werden kann, so ist causa noumenon in Ansehung des theoretischen Gebrauchs der Vernunft, obgleich ein möglicher, denkbarer, dennoch leerer Begriff. Nun verlange ich aber auch dadurch nicht die Beschaffenheit eines Wesens, so fern es einen reinen Willen hat, theoretisch zu kennen; es ist mir | genug, es dadurch nur als ein solches zu bezeichnen, mithin nur den Begriff der Kausalität mit dem der Freiheit (und was davon unzertrennlich ist, mit dem moralischen Gesetze, als Bestimmungsgrunde derselben,) zu verbinden; welche Befugnis mir, vermöge des reinen, nicht empirischen Ursprungs des Begriffs der Ursache, allerdings zusteht, indem ich davon keinen anderen Gebrauch, als in Beziehung auf das moralische Gesetz, das seine Realität bestimmt, d. i. nur einen praktischen Gebrauch zu machen mich befugt halte.

Hätte ich, mit H u m e, dem Begriffe der Kausalität die objektive Realität im theoretischen[26] Gebrauche nicht allein in Ansehung der Sachen an sich selbst (des Übersinnlichen), sondern auch in Ansehung der Gegenstände der Sinne genommen: so wäre er aller Bedeutung verlustig und als ein theoretisch unmöglicher Begriff für gänzlich unbrauchbar erklärt worden; und, da von nichts sich auch kein Gebrauch machen läßt, der praktische Gebrauch eines t h e o r e t i s c h - n i c h t i g e n Begriffs ganz ungereimt gewesen. Nun aber der Begriff einer empirisch unbedingten Kausalität theoretisch zwar leer (ohne darauf sich schickende Anschauung), aber immer doch möglich ist und sich auf ein unbestimmt Objekt bezieht, statt dieses aber ihm doch an dem moralischen Gesetze, folglich in praktischer Beziehung, Bedeutung gegeben wird, so habe ich zwar keine Anschauung, die ihm seine objektive theoretische Realität bestimmte, aber | er hat nichts desto weniger wirkliche Anwendung, die sich in concreto in Gesinnungen oder Maximen darstellen läßt, d. i. praktische Realität, die angegeben werden kann; welches denn zu seiner Berechtigung selbst in Absicht auf Noumenen hinreichend ist.

---

[26] 1. Aufl.: praktischen; Akad.Ausg.: theoretischen

Aber diese einmal eingeleitete objektive Realität eines reinen Verstandesbegriffs im Felde des Übersinnlichen, gibt nunmehr allen übrigen Kategorien, obgleich immer nur, so fern sie mit dem Bestimmungsgrunde des reinen Willens (dem moralischen Gesetze) in notwendiger Verbindung stehen, auch objektive, nur keine andere als bloß praktisch-anwendbare Realität, indessen sie auf theoretische Erkenntnisse dieser Gegenstände, als Einsicht der Natur derselben durch reine Vernunft, nicht den mindesten Einfluß hat, um dieselbe zu erweitern. Wie wir denn auch in der Folge finden werden, daß sie immer nur auf Wesen als Intelligenzen, und an diesen auch nur auf das Verhältnis der Vernunft zum Willen, mithin immer nur aufs Praktische Beziehung haben und weiter hinaus sich kein Erkenntnis derselben anmaßen; was aber mit ihnen in Verbindung noch sonst für Eigenschaften, die zur theoretischen Vorstellungsart solcher übersinnlichen Dinge gehören, herbeigezogen werden möchten, diese insgesamt alsdann gar nicht zum Wissen, sondern nur zur Befugnis (in praktischer Absicht aber gar zur Notwendigkeit) sie anzunehmen und vorauszusetzen gezählt | werden, selbst da, wo man übersinnliche Wesen (als Gott) nach einer Analogie, d. i. dem reinen Vernunftverhältnisse, dessen wir in Ansehung der sinnlichen uns praktisch bedienen, annimmt,[27] und so der reinen theoretischen Vernunft durch die Anwendung aufs Übersinnliche, aber nur in praktischer Absicht, zum Schwärmen ins Überschwengliche nicht den mindesten Vorschub gibt.

---

[27] In der 1. Aufl. fehlt „annimmt,"; eingefügt von Hartenstein; Einfügung von der Akad.Ausg. nicht übernommen

Der Analytik der praktischen Vernunft

Zweites Hauptstück

Von dem Begriffe eines Gegenstandes der reinen praktischen Vernunft

Unter einem Begriffe[28] der praktischen Vernunft verstehe ich die Vorstellung eines Objekts als einer möglichen Wirkung durch Freiheit. Ein Gegenstand der praktischen Erkenntnis, als einer solchen, zu sein, bedeutet also nur die Beziehung des Willens auf die Handlung, dadurch er, oder sein Gegenteil, wirklich gemacht würde, und die Beurteilung, ob etwas ein Gegenstand der *reinen* praktischen Vernunft sei, oder nicht, ist nur die Unterscheidung der Möglichkeit oder Unmöglichkeit, diejenige Handlung zu *wollen*, wodurch, wenn wir das Vermögen dazu hätten (worüber die Erfahrung urteilen muß), ein gewisses Objekt wirklichwer|den würde. Wenn das Objekt als der Bestimmungsgrund unseres Begehrungsvermögens angenommen wird, so muß die *physische Möglichkeit* desselben durch freien Gebrauch unserer Kräfte vor der Beurteilung, ob es ein Gegenstand der praktischen Vernunft sei oder nicht, vorangehen. Dagegen, wenn das Gesetz a priori als der Bestimmungsgrund der Handlung, mithin diese als durch reine praktische Vernunft bestimmt, betrachtet werden kann, so ist das Urteil, ob etwas ein Gegenstand der reinen praktischen Vernunft sei oder nicht, von der Vergleichung mit unserem physi-

---

[28] Akad.Ausg.: Unter dem Begriffe eines Gegenstandes

schen Vermögen ganz unabhängig, und die Frage ist nur, ob wir eine Handlung, die auf die Existenz eines Objekts gerichtet ist, wollen dürfen, wenn dieses in unserer Gewalt wäre, mithin muß die moralische Möglichkeit der Handlung vorangehen; denn da ist nicht der Gegenstand, sondern das Gesetz des Willens der Bestimmungsgrund derselben.

Die alleinigen Objekte einer praktischen Vernunft sind also die vom Guten und Bösen. Denn durch das erstere versteht man einen notwendigen Gegenstand des Begehrungs-, durch das zweite des Verabscheuungsvermögens, beides aber nach einem Prinzip der Vernunft.

Wenn der Begriff des Guten nicht von einem vorhergehenden praktischen Gesetze abgeleitet werden, sondern diesem vielmehr zum Grunde dienen soll, so kann er | nur der Begriff von etwas sein, dessen Existenz Lust verheißt und so die Kausalität des Subjekts zur Hervorbringung desselben, d. i. das Begehrungsvermögen bestimmt. Weil es nun unmöglich ist a priori einzusehen, welche Vorstellung mit Lust, welche hingegen mit Unlust werde begleitet sein, so käme es lediglich auf Erfahrung an, es auszumachen, was unmittelbar gut oder böse sei. Die Eigenschaft des Subjekts, worauf in Beziehung diese Erfahrung allein angestellt werden kann, ist das Gefühl der Lust und Unlust, als eine dem inneren Sinne angehörige Rezeptivität, und so würde der Begriff von dem, was unmittelbar gut ist, nur auf das gehen, womit die Empfindung des Vergnügens unmittelbar verbunden ist, und der von dem Schlechthin-Bösen auf das, was unmittelbar Schmerz erregt, allein bezogen werden müssen. Weil aber das dem Sprachgebrauche schon zuwider ist, der das Angenehme vom Guten, das Unangenehme vom

Bösen unterscheidet, und verlangt daß Gutes und Böses jederzeit durch Vernunft, mithin durch Begriffe, die sich allgemein mitteilen lassen, und nicht durch bloße Empfindung, welche sich auf einzelne Subjekte[29] und deren Empfänglichkeit einschränkt, beurteilt werde, gleichwohl aber für sich selbst mit keiner Vorstellung eines Objekts a priori eine Lust oder Unlust unmittelbar verbunden werden kann, so würde der Philosoph, der sich genötigt glaubte, ein Gefühl der Lust seiner praktischen | Beurteilung zum Grunde zu legen, gut nennen, was ein Mittel zum Angenehmen, und Böses, was Ursache der Unannehmlichkeit und des Schmerzens ist; denn die Beurteilung des Verhältnisses der Mittel zu Zwecken gehört allerdings zur Vernunft. Obgleich aber Vernunft allein vermögend ist, die Verknüpfung der Mittel mit ihren Absichten einzusehen, (so daß man auch den Willen durch das Vermögen der Zwecke definieren könnte, indem sie jederzeit Bestimmungsgründe des Begehrungsvermögens nach Prinzipien sind,) so würden doch die praktischen Maximen, die aus dem obigen Begriffe des Guten bloß als Mittel folgten, nie etwas Für-sich-selbst, sondern immer nur Irgend-wozu-Gutes zum Gegenstande des Willens enthalten: das Gute würde jederzeit bloß das Nützliche sein, und das, wozu es nutzt, müßte allemal außerhalb des Willens in der Empfindung liegen. Wenn diese nun, als angenehme Empfindung, vom Begriffe des Guten unterschieden werden müßte, so würde es überall nichts unmittelbar Gutes geben, sondern das Gute nur in den Mitteln zu etwas anderm, nämlich irgend einer Annehmlichkeit, gesucht werden müssen.

Es ist eine alte Formel der Schulen: nihil appetimus,

[29] 1. Aufl.: Objekte; Akad.Ausg.: Subjekte

nisi sub ratione boni; nihil aversamur, nisi sub ratione mali[30]; und sie hat einen oft richtigen, aber auch der Philosophie oft sehr nachteiligen Gebrauch, weil die Ausdrücke des boni und mali eine Zweideu|tigkeit enthalten, daran die Einschränkung der Sprache schuld ist, nach welcher sie eines doppelten Sinnes fähig sind und daher die praktischen Gesetze unvermeidlich auf Schrauben stellen, und die Philosophie, die im Gebrauche derselben gar wohl der Verschiedenheit des Begriffs bei demselben Worte inne werden, aber doch keine besonderen Ausdrücke dafür finden kann, zu subtilen Distinktionen nötigen, über die man sich nachher nicht einigen kann, indem der Unterschied durch keinen angemessenen Ausdruck unmittelbar bezeichnet werden konnte.*

Die deutsche Sprache hat das Glück, die Ausdrücke zu besitzen, welche diese Verschiedenheit nicht übersehen lassen. Für das, was die Lateiner mit einem einzigen Worte bonum benennen, hat sie zwei sehr verschiedene Begriffe, und auch eben so verschiedene Ausdrücke. Für bonum das G u t e und das W o h l, für malum das B ö s e und das Ü b e l (oder Weh):

* Überdem ist der Ausdruck sub ratione boni auch zweideutig. Denn er kann so viel sagen: wir stellen uns etwas als gut vor, wenn und w e i l wir es b e g e h r e n (wollen); aber auch: wir begehren etwas darum, w e i l wir es uns a l s g u t v o r s t e l l e n, so daß entweder die Begierde der Bestimmungsgrund des Begriffs des Objekts als eines Guten, oder der Begriff des Guten der Bestimmungsgrund des Begehrens (des Willens) sei; da denn das: sub ratione boni, im ersteren Falle bedeuten würde, wir wollen etwas u n t e r d e r I d e e des Guten, im zweiten, z u F o l g e d i e s e r I d e e, welche vor dem Wollen als Bestimmungsgrund desselben vorhergehen muß.

---

[30] dt.: wir begehren etwas nur unter der Bedeutung (dem Begriffe) des Guten, wir verabscheuen etwas nur unter der Bedeutung (dem Begriffe) des Schlechten

so daß es zwei | ganz verschiedene Beurteilungen sind, ob wir bei einer Handlung das Gute und Böse derselben, oder unser Wohl und Weh (Übel) in Betrachtung ziehen. Hieraus folgt schon, daß obiger psychologischer Satz wenigstens noch sehr ungewiß sei, wenn er so übersetzt wird: wir begehren nichts, als in Rücksicht auf unser Wohl oder Weh; dagegen er, wenn man ihn so gibt: wir wollen, nach Anweisung der Vernunft, nichts, als nur so fern wir es für gut oder böse halten, ungezweifelt gewiß und zugleich ganz klar ausgedrückt wird.

Das Wohl oder Übel bedeutet immer nur eine Beziehung auf unseren Zustand der Annehmlichkeit oder Unannehmlichkeit, des Vergnügens und Schmerzens, und, wenn wir darum ein Objekt begehren, oder verabscheuen, so geschieht es, nur so fern es auf unsere Sinnlichkeit und das Gefühl der Lust und Unlust, das es bewirkt, bezogen wird. Das Gute oder Böse bedeutet aber jederzeit eine Beziehung auf den Willen, so fern dieser durchs Vernunftgesetz bestimmt wird, sich etwas zu seinem Objekte zu machen; wie er denn durch das Objekt und dessen Vorstellung niemals unmittelbar bestimmt wird, sondern ein Vermögen ist, sich eine Regel der Vernunft zur Bewegursache einer Handlung (dadurch ein Objekt wirklich werden kann) zu machen. Das Gute oder Böse wird also eigentlich auf Handlungen, nicht auf den Empfindungszustand der Person be|zogen, und, sollte etwas schlechthin (und in aller Absicht und ohne weitere Bedingung) gut oder böse sein, oder dafür gehalten werden, so würde es nur die Handlungsart, die Maxime des Willens und mithin die handelnde Person selbst, als guter oder böser Mensch, nicht aber eine Sache sein, die so genannt werden könnte.

Man mochte also immer den Stoiker auslachen, der in den heftigsten Gichtschmerzen ausrief: Schmerz, du magst mich noch so sehr foltern, ich werde doch nie gestehen, daß du etwas Böses (κακον, malum) seist! er hatte doch recht. Ein Übel war es, das fühlte er, und das verriet sein Geschrei; aber daß ihm dadurch ein Böses anhinge, hatte er gar nicht Ursache einzuräumen; denn der Schmerz verringert den Wert seiner Person nicht im mindesten, sondern nur den Wert seines Zustandes. Eine einzige Lüge, deren er sich bewußt gewesen wäre, hätte seinen Mut niederschlagen müssen; aber der Schmerz diente nur zur Veranlassung, ihn zu erheben, wenn er sich bewußt war, daß er sie[31] durch keine unrechte Handlung verschuldet und sich dadurch strafwürdig gemacht habe.

Was wir gut nennen sollen, muß in jedes vernünftigen Menschen Urteil ein Gegenstand des Begehrungsvermögens sein, und das Böse in den Augen von jedermann ein Gegenstand des Abscheues; mithin bedarf es, außer dem Sinne, zu dieser Beurteilung noch | Vernunft. So ist es mit der Wahrhaftigkeit im Gegensatz mit der Lüge, so mit der Gerechtigkeit im Gegensatz der Gewalttätigkeit etc. bewandt. Wir können aber etwas ein Übel nennen, welches doch jedermann zugleich für gut, bisweilen mittelbar, bisweilen gar[32] unmittelbar erklären muß. Der eine chirurgische Operation an sich verrichten läßt, fühlt sie ohne Zweifel als ein Übel; aber durch Vernunft erklärt er, und jedermann, sie für gut. Wenn aber jemand, der friedliebende Leute gerne neckt und beunruhigt, endlich einmal anläuft und mit einer tüchtigen Tracht Schläge abgefertigt wird; so ist dieses allerdings ein Übel, aber

[31] „sie" wohl auf Gichtschmerzen bezogen. — Akad.Ausg.: ihn
[32] 1. Aufl.: gar für; Akad.Ausg.: gar

jedermann gibt dazu seinen Beifall und hält es an sich für gut, wenn auch nichts weiter daraus entspränge; ja selbst der, der sie empfängt, muß in seiner Vernunft erkennen, daß ihm Recht geschehe, weil er die Proportion zwischen dem Wohlbefinden und Wohlverhalten, welche die Vernunft ihm unvermeidlich vorhält, hier genau in Ausübung gebracht sieht.

Es kommt allerdings auf unser Wohl und Weh in der Beurteilung unserer praktischen Vernunft gar s e h r v i e l, und, was unsere Natur als sinnlicher Wesen betrifft, a l l e s auf unsere G l ü c k s e l i g k e i t an, wenn diese, wie Vernunft es vorzüglich fordert, nicht nach der vorübergehenden Empfindung, sondern nach dem Einflusse, den diese Zufälligkeit auf unsere ganze Existenz und die Zufriedenheit mit derselben hat, beurteilt | wird; aber a l l e s ü b e r h a u p t kommt darauf doch nicht an. Der Mensch ist ein bedürftiges Wesen, so fern er zur Sinnenwelt gehört und so fern hat seine Vernunft allerdings einen nicht abzulehnenden Auftrag, von Seiten der Sinnlichkeit, sich um das Interesse derselben zu bekümmern und sich praktische Maximen, auch in Absicht auf die Glückseligkeit dieses, und, wo möglich, auch eines zukünftigen Lebens, zu machen. Aber er ist doch nicht so ganz Tier, um gegen alles, was Vernunft für sich selbst sagt, gleichgültig zu sein, und diese bloß zum Werkzeuge der Befriedigung seines Bedürfnisses, als Sinnenwesens, zu gebrauchen. Denn im Werte über die bloße Tierheit erhebt ihn das gar nicht, daß er Vernunft hat, wenn sie ihm nur zum Behuf desjenigen dienen soll, was bei Tieren der Instinkt verrichtet; sie wäre alsdann nur eine besondere Manier, deren sich die Natur bedient hätte, um den Menschen zu demselben Zwecke, dazu sie Tiere bestimmt hat, auszurüsten, ohne ihn zu einem höheren Zwecke zu bestimmen. Er bedarf also freilich, nach dieser einmal mit ihm getroffenen Naturanstalt, Vernunft, um sein Wohl und Weh jederzeit in Betrachtung zu ziehen, aber er hat sie überdem noch zu einem höheren Behuf, nämlich auch das, was an sich gut oder böse ist, und worüber reine, sinnlich gar nicht interessierte Vernunft nur allein urteilen kann, nicht allein mit in Überlegung zu nehmen, sondern diese Beurteilung | von jener gänzlich zu unterscheiden, und sie zur obersten Bedingung des letzteren[33] zu machen.

In dieser Beurteilung des an sich Guten und Bösen, zum Unterschiede von dem, was nur beziehungsweise auf Wohl oder Übel so genannt werden kann, kommt es auf folgende Punkte an. Entweder ein Vernunftprinzip wird schon an sich als der Bestimmungsgrund des Willens gedacht, ohne Rücksicht auf mögliche Objekte des Begehrungsvermögens, (also bloß durch die gesetzliche Form der Maxime,) alsdann ist jenes Prinzip praktisches Gesetz a priori, und reine Vernunft wird für sich praktisch zu sein angenommen. Das Gesetz bestimmt alsdann unmittelbar den Willen, die ihm gemäße Handlung ist an sich selbst gut, ein Wille, dessen Maxime jederzeit diesem Gesetze gemäß ist, ist schlechterdings, in aller Absicht, gut, und die oberste Bedingung alles Guten: oder es geht ein Bestimmungsgrund des Begehrungsvermögens vor der Maxime des Willens vorher, der ein Objekt der Lust und Unlust voraussetzt, mithin etwas, das vergnügt oder schmerzt, und die Maxime der Vernunft, jene zu befördern, diese zu vermeiden, bestimmt die Handlungen, wie sie beziehungsweise auf unsere Neigung,

---

[33] „des letzteren" meint wohl „das Gute und Böse". — Akad. Ausg.: der letzteren

mithin nur mittelbar (in Rücksicht auf einen anderweitigen Zweck, als Mittel zu demselben) gut sind, und diese Maximen können alsdann niemals Gesetze, dennoch aber vernünftige, praktische Vorschriften heißen. Der Zweck | selbst, das Vergnügen, das wir suchen, ist im letzteren Falle nicht ein Gutes, sondern ein Wohl, nicht ein Begriff der Vernunft, sondern ein empirischer Begriff von einem Gegenstande der Empfindung; allein der Gebrauch des Mittels dazu, d. i. die Handlung (weil dazu vernünftige Überlegung erfordert wird) heißt dennoch gut, aber nicht schlechthin, sondern nur in Beziehung auf unsere Sinnlichkeit, in Ansehung ihres Gefühls der Lust und Unlust; der Wille aber, dessen Maxime dadurch affiziert wird, ist nicht ein reiner Wille, der nur auf das geht, wobei reine Vernunft für sich selbst praktisch sein kann.

Hier ist nun der Ort, das Paradoxon der Methode in einer Kritik der praktischen Vernunft zu erklären: daß nämlich der Begriff des Guten und Bösen nicht vor dem moralischen Gesetze, (dem es[34] dem Anschein nach so gar zum Grunde gelegt werden müßte,) sondern nur (wie hier auch geschieht) nach demselben und durch dasselbe bestimmt werden müsse. Wenn wir nämlich auch nicht wüßten, daß das Prinzip der Sittlichkeit ein reines a priori den Willen bestimmendes Gesetz sei, so müßten wir doch, um nicht ganz umsonst (gratis) Grundsätze anzunehmen, es anfänglich wenigstens unausgemacht lassen, ob der Wille bloß empirische, oder auch reine Bestimmungsgründe a priori habe; denn es ist wider alle Grundregeln des philo-

[34] Akad.Ausg.: er

sophischen Verfahrens, das, | worüber man allererst entscheiden soll, schon zum voraus als entschieden anzunehmen. Gesetzt, wir wollten nun vom Begriffe des Guten anfangen, um davon die Gesetze des Willens abzuleiten, so würde dieser Begriff von einem Gegenstande (als einem guten) zugleich diesen, als den einigen Bestimmungsgrund des Willens, angeben. Weil nun dieser Begriff kein praktisches Gesetz a priori zu seiner Richtschnur hatte; so könnte der Probierstein des Guten oder Bösen in nichts anders, als in der Übereinstimmung des Gegenstandes mit unserem Gefühle der Lust oder Unlust gesetzt werden, und der Gebrauch der Vernunft könnte nur darin bestehen, teils diese Lust oder Unlust im ganzen Zusammenhange mit allen Empfindungen meines Daseins, teils die Mittel, mir den Gegenstand derselben zu verschaffen, zu bestimmen. Da nun, was dem Gefühle der Lust gemäß sei, nur durch Erfahrung ausgemacht werden kann, das praktische Gesetz aber, der Angabe nach, doch darauf, als Bedingung, gegründet werden soll, so würde geradezu die Möglichkeit praktischer Gesetze a priori ausgeschlossen; weil man vorher nötig zu finden meinte, einen Gegenstand für den Willen auszufinden, davon der Begriff, als eines Guten, den allgemeinen, obzwar empirischen Bestimmungsgrund des Willens ausmachen müsse. Nun aber war doch vorher nötig zu untersuchen, ob es nicht auch einen Bestimmungsgrund des Willens a priori gebe (welcher nie|mals irgendwo anders, als an einem reinen praktischen Gesetze, und zwar so fern dieses die bloße gesetzliche Form, ohne Rücksicht auf einen Gegenstand, den Maximen vorschreibt, wäre gefunden worden). Weil man aber schon einen Gegenstand nach Begriffen des Guten und Bösen zum Grunde alles praktischen Gesetzes legte, jener aber ohne vorhergehendes Gesetz nur nach empirischen Begriffen gedacht werden konnte, so hatte man sich die Möglichkeit, ein reines praktisches Gesetz auch nur zu denken, schon zum voraus benommen; da man im Gegenteil, wenn man dem letzteren vorher analytisch nachgeforscht hätte, gefunden haben würde, daß nicht der Begriff des Guten, als eines Gegenstandes, das moralische Gesetz, sondern umgekehrt das moralische Gesetz allererst den Begriff des Guten, so fern es diesen Namen schlechthin verdient, bestimme und möglich mache.

Diese Anmerkung, welche bloß die Methode der obersten moralischen Untersuchungen betrifft, ist von Wichtigkeit. Sie erklärt auf einmal den veranlassenden Grund aller Verirrungen der Philosophen in Ansehung des obersten Prinzips der Moral. Denn sie suchten einen Gegenstand des Willens auf, um ihn zur Materie und dem Grunde eines Gesetzes zu machen, (welches alsdann nicht unmittelbar, sondern vermittelst jenes an das Gefühl der Lust oder Unlust gebrachten Gegenstandes, der Bestimmungsgrund des Willens sein | sollte)[35], anstatt daß sie zuerst nach einem Gesetze hätten forschen sollen, das a priori und unmittelbar den Willen, und diesem gemäß allererst den Gegenstand bestimmete. Nun mochten sie diesen Gegenstand der Lust, der den obersten Begriff des Guten abgeben sollte, in der Glückseligkeit, in der Vollkommenheit, im moralischen Gefühle[36], oder im Willen Gottes setzen, so war ihr Grundsatz allemal Heteronomie, sie mußten unvermeidlich auf empirische Bedingungen zu einem moralischen Gesetze stoßen; weil sie ihren Gegenstand, als unmittelbaren Bestimmungsgrund des Willens, nur nach seinem unmittel-

[35] Die Akad.Ausg. schließt die Klammer hier, die 1. Aufl. erst nach „bestimmete"

[36] 1. Aufl.: Gesetze; Akad.Ausg.: Gefühle

baren Verhalten zum Gefühl, welches allemal empirisch ist, gut oder böse nennen konnten. Nur ein formales Gesetz, d. i. ein solches, welches der Vernunft nichts weiter als die Form ihrer allgemeinen Gesetzgebung zur obersten Bedingung der Maximen vorschreibt, kann a priori ein Bestimmungsgrund der praktischen Vernunft sein. Die Alten verrieten indessen diesen Fehler dadurch unverhohlen, daß sie ihre moralische Untersuchung gänzlich auf die Bestimmung des Begriffs vom höchsten Gut, mithin eines Gegenstandes setzten, welchen sie nachher zum Bestimmungsgrunde des Willens im moralischen Gesetze zu machen gedachten: ein Objekt, welches weit hinterher, wenn das moralische Gesetz allererst für sich bewährt und als unmittelbarer Bestimmungsgrund des Willens gerechtfertigt ist, dem nunmehr seiner Form nach a priori be|stimmten Willen als Gegenstand vorgestellt werden kann, welches wir in der Dialektik der reinen praktischen Vernunft uns unterfangen wollen. Die Neueren, bei denen die Frage über das höchste Gut außer Gebrauch gekommen, zum wenigsten nur Nebensache geworden zu sein scheint, verstecken obigen Fehler (wie in vielen andern Fällen) hinter unbestimmten Worten, indessen, daß man ihn gleichwohl aus ihren Systemen hervorblicken sieht, da er alsdann allenthalben Heteronomie der praktischen Vernunft verrät, daraus nimmermehr ein a priori allgemein gebietendes moralisches Gesetz entspringen kann.

Da nun die Begriffe des Guten und Bösen, als Folgen der Willensbestimmung a priori, auch ein reines praktisches Prinzip, mithin eine Kausalität der reinen Vernunft voraussetzen: so beziehen sie sich, ursprünglich, nicht (etwa als Bestimmungen der synthetischen Einheit des Mannigfaltigen gegebener Anschauungen in einem Bewußtsein) auf Objekte, wie die reinen Verstandesbegriffe, oder Kategorien der theoretisch-gebrauchten Vernunft, sie setzen diese vielmehr als gegeben voraus: sondern sie sind insgesamt modi einer einzigen Kategorie, nämlich der der Kausalität, so fern der Bestimmungsgrund derselben in der Vernunftvorstellung eines Gesetzes derselben besteht, welches, als Gesetz der Freiheit, die Vernunft sich selbst gibt und dadurch sich a priori als praktisch beweiset. Da indes|sen die Handlungen, einerseits zwar unter einem Gesetze, das kein Naturgesetz, sondern ein Gesetz der Freiheit ist, folglich zu dem Verhalten intelligibeler Wesen, andererseits aber doch auch, als Begebenheiten in der Sinnenwelt, zu den Erscheinungen gehören, so werden die Bestimmungen einer praktischen Vernunft nur in Beziehung auf die letztere, folglich zwar den Kategorien des Verstandes gemäß, aber nicht in der Absicht eines theoretischen Gebrauchs desselben, um das Mannigfaltige der (sinnlichen) Anschauung unter ein Bewußtsein a priori zu bringen, sondern nur um das Mannigfaltige der Begehrungen, der Einheit des Bewußtseins einer im moralischen Gesetze gebietenden praktischen Vernunft, oder eines reinen Willens a priori zu unterwerfen, Statt haben können.

Diese Kategorien der Freiheit, denn so wollen wir sie, statt jener theoretischen Begriffe, als Kategorien der Natur, benennen[37], haben einen augenscheinlichen Vorzug vor den letzteren, daß, da diese nur Gedankenformen sind, welche nur unbestimmt Objekte überhaupt für jede uns mögliche Anschauung durch allgemeine Begriffe bezeichnen, diese hingegen, da sie auf die Bestimmung einer freien Willkür

[37] 1. Aufl.: Natur benennen

gehen, (der zwar keine Anschauung, völlig korrespondierend, gegeben werden kann, die aber, welches bei keinen Begriffen des theoretischen Gebrauchs unseres Erkenntnisvermögens stattfindet, ein reines praktisches Gesetz a priori zum Grunde | liegen hat,) als praktische Elementarbegriffe statt der Form der Anschauung (Raum und Zeit), die nicht in der Vernunft selbst liegt, sondern anderwärts, nämlich von der Sinnlichkeit, hergenommen werden muß, die Form eines reinen Willens in ihr, mithin dem Denkungsvermögen selbst, als gegeben zum Grunde liegen haben; dadurch es denn geschieht, daß, da es in allen Vorschriften der reinen praktischen Vernunft nur um die Willensbestimmung, nicht um die Naturbedingungen (des praktischen Vermögens) der Ausführung seiner Absicht zu tun ist, die praktischen Begriffe a priori in Beziehung auf das oberste Prinzip der Freiheit sogleich Erkenntnisse werden und nicht auf Anschauungen warten dürfen, um Bedeutung zu bekommen, und zwar aus diesem merkwürdigen Grunde, weil sie die Wirklichkeit dessen, worauf sie sich beziehen, (die Willensgesinnung) selbst hervorbringen, welches gar nicht die Sache theoretischer Begriffe ist. Nur muß man wohl bemerken, daß diese Kategorien nur die praktische Vernunft überhaupt angehen, und so in ihrer Ordnung, von den moralisch noch unbestimmten, und sinnlich-bedingten, zu denen, die, sinnlich-unbedingt, bloß durchs moralische Gesetz bestimmt sind, fortgehen.

[117]

Tafel
der Kategorien der Freiheit in Ansehung der Begriffe des Guten und Bösen

1.

Der Quantität

Subjektiv, nach Maximen (Willensmeinungen des Individuums)
Objektiv, nach Prinzipien (Vorschriften)
A priori objektive sowohl als subjektive Prinzipien der Freiheit (Gesetze)

2. Der Qualität	3. Der Relation
Praktische Regeln des Begehens (praeceptivae)	Auf die Persönlichkeit
Praktische Regeln des Unterlassens (prohibitivae)	Auf den Zustand der Person
Praktische Regeln der Ausnahmen (exceptivae)	Wechselseitig einer Person auf den Zustand der anderen

4.

Der Modalität

Das Erlaubte und Unerlaubte
Die Pflicht und das Pflichtwidrige
Vollkommene und unvollkommene Pflicht

Man wird hier bald gewahr, daß, in dieser Tafel, die Freiheit, als eine Art von Kausalität, die aber empirischen Bestimmungsgründen nicht unterworfen ist, in Ansehung der durch sie möglichen Handlungen, als Erscheinungen in der Sinnenwelt, betrachtet werde, folglich sich auf die Kategorien ihrer Naturmöglichkeit beziehe, indessen daß doch jede Kategorie so allgemein genommen wird, daß der Bestimmungsgrund jener Kausalität auch außer der Sinnenwelt in der Freiheit als Eigenschaft eines intelligibelen Wesens angenommen werden kann, bis die Kategorien der Modalität den Übergang von praktischen Prinzipien überhaupt zu denen der Sittlichkeit, aber nur problematisch, einleiten, welche nachher durchs moralische Gesetz allererst dogmatisch dargestellt werden können.

Ich füge hier nichts weiter zur Erläuterung gegenwärtiger Tafel bei, weil sie für sich verständlich genug ist. Dergleichen nach Prinzipien abgefaßte Einteilung ist aller Wissenschaft, ihrer Gründlichkeit sowohl als Verständlichkeit halber, sehr zuträglich. So weiß man, z. B., aus obiger Tafel und der ersten Nummer derselben sogleich, wovon man in praktischen Erwägungen anfangen müsse: von den Maximen, die jeder auf seine Neigung gründet, den Vorschriften, die für eine Gattung vernünftiger Wesen, so fern sie in gewissen Neigungen übereinkommen, gelten, und endlich dem Gesetze, welches für alle, unangesehen ihrer Nei|gungen, gilt, u. s. w. Auf diese Weise übersieht man den ganzen Plan, von dem, was man zu leisten hat, so gar jede Frage der praktischen Philosophie, die zu beantworten, und zugleich die Ordnung, die zu befolgen ist.

Von der Typik der reinen praktischen Urteilskraft

Die Begriffe des Guten und Bösen bestimmen dem Willen zuerst ein Objekt. Sie stehen selbst aber unter einer praktischen Regel der Vernunft, welche, wenn sie reine Vernunft ist, den Willen a priori in Ansehung seines Gegenstandes bestimmt. Ob nun eine uns in der Sinnlichkeit mögliche Handlung der Fall sei, der unter der Regel stehe, oder nicht, dazu gehört praktische Urteilskraft, wodurch dasjenige, was in der Regel allgemein (in abstracto) gesagt wurde, auf eine Handlung in concreto angewandt wird. Weil aber eine praktische Regel der reinen Vernunft erstlich, als praktisch, die Existenz eines Objekts betrifft, und zweitens, als praktische Regel der reinen Vernunft, Notwendigkeit in Ansehung des Daseins der Handlung bei sich führt, mithin praktisches Gesetz ist, und zwar nicht Naturgesetz, durch empirische Bestimmungsgründe, sondern ein Gesetz der Freiheit, nach welchem der Wille, unabhängig von allem Empirischen, (bloß durch die Vorstellung eines Gesetzes überhaupt und dessen | Form) bestimmbar sein soll, alle vorkommenden Fälle zu möglichen Handlungen aber nur empirisch, d. i. zur Erfahrung und Natur gehörig sein können: so scheint es widersinnisch, in der Sinnenwelt einen Fall antreffen zu wollen, der, da er immer so fern nur unter dem Naturgesetze steht, doch die Anwendung eines Gesetzes der Freiheit auf sich verstatte, und auf welchen die übersinnliche Idee des Sittlichguten, das darin in concreto dargestellt werden soll, angewandt werden könne. Also ist die Urteilskraft der reinen praktischen Vernunft eben denselben Schwierigkeiten unterworfen, als die der reinen theoretischen, welche letztere gleichwohl, aus denselben zu kommen, ein Mittel zur Hand hatte; nämlich, da es in Ansehung des theoretischen Gebrauchs auf Anschauungen ankam, darauf reine Verstandesbegriffe angewandt werden könnten, dergleichen Anschauungen (obzwar nur von Gegenständen der Sinne) doch a priori, mithin, was die Verknüpfung des Mannigfaltigen in denselben betrifft, den reinen Verstandesbegriffen a priori gemäß (als S c h e m a t e) gegeben werden können. Hingegen ist das Sittlich-Gute etwas dem Objekte nach Übersinnliches, für das also in keiner sinnlichen Anschauung etwas Korrespondierendes gefunden werden kann, und die Urteilskraft unter Gesetzen der reinen praktischen Vernunft scheint daher besonderen Schwierigkeiten unterworfen zu sein, die darauf beruhen, daß ein Gesetz der Freiheit auf Handlungen, | als Begebenheiten, die in der Sinnenwelt geschehen, und also so fern zur Natur gehören, angewandt werden soll.

Allein hier eröffnet sich doch wieder eine günstige Aussicht für die reine praktische Urteilskraft. Es ist bei der Subsumtion einer mir in der Sinnenwelt möglichen Handlung unter einem r e i n e n p r a k t i s c h e n G e s e t z e nicht um die Möglichkeit der H a n d l u n g, als einer Begebenheit in der Sinnenwelt, zu tun; denn die gehört für die Beurteilung des theoretischen Gebrauchs der Vernunft, nach dem Gesetze der Kausalität, eines reinen Verstandesbegriffs, für den sie ein S c h e m a in der sinnlichen Anschauung hat. Die physische Kausalität, oder die Bedingung, unter der sie stattfindet, gehört unter die Naturbegriffe, deren Schema transzendentale Einbildungskraft entwirft. Hier aber ist es nicht um das Schema eines Falles nach Gesetzen, sondern um das Schema (wenn dieses Wort hier schicklich ist) eines Gesetzes selbst zu tun, weil die Willensbestimmung (nicht der[38] Handlung in Beziehung auf ihren Erfolg) durchs Gesetz allein, ohne einen anderen Bestimmungsgrund, den Begriff der Kausalität an ganz andere Bedingungen bindet, als diejenigen sind, welche die Naturverknüpfung ausmachen.

Dem Naturgesetze, als Gesetze, welchem die Gegenstände sinnlicher Anschauung, als solche, unter|worfen sind, muß ein Schema, d. i. ein allgemeines Verfahren der Einbildungskraft, (den reinen Verstandesbegriff, den das Gesetz bestimmt, den Sinnen a priori darzustellen,) korrespondieren. Aber dem Gesetze der Freiheit, (als einer gar nicht sinnlich bedingten Kausalität,) mithin auch dem Begriffe des Unbedingt-Guten, kann keine Anschauung, mithin kein Schema zum Behuf seiner Anwendung in concreto untergelegt werden. Folglich hat das Sittengesetz kein anderes, die Anwendung desselben auf Gegenstände der Natur vermittelndes Erkenntnisvermögen, als den Verstand (nicht die Einbildungskraft), welcher einer Idee der Vernunft nicht ein Schema der Sinnlichkeit, sondern ein Gesetz, aber doch ein solches, das an Gegenständen der Sinne in concreto dargestellt werden kann, mithin ein Naturgesetz, aber nur seiner Form nach, als Gesetz zum Behuf der Urteilskraft unterlegen kann, und dieses können wir daher den Typus des Sittengesetzes nennen.

Die Regel der Urteilskraft unter Gesetzen der reinen praktischen Vernunft ist diese: Frage dich selbst, ob die Handlung, die du vorhast, wenn sie nach einem Gesetze der Natur, von der du selbst ein Teil wärest, geschehen sollte, sie du wohl, als durch deinen Willen möglich, ansehen könntest. Nach dieser Regel beur-

[38] Akad.Ausg.: die

teilt in der Tat jedermann Handlungen, ob sie sittlich-gut oder böse sind. So sagt man: Wie, wenn ein jeder, | wo er seinen Vorteil zu schaffen glaubt, sich erlaubte, zu betrügen, oder befugt hielte, sich das Leben abzukürzen, so bald ihn ein völliger Überdruß desselben befällt, oder anderer Not mit völliger Gleichgültigkeit ansähe, und du gehörtest mit zu einer solchen Ordnung der Dinge, würdest du darin wohl mit Einstimmung deines Willens sein? Nun weiß ein jeder wohl: daß, wenn er sich insgeheim Betrug erlaubt, darum eben nicht jedermann es auch tue, oder wenn er unbemerkt lieblos ist, nicht sofort jedermann auch gegen ihn es sein würde; daher ist diese Vergleichung der Maxime seiner Handlungen mit einem allgemeinen Naturgesetze auch nicht der Bestimmungsgrund seines Willens. Aber das letztere ist doch ein Typus der Beurteilung der ersteren nach sittlichen Prinzipien. Wenn die Maxime der Handlung nicht so beschaffen ist, daß sie an der Form eines Naturgesetzes überhaupt die Probe hält, so ist sie sittlich-unmöglich. So urteilt selbst der gemeinste Verstand; denn das Naturgesetz liegt allen seinen gewöhnlichsten, selbst den Erfahrungsurteilen immer zum Grunde. Er hat es also jederzeit bei der Hand, nur daß er in Fällen, wo die Kausalität aus Freiheit beurteilt werden soll, jenes Naturgesetz bloß zum Typus eines Gesetzes der Freiheit macht, weil er, ohne etwas, was er zum Beispiele im Erfahrungsfalle machen könnte, bei Hand zu haben, dem Gesetze einer reinen praktischen Vernunft nicht den Gebrauch in der Anwendung verschaffen könnte. |

Es ist also auch erlaubt, die Natur der Sinnenwelt als Typus einer intelligibelen Natur zu brauchen, so lange ich nur nicht die Anschauungen, und was davon abhängig ist, auf diese übertrage, sondern bloß die Form der Gesetzmäßigkeit überhaupt (deren Begriff auch im gemeinsten[39] Vernunftgebrauche stattfindet, aber in keiner anderen Absicht, als bloß zum reinen praktischen Gebrauche der Vernunft, a priori bestimmt erkannt werden kann,) darauf beziehe. Denn Gesetze, als solche, sind so fern einerlei, sie mögen ihre Bestimmungsgründe hernehmen, woher sie wollen.

Übrigens, da von allem Intelligibelen schlechterdings nichts als (vermittelst des moralischen Gesetzes) die Freiheit, und auch diese nur so fern sie eine von jenem unzertrennliche Voraussetzung ist, und ferner alle intelligibelen Gegenstände, auf welche uns die Vernunft, nach Anleitung jenes Gesetzes, etwa noch führen möchte, wiederum für uns keine Realität weiter haben, als zum Behuf desselben Gesetzes und des Gebrauches der reinen praktischen Vernunft, diese aber zum Typus der Urteilskraft die Natur (der reinen Verstandesform derselben nach) zu gebrauchen berechtigt und auch benötigt ist: so dient die gegenwärtige Anmerkung dazu, um zu verhüten, daß, was bloß zur Typik der Begriffe gehört, nicht zu den Begriffen selbst gezählt werde. Diese also, als Typik der Urteilskraft, bewahrt vor dem Empirismus der praktischen Vernunft, der die | praktischen Begriffe, des Guten und Bösen, bloß in Erfahrungsfolgen (der sogenannten Glückseligkeit) setzt, obzwar diese und die unendlichen nützlichen Folgen eines durch Selbstliebe bestimmten Willens, wenn dieser sich selbst zugleich zum allgemeinen Naturgesetze machte, allerdings zum ganz angemessenen Typus für das Sittlichgute dienen kann, aber mit diesem doch nicht einerlei ist. Eben dieselbe Typik bewahrt auch vor dem

[39] 1. Aufl.: reinsten; Akad.Ausg.: gemeinsten

Mystizismus der praktischen Vernunft, welcher[40] das, was nur zum Symbol dienete, zum Schema macht, d. i. wirkliche, und doch nicht sinnliche, Anschauungen (eines unsichtbaren Reichs Gottes) der Anwendung der moralischen Begriffe unterlegt und ins Überschwengliche hinausschweift. Dem Gebrauche der moralischen Begriffe ist bloß der Rationalismus der Urteilskraft angemessen, der von der sinnlichen Natur nichts weiter nimmt, als was auch reine Vernunft für sich denken kann, d. i. die Gesetzmäßigkeit, und in die übersinnliche nichts hineinträgt, als was umgekehrt sich durch Handlungen in der Sinnenwelt nach der formalen Regel eines Naturgesetzes überhaupt wirklich darstellen läßt. Indessen ist die Verwahrung vor dem Empirismus der praktischen Vernunft viel wichtiger und anratungswürdiger, weil[41] der Mystizismus sich doch noch mit der Reinigkeit und Erhabenheit des moralischen Gesetzes zusammen verträgt und außerdem es nicht eben natürlich und der gemeinen Denkungsart angemessen ist, seine Einbil|dungskraft bis zu übersinnlichen Anschauungen anzuspannen, mithin auf dieser Seite die Gefahr nicht so allgemein ist; da hingegen der Empirismus die Sittlichkeit in Gesinnungen (worin doch, und nicht bloß in Handlungen, der hohe Wert besteht, den sich die Menschheit durch sie verschaffen kann und soll,) mit der Wurzel ausrottet, und ihr ganz etwas anderes, nämlich ein empirisches Interesse, womit die Neigungen überhaupt unter sich Verkehr treiben, statt der Pflicht unterschiebt, überdem auch, eben darum, mit allen Neigungen, die, (sie mögen einen Zuschnitt bekommen, welchen sie wollen,) wenn

[40] 1. Aufl.: welche; Akad.Ausg.: welcher
[41] 1. Aufl.: womit; Akad.Ausg.: weil

sie zur Würde eines obersten praktischen Prinzips erhoben werden, die Menschheit degradieren, und da sie gleichwohl der Sinnesart aller so günstig sind, aus der Ursache weit gefährlicher ist, als alle Schwärmerei, die niemals einen dauernden Zustand vieler Menschen ausmachen kann.

Drittes Hauptstück

Von den Triebfedern der reinen praktischen Vernunft

Das Wesentliche alles sittlichen Werts der Handlungen kommt darauf an, *daß das moralische Gesetz unmittelbar den Willen bestimme.* Geschieht die Willensbestimmung zwar *gemäß* dem moralischen Gesetze, aber nur vermittelst eines Gefühls, welcher | Art es auch sei, das vorausgesetzt werden muß, damit jenes ein hinreichender Bestimmungsgrund des Willens werde, mithin nicht *um des Gesetzes willen*; so wird die Handlung zwar *Legalität*, aber nicht *Moralität* enthalten. Wenn nun unter *Triebfeder* (elater animi) der subjektive Bestimmungsgrund des Willens eines Wesens verstanden wird, dessen Vernunft nicht, schon vermöge seiner Natur, dem objektiven Gesetze notwendig gemäß ist, so wird erstlich daraus folgen: daß man dem göttlichen Willen gar keine Triebfedern beilegen könne, die Triebfeder des menschlichen Willens aber (und des von jedem erschaffenen vernünftigen Wesen) niemals etwas anderes, als das moralische Gesetz sein könne, mithin der objektive Bestimmungsgrund jederzeit und ganz allein zugleich der subjektiv-hinreichende Bestimmungsgrund der Handlung sein müsse, wenn diese nicht bloß den Buchstaben des Gesetzes, ohne den Geist* desselben zu enthalten, erfüllen soll.

Da man also zum Behuf des moralischen Gesetzes, und um ihm Einfluß auf den Willen zu verschaffen, keine anderweitige Triebfeder, dabei die des moralischen Gesetzes entbehrt werden könnte, suchen muß, weil das | alles lauter Gleißnerei, ohne Bestand, bewirken würde, und so gar es bedenklich ist, auch nur neben dem moralischen Gesetze noch einige andere Triebfedern (als, die des Vorteils,) mitwirken zu lassen; so bleibt nichts übrig, als bloß sorgfältig zu bestimmen, auf welche Art das moralische Gesetz Triebfeder werde, und was, indem sie es ist, mit dem menschlichen Begehrungsvermögen, als Wirkung jenes Bestimmungsgrundes auf dasselbe, vorgehe[42]. Denn wie ein Gesetz für sich und unmittelbar Bestimmungsgrund des Willens sein könne, (welches doch das Wesentliche aller Moralität ist,) das ist ein für die menschliche Vernunft unauflösliches Problem und mit dem einerlei: wie ein freier Wille möglich sei. Also werden wir nicht den Grund, woher das moralische Gesetz in sich eine Triebfeder abgebe, sondern was, so fern es eine solche ist, sie im Gemüte wirkt, (besser zu sagen, wirken muß,) a priori anzuzeigen haben.

Das Wesentliche aller Bestimmung des Willens durchs sittliche Gesetz ist: daß er als freier Wille, mit-

* Man kann von jeder gesetzmäßigen Handlung, die doch nicht um des Gesetzes willen geschehen ist, sagen: sie sei bloß dem Buchstaben, aber nicht dem Geiste (der Gesinnung) nach moralisch gut.

[42] 1. Aufl.: Bestimmungsgrundes, auf dasselbe vorgehe

hin nicht bloß ohne Mitwirkung sinnlicher Antriebe, sondern selbst mit Abweisung aller derselben, und mit Abbruch aller Neigungen, so fern sie jenem Gesetze zuwider sein könnten, bloß durchs Gesetz bestimmt werde. So weit ist also die Wirkung des moralischen Gesetzes als Triebfeder nur negativ, und als solche kann diese Triebfeder a priori erkannt werden. Denn alle Nei|gung und jeder sinnliche Antrieb ist auf Gefühl gegründet, und die negative Wirkung aufs Gefühl (durch den Abbruch, der den Neigungen geschieht) ist selbst Gefühl. Folglich können wir a priori einsehen, daß das moralische Gesetz als Bestimmungsgrund des Willens dadurch, daß es allen unseren Neigungen Eintrag tut, ein Gefühl bewirken müsse, welches Schmerz genannt werden kann, und hier haben wir nun den ersten, vielleicht auch einzigen Fall, da wir aus Begriffen a priori das Verhältnis eines Erkenntnisses (hier ist es einer reinen praktischen Vernunft) zum Gefühl der Lust oder Unlust bestimmen konnten. Alle Neigungen zusammen, (die auch wohl in ein erträgliches System gebracht werden können, und deren Befriedigung alsdann eigene Glückseligkeit heißt) machen die Selbstsucht (Solipsismus) aus. Diese ist entweder die der Selbstliebe, eines über alles gehenden Wohlwollens gegen sich selbst (Philautia), oder die des Wohlgefallens an sich selbst (Arrogantia). Jene heißt besonders Eigenliebe, diese Eigendünkel. Die reine praktische Vernunft tut der Eigenliebe bloß Abbruch, indem sie solche als natürlich, und noch vor dem moralischen Gesetze, in uns rege, nur auf die Bedingung der Einstimmung mit diesem Gesetze einschränkt; da sie alsdann vernünftige Selbstliebe genannt wird. Aber den Eigendünkel schlägt sie gar nieder, indem alle Ansprüche der Selbstschätzung, die vor der Übereinstimmung mit dem sittlichen Gesetze vor|hergehen, nichtig und ohne alle Befugnis sind, indem eben die Gewißheit einer Gesinnung, die mit diesem Gesetze übereinstimmt, die erste Bedingung alles Werts der Person ist (wie wir bald deutlicher machen werden) und alle Anmaßung vor derselben falsch und gesetzwidrig ist. Nun gehört der Hang zur Selbstschätzung mit zu den Neigungen, denen das moralische Gesetz Abbruch tut, so fern jene bloß auf der Sinnlichkeit[43] beruht. Also schlägt das moralische Gesetz den Eigendünkel nieder. Da dieses Gesetz aber doch etwas an sich Positives ist, nämlich die Form einer intellektuellen Kausalität, d. i. der Freiheit, so ist es, indem es im Gegensatze mit dem subjektiven Widerspiele, nämlich den Neigungen in uns, den Eigendünkel *schwächt*, zugleich ein Gegenstand der *Achtung*, und indem es ihn sogar *niederschlägt*, d. i. demütigt, ein Gegenstand der größten *Achtung*, mithin auch der Grund eines positiven Gefühls, das[44] nicht empirischen Ursprungs ist, und a priori erkannt wird. Also ist Achtung fürs moralische Gesetz ein Gefühl, welches durch einen intellektuellen Grund gewirkt wird, und dieses Gefühl ist das einzige, welches wir völlig a priori erkennen, und dessen Notwendigkeit wir einsehen können.

Wir haben im vorigen Hauptstücke gesehen: daß alles, was sich als Objekt des Willens *vor* dem moralischen Gesetze darbietet, von den Bestimmungsgründen des Willens, unter dem Namen des Unbedingt-Guten, | durch dieses Gesetz selbst, als die oberste Bedingung der praktischen Vernunft, ausgeschlossen werde, und daß die bloße praktische Form, die in der

[43] 1. Aufl.: Sittlichkeit; Akad.Ausg.: Sinnlichkeit
[44] 1. Aufl.: Gefühls des; 2. Aufl. u. Akad.Ausg.: Gefühls, das

Tauglichkeit der Maximen zur allgemeinen Gesetzgebung besteht, zuerst das, was an sich und schlechterdings-gut ist, bestimme, und die Maxime eines reinen Willens gründe, der allein in aller Absicht gut ist. Nun finden wir aber unsere Natur, als sinnlicher Wesen so beschaffen, daß die Materie des Begehrungsvermögens (Gegenstände der Neigung, es sei der Hoffnung, oder Furcht) sich zuerst aufdringt, und unser pathologisch bestimmbares Selbst, ob es gleich durch seine Maximen zur allgemeinen Gesetzgebung ganz untauglich ist, dennoch gleich, als ob es unser ganzes Selbst ausmachte, seine Ansprüche vorher und als die ersten und ursprünglichen geltend zu machen bestrebt sei. Man kann diesen Hang, sich selbst nach den subjektiven Bestimmungsgründen seiner Willkür zum objektiven Bestimmungsgrunde des Willens überhaupt zu machen, die *Selbstliebe* nennen, welche, wenn sie sich gesetzgebend und zum unbedingten praktischen Prinzip macht, *Eigendünkel* heißen kann. Nun schließt das moralische Gesetz, welches allein wahrhaftig (nämlich in aller Absicht) objektiv ist, den Einfluß der Selbstliebe auf das oberste praktische Prinzip gänzlich aus, und tut dem Eigendünkel, der die subjektiven Bedingungen des[45] ersteren als Gesetze vorschreibt, unendlichen Abbruch. Was nun unserem Eigendünkel in un|serem eigenen Urteil Abbruch tut, das demütigt. Also demütigt das moralische Gesetz unvermeidlich jeden Menschen, indem dieser mit demselben den sinnlichen Hang seiner Natur vergleicht. Dasjenige, dessen Vorstellung, *als Bestimmungsgrund unseres Willens*, uns in unserem Selbstbewußtsein demütigt, erweckt, so fern als es positiv und Bestimmungsgrund ist, für sich *Achtung*. Also

[45] Akad.Ausg.: der

ist das moralische Gesetz auch subjektiv ein Grund der Achtung. Da nun alles, was in der Selbstliebe angetroffen wird, zur Neigung gehört, alle Neigung aber auf Gefühlen beruht, mithin was allen Neigungen insgesamt in der Selbstliebe Abbruch tut, eben dadurch notwendig auf das Gefühl Einfluß hat, so begreifen wir, wie es möglich ist, a priori einzusehen, daß das moralische Gesetz, indem es die Neigungen und den Hang, sie zur obersten praktischen Bedingung zu machen, d. i. die Selbstliebe, von allem Beitritte zur obersten Gesetzgebung ausschließt, eine Wirkung aufs Gefühl ausüben könne, welche einerseits bloß negativ ist, andererseits und zwar in Ansehung des einschränkenden Grundes der reinen praktischen Vernunft positiv ist, und wozu gar keine besondere Art von Gefühle, unter dem Namen eines praktischen, oder moralischen, als vor dem moralischen Gesetze vorhergehend und ihm zum Grunde liegend, angenommen werden darf. |

Die negative Wirkung auf Gefühl (der Unannehmlichkeit) ist, so wie aller Einfluß auf dasselbe, und wie jedes Gefühl überhaupt, pathologisch. Als Wirkung aber vom Bewußtsein des moralischen Gesetzes, folglich in Beziehung auf eine intelligibele Ursache, nämlich das Subjekt der reinen praktischen Vernunft, als obersten Gesetzgeberin, heißt dieses Gefühl eines vernünftigen von Neigungen affizierten Subjekts, zwar Demütigung (intellektuelle Verachtung), aber in Beziehung auf den positiven Grund derselben, das Gesetz, zugleich[46] Achtung für dasselbe, für welches Gesetz gar kein Gefühl stattfindet, sondern im Urteile der Vernunft, indem es den Widerstand aus dem Wege schafft, die Wegräumung eines Hindernisses einer po-

[46] 1. Aufl.: derselben das Gesetz zugleich

sitiven Beförderung der Kausalität gleichgeschätzt wird. Darum kann dieses Gefühl nun auch ein Gefühl der Achtung fürs moralische Gesetz, aus beiden Gründen zusammen aber ein moralisches Gefühl genannt werden.

Das moralische Gesetz also, so wie es formaler Bestimmungsgrund der Handlung ist, durch praktische reine Vernunft, so wie es zwar auch materialer, aber nur objektiver Bestimmungsgrund der Gegenstände der Handlung unter dem Namen des Guten und Bösen, ist, so ist es auch subjektiver Bestimmungsgrund, d. i. Triebfeder, zu dieser Handlung, indem es auf die Sinnlichkeit[47] des Subjekts Einfluß hat, und ein Gefühl bewirkt, welches dem Einflusse des Gesetzes auf den Willen beför|derlich ist. Hier geht kein Gefühl im Subjekt vorher, das auf Moralität gestimmt wäre. Denn das ist unmöglich, weil alles Gefühl sinnlich ist; die Triebfeder der sittlichen Gesinnung aber muß von aller sinnlichen Bedingung frei sein. Vielmehr ist das sinnliche Gefühl, was allen unseren Neigungen zum Grunde liegt, zwar die Bedingung derjenigen Empfindung, die wir Achtung nennen, aber die Ursache der Bestimmung desselben liegt in der reinen praktischen Vernunft, und diese Empfindung kann daher, ihres Ursprunges wegen, nicht pathologisch, sondern muß praktisch gewirkt heißen; indem dadurch, daß die Vorstellung des moralischen Gesetzes der Selbstliebe den Einfluß, und dem Eigendünkel den Wahn benimmt, das Hindernis der reinen praktischen Vernunft vermindert, und die Vorstellung des Vorzuges ihres objektiven Gesetzes vor den Antrieben der Sinnlichkeit, mithin das Gewicht des ersteren relativ (in Ansehung eines durch die letztere affizierten

[47] 1. Aufl.: Sittlichkeit; Akad.Ausg.: Sinnlichkeit

Willens) durch die Wegschaffung des Gegengewichts, im Urteile der Vernunft hervorgebracht wird. Und so ist die Achtung fürs Gesetz nicht Triebfeder zur Sittlichkeit, sondern sie ist die Sittlichkeit selbst, subjektiv als Triebfeder betrachtet, indem die reine praktische Vernunft dadurch, daß sie der Selbstliebe, im Gegensatze mit ihr, alle Ansprüche abschlägt, dem Gesetze, das jetzt allein Einfluß hat, Ansehen verschafft. Hierbei ist nun zu bemerken: daß, so wie die Achtung eine Wir|kung aufs Gefühl, mithin auf die Sinnlichkeit eines vernünftigen Wesens ist, es[48] diese Sinnlichkeit, mithin auch die Endlichkeit solcher Wesen, denen das moralische Gesetz Achtung auferlegt, voraussetze, und daß einem höchsten, oder auch einem von aller Sinnlichkeit freien Wesen, welchem diese also auch kein Hindernis der praktischen Vernunft sein kann, Achtung fürs Gesetz nicht beigelegt werden könne.

Dieses Gefühl (unter dem Namen des moralischen) ist also lediglich durch Vernunft bewirkt. Es dient nicht zur Beurteilung der Handlungen, oder wohl gar zur Gründung des objektiven Sittengesetzes selbst, sondern bloß zur Triebfeder, um dieses in sich zur Maxime zu machen. Mit welchem Namen aber könnte man dieses sonderbare Gefühl, welches mit keinem pathologischen in Vergleichung gezogen werden kann, schicklicher belegen? Es ist so eigentümlicher Art, daß es lediglich der Vernunft, und zwar der praktischen reinen Vernunft, zu Gebote zu stehen scheint.

Achtung geht jederzeit nur auf Personen, niemals auf Sachen. Die letzteren können Neigung, und wenn es Tiere sind (z. B. Pferde, Hunde etc.), so gar Liebe, oder auch Furcht, wie das Meer, ein

---

[48] „es" wohl auf Gefühl bezogen

Vulkan, ein Raubtier, niemals aber Achtung in uns erwecken. Etwas, was diesem Gefühl schon näher tritt, ist Bewunderung, und diese, als Affekt, das Erstaunen, | kann auch auf Sachen gehen, z. B. himmelhohe Berge, die Größe, Menge und Weite der Weltkörper, die Stärke und Geschwindigkeit mancher Tiere, u. s. w. Aber alles dieses ist nicht Achtung. Ein Mensch kann mir auch ein Gegenstand der Liebe, der Furcht, oder der Bewunderung, so gar bis zum Erstaunen und doch darum kein Gegenstand der Achtung sein. Seine scherzhafte Laune, sein Mut und Stärke, seine Macht, durch seinen Rang, den er unter anderen hat, können mir dergleichen Empfindungen einflößen, es fehlt aber immer noch an innerer Achtung gegen ihn. Fontenelle sagt: vor einem Vornehmen bücke ich mich, aber mein Geist bückt sich nicht. Ich kann hinzu setzen: vor einem niedrigen, bürgerlich-gemeinen Mann, an dem ich eine Rechtschaffenheit des Charakters in einem gewissen Maße, als ich mir von mir selbst nicht bewußt bin, wahrnehme, bückt sich mein Geist, ich mag wollen oder nicht, und den Kopf noch so hoch tragen, um ihn meinen Vorrang nicht übersehen zu lassen. Warum das? Sein Beispiel hält mir ein Gesetz vor, das meinen Eigendünkel niederschlägt, wenn ich es mit meinem Verhalten vergleiche, und dessen Befolgung, mithin die Tunlichkeit desselben, ich durch die Tat bewiesen vor mir sehe. Nun mag ich mir sogar eines gleichen Grades der Rechtschaffenheit bewußt sein, und die Achtung bleibt doch.. Denn, da beim Menschen immer alles Gute mangelhaft ist, so | schlägt das Gesetz, durch ein Beispiel anschaulich gemacht, doch immer meinen Stolz nieder, wozu der Mann, den ich vor mir sehe, dessen Unlauterkeit, die ihm immer noch anhängen mag, mir nicht so, wie mir die meinige, bekannt ist, der mir also in reinerem Lichte erscheint, einen Maßstab abgibt. Achtung ist ein Tribut, den wir dem Verdienste nicht verweigern können, wir mögen wollen oder nicht; wir mögen allenfalls äußerlich damit zurückhalten, so können wir doch nicht verhüten, sie innerlich zu empfinden.

Die Achtung ist so wenig ein Gefühl der Lust, daß man sich ihr in Ansehung eines Menschen nur ungern überläßt. Man sucht etwas ausfindig zu machen, was uns die Last derselben erleichtern könne, irgend einen Tadel, um uns wegen der Demütigung, die uns durch ein solches Beispiel widerfährt, schadlos zu halten. Selbst Verstorbene sind, vornehmlich wenn ihr Beispiel unnachahmlich scheint, vor dieser Kritik nicht immer gesichert. So gar das moralische Gesetz selbst, in seiner feierlichen Majestät, ist diesem Bestreben, sich der Achtung dagegen zu erwehren, ausgesetzt. Meint man wohl, daß es einer anderen Ursache zuzuschreiben sei, weswegen man es gern zu unserer vertraulichen Neigung herabwürdigen möchte, und sich aus anderen Ursachen alles so bemühe, um es zur beliebten Vorschrift unseres eigenen wohlverstandenen Vorteils zu machen, als daß man der abschreckenden | Achtung, die uns unsere eigene Unwürdigkeit so strenge vorhält, los werden möge? Gleichwohl ist darin doch auch wiederum so wenig Unlust: daß wenn man einmal den Eigendünkel abgelegt, und jener Achtung praktischen Einfluß verstattet hat, man sich wiederum an der Herrlichkeit dieses Gesetzes nicht satt sehen kann, und die Seele sich in dem Maße selbst zu erheben glaubt, als sie das heilige Gesetz über sich und ihre gebrechliche Natur erhaben sieht. Zwar können große Talente und eine ihnen proportionierte Tätigkeit auch Achtung, oder ein mit derselben analogisches Gefühl, bewirken, es ist auch ganz anständig es ihnen zu widmen, und da scheint es, als ob Bewunderung mit jener Empfindung einerlei sei. Allein, wenn man näher zusieht, so wird man bemerken, daß, da es immer ungewiß bleibt, wie viel das angeborne Talent und wie viel Kultur durch eigenen Fleiß an der Geschicklichkeit Teil habe, so stellt uns die Vernunft die letztere mutmaßlich als Frucht der Kultur, mithin als Verdienst vor, welches unseren Eigendünkel merklich herabstimmt, und uns darüber entweder Vorwürfe macht, oder uns die Befolgung eines solchen Beispiels, in der Art, wie es uns angemessen ist, auferlegt. Sie ist also nicht bloße Bewunderung, diese Achtung, die wir einer solchen Person (eigentlich dem Gesetze, was uns sein Beispiel vorhält,) beweisen; welches sich auch dadurch bestätigt, daß der gemeine Haufe der Liebhaber, wenn | er das Schlechte des Charakters eines solchen Mannes (wie etwa Voltaire,) sonst woher erkundigt zu haben glaubt, alle Achtung gegen ihn aufgibt, der wahre Gelehrte aber sie noch immer wenigstens im Gesichtspunkte seiner Talente fühlt, weil er selbst in einem Geschäfte und Berufe verwickelt ist, welches die Nachahmung desselben ihm gewissermaßen zum Gesetze macht.

Achtung fürs moralische Gesetz ist also die einzige und zugleich unbezweifelte moralische Triebfeder, so wie dieses Gefühl auch auf kein Objekt anders, als lediglich aus diesem Grunde gerichtet ist. Zuerst bestimmt das moralische Gesetz objektiv und unmittelbar den Willen im Urteile der Vernunft; Freiheit, deren Kausalität bloß durchs Gesetz bestimmbar ist, besteht aber eben darin, daß sie alle Neigungen, mithin die Schätzung der Person selbst auf die Bedingung der Befolgung ihres reinen Gesetzes einschränkt. Diese Einschränkung tut nun eine Wirkung aufs Gefühl, und bringt Empfindung der Unlust hervor, die aus dem moralischen Gesetze a priori erkannt werden kann. Da sie aber bloß so fern eine negative Wirkung ist, die, als aus dem Einflusse einer reinen praktischen Vernunft entsprungen, vornehmlich der Tätigkeit des Subjekts, so fern Neigungen die Bestimmungsgründe desselben sind, mithin der Meinung seines persönlichen Werts Abbruch tut, (der ohne Einstimmung mit dem moralischen Gesetze auf nichts herabgesetzt wird,) so ist | die Wirkung dieses Gesetzes aufs Gefühl bloß Demütigung, welche wir also zwar a priori einsehen, aber an ihr nicht die Kraft des reinen praktischen Gesetzes als Triebfeder, sondern nur den Widerstand gegen Triebfedern der Sinnlichkeit erkennen können. Weil aber dasselbe Gesetz doch objektiv, d. i. in der Vorstellung der reinen Vernunft, ein unmittelbarer Bestimmungsgrund des Willens ist, folglich diese Demütigung nur relativ auf die Reinigkeit des Gesetzes stattfindet, so ist die Herabsetzung der Ansprüche der moralischen Selbstschätzung, d. i. die Demütigung auf der sinnlichen Seite, eine Erhebung der moralischen, d. i. der praktischen Schätzung des Gesetzes selbst, auf der intellektuellen, mit einem Worte Achtung fürs Gesetz, also auch ein, seiner intellektuellen Ursache nach, positives Gefühl, das a priori erkannt wird. Denn eine jede Verminderung der Hindernisse einer Tätigkeit ist Beförderung dieser Tätigkeit selbst. Die Anerkennung des moralischen Gesetzes aber ist das Bewußtsein einer Tätigkeit der praktischen Vernunft aus objektiven Gründen, die bloß darum nicht ihre Wirkung in Handlungen äußert, weil subjektive Ursachen (pathologische) sie hindern. Also muß die Achtung fürs moralische Gesetz auch als positive aber indirekte Wirkung desselben aufs Gefühl, so fern jenes den hindernden Einfluß der Neigungen durch Demütigung des Eigendünkels schwäc mithin als subjektiver Grund der Tätigkeit | d. i. a Triebfeder zur Befolgung desselben, und al Grund zu Maximen eines ihm gemäßen Lebenswandels angesehen werden. Aus dem Begriffe einer Triebfeder entspringt der eines Interesses; welches niemals einem Wesen, als was Vernunft hat, beigelegt wird, und eine Triebfeder des Willens bedeutet, so fern sie durch Vernunft vorgestellt wird. Da das Gesetz selbst in einem moralisch-guten Willen die Triebfeder sein muß, so ist das moralische Interesse ein reines sinnenfreies Interesse der bloßen praktischen Vernunft. Auf dem Begriffe eines Interesses gründet sich auch der einer Maxime. Diese ist also nur alsdann moralisch echt, wenn sie auf dem bloßen Interesse, das man an der Befolgung des Gesetzes nimmt, beruht[49]. Alle drei Begriffe aber, der einer Triebfeder, eines Interesses und einer Maxime, können nur auf endliche Wesen angewandt werden. Denn sie setzen insgesamt eine Eingeschränktheit der Natur eines Wesens voraus, da die subjektive Beschaffenheit seiner Willkür mit dem objektiven Gesetze einer praktischen Vernunft nicht von selbst übereinstimmt; ein Bedürfnis, irgend wodurch zur Tätigkeit angetrieben zu werden, weil ein inneres Hindernis derselben entgegensteht. Auf den göttlichen Willen können sie also nicht angewandt werden.

Es liegt so etwas Besonderes in der grenzenlosen Hochschätzung des reinen, von allem Vorteil entblöß|ten, moralischen Gesetzes, so wie es praktische Vernunft uns zur Befolgung vorstellt, deren Stimme auch den

[49] 1. Aufl.: braucht; Kants Handexemplar, 2. Aufl. u. Akad. Ausg.: beruht

kühnsten Frevler zittern macht, und ihn nötigt sich vor seinem Anblicke zu verbergen: daß man sich nicht wundern darf, diesen Einfluß einer bloß intellektuellen Idee aufs Gefühl für spekulative Vernunft unergründlich zu finden, und sich damit begnügen zu müssen, daß man a priori doch noch so viel einsehen kann; ein solches Gefühl sei unzertrennlich mit der Vorstellung des moralischen Gesetzes in jedem endlichen vernünftigen Wesen verbunden. Wäre dieses Gefühl der Achtung pathologisch und also ein auf dem inneren Sinne gegründetes Gefühl der Lust, so würde es vergeblich sein, eine Verbindung derselben mit irgend einer Idee a priori zu entdecken. Nun aber ist es ein[50] Gefühl, was bloß aufs Praktische geht, und zwar der Vorstellung eines Gesetzes lediglich seiner Form nach, nicht irgend eines Objekts desselben wegen, anhängt, mithin weder zum Vergnügen, noch zum Schmerze gerechnet werden kann, und dennoch ein Interesse an der Befolgung desselben hervorbringt, welches wir das moralische nennen; wie denn auch die Fähigkeit, ein solches Interesse am Gesetze zu nehmen (oder die Achtung fürs moralische Gesetz selbst) eigentlich das moralische Gefühl ist.

Das Bewußtsein einer freien Unterwerfung des Willens unter das Gesetz, doch als mit einem unver|meidlichen Zwange, der allen Neigungen, aber nur durch eigene Vernunft angetan wird, verbunden, ist nun die Achtung fürs Gesetz. Das Gesetz, was diese Achtung fordert und auch einflößt, ist, wie man sieht, kein anderes, als das moralische (denn kein anderes schließt alle Neigungen von der Unmittelbarkeit ihres Einflusses auf den Willen aus). Die Handlung, die nach

---

[50] 1. Aufl.: ist ein; Akad.Ausg.: ist es ein

diesem Gesetze, mit Ausschließung aller Bestimmungsgründe aus Neigung, objektiv praktisch ist, heißt Pflicht, welche, um dieser Ausschließung willen, in ihrem Begriffe praktische Nötigung, d. i. Bestimmung zu Handlungen, so ungerne, wie sie auch geschehen mögen, enthält. Das Gefühl, das aus dem Bewußtsein dieser Nötigung entspringt, ist nicht pathologisch, als ein solches, was von einem Gegenstande der Sinne gewirkt würde, sondern allein praktisch, d. i. durch eine vorhergehende (objektive) Willensbestimmung und Kausalität der Vernunft, möglich. Es enthält also, als Unterwerfung unter ein Gesetz, d. i. als Gebot, (welches für das sinnlich-affizierte Subjekt Zwang ankündigt,) keine Lust, sondern, so fern, vielmehr Unlust an der Handlung in sich. Dagegen aber, da dieser Zwang bloß durch Gesetzgebung der eigenen Vernunft ausgeübt wird, enthält es auch Erhebung, und die subjektive Wirkung aufs Gefühl, so fern davon reine praktische Vernunft die alleinige Ursache ist, kann also bloß Selbstbilligung in Ansehung der letz|teren heißen, indem man sich dazu ohne alles Interesse, bloß durchs Gesetz bestimmt erkennt, und sich nunmehr eines ganz anderen, dadurch subjektiv hervorgebrachten, Interesses, welches rein praktisch und frei ist, bewußt wird, welches an einer pflichtmäßigen Handlung zu nehmen, nicht etwa eine Neigung anrätig ist, sondern die Vernunft durchs praktische Gesetz schlechthin gebietet und auch wirklich hervorbringt, darum aber einen ganz eigentümlichen Namen, nämlich den der Achtung, führt.

Der Begriff der Pflicht fordert also an der Handlung, objektiv, Übereinstimmung mit dem Gesetze, an der Maxime derselben aber, subjektiv, Achtung fürs Gesetz, als die alleinige Bestimmungsart des

Willens durch dasselbe. Und darauf beruht der Unterschied zwischen dem Bewußtsein, pflichtmäßig und aus Pflicht, d. i. aus Achtung fürs Gesetz, gehandelt zu haben, davon das erstere (die Legalität) auch möglich ist, wenn Neigungen bloß die Bestimmungsgründe des Willens gewesen wären, das zweite aber, (die Moralität,) der moralische Wert, lediglich darin gesetzt werden muß, daß die Handlung aus Pflicht, d. i. bloß um des Gesetzes willen, geschehe.*|

Es ist von der größten Wichtigkeit in allen moralischen Beurteilungen auf das subjektive Prinzip aller Maximen mit der äußersten Genauigkeit Acht zu haben, damit alle Moralität der Handlungen in der Notwendigkeit derselben aus Pflicht und aus Achtung fürs Gesetz, nicht aus Liebe und Zuneigung zu dem, was die Handlungen hervorbringen sollen, gesetzt werde. Für Menschen und alle erschaffenen vernünftigen Wesen ist die moralische Notwendigkeit Nötigung, d. i. Verbindlichkeit, und jede darauf gegründete Handlung als Pflicht, nicht aber als eine uns von selbst schon beliebte, oder beliebt werden könnende Verfahrungsart vorzustellen. Gleich als ob wir es dahin jemals bringen könnten, daß ohne Achtung fürs Gesetz, welche mit Furcht oder wenigstens Besorgnis vor Übertretung verbunden ist, wir, wie die über alle Abhängigkeit erhabene Gottheit, von selbst,

* Wenn man den Begriff der Achtung für Personen, so wie er vorher dargelegt worden, genau erwägt, so wird man gewahr, daß sie immer auf dem Bewußtsein einer Pflicht beruhe, die | uns ein Beispiel vorhält, und daß also Achtung niemals einen andern als moralischen Grund haben könne, und es sehr gut, so gar in psychologischer Absicht zur Menschenkenntnis sehr nützlich sei, allerwärts, wo wir diesen Ausdruck brauchen, auf die geheime und wundernswürdige, dabei aber oft vorkommende Rücksicht, die der Mensch in seinen Beurteilungen aufs moralische Gesetz nimmt, Acht zu haben.

gleichsam durch eine uns zur Natur gewordene, niemals zu verrückende Übereinstimmung des Willens mit dem reinen Sittengesetze, (welches also, da wir niemals versucht werden können[51], ihm | untreu zu werden, wohl endlich gar aufhören könnte für uns Gebot zu sein,) jemals in den Besitz einer Heiligkeit des Willens kommen könnten.

Das moralische Gesetz ist nämlich für den Willen eines allervollkommensten Wesens ein Gesetz der Heiligkeit, für den Willen jedes endlichen vernünftigen Wesens aber ein Gesetz der Pflicht, der moralischen Nötigung und der Bestimmung der Handlungen desselben durch Achtung für dies Gesetz und aus Ehrfurcht für seine Pflicht. Ein anderes subjektives Prinzip muß zur Triebfeder nicht angenommen werden, denn sonst kann zwar die Handlung, wie das Gesetz sie vorschreibt, ausfallen, aber, da sie zwar pflichtmäßig ist, aber nicht aus Pflicht geschieht, so ist die Gesinnung dazu nicht moralisch, auf die es doch in dieser Gesetzgebung eigentlich ankommt.

Es ist sehr schön, aus Liebe zu Menschen und teilnehmendem Wohlwollen ihnen Gutes zu tun, oder aus Liebe zur Ordnung gerecht zu sein, aber das ist noch nicht die echte moralische Maxime unsers Verhaltens, die unserm Standpunkte, unter vernünftigen Wesen, als Menschen, angemessen ist, wenn wir uns anmaßen, gleichsam als Volontäre, uns mit stolzer Einbildung über den Gedanken von Pflicht wegzusetzen, und[52], als vom Gebote unabhängig, bloß aus eigener Lust das tun zu wollen, wozu für uns kein Gebot | nötig wäre. Wir stehen unter einer Disziplin der Vernunft, und müssen in allen unseren

[51] Akad.Ausg.: könnten
[52] 1. Aufl.: und uns; Akad.Ausg.: und

Maximen der Unterwürfigkeit unter derselben nicht vergessen, ihr nichts zu entziehen, oder dem Ansehen des Gesetzes (ob es gleich unsere eigene Vernunft gibt) durch eigenliebigen Wahn dadurch etwas abkürzen[53], daß wir den Bestimmungsgrund unseres Willens, wenn gleich dem Gesetze gemäß, doch worin anders, als im Gesetze selbst, und in der Achtung für dieses Gesetz setzten. Pflicht und Schuldigkeit sind die Benennungen, die wir allein unserem Verhältnisse zum moralischen Gesetze geben müssen. Wir sind zwar gesetzgebende Glieder eines durch Freiheit möglichen, durch praktische Vernunft uns zur Achtung vorgestellten Reichs der Sitten, aber doch zugleich Untertanen, nicht das Oberhaupt desselben, und die Verkennung unserer niederen Stufe, als Geschöpfe, und Weigerung des Eigendünkels gegen das Ansehen des heiligen Gesetzes, ist schon eine Abtrünnigkeit von demselben, dem Geiste nach, wenn gleich der Buchstabe desselben erfüllt würde.

Hiermit stimmt aber die Möglichkeit eines solchen Gebots, als: L i e b e G o t t ü b e r a l l e s u n d d e i n e n N ä c h s t e n a l s d i c h s e l b s t*, ganz wohl zusammen. Denn | es fordert doch, als Gebot, Achtung für ein Gesetz, das L i e b e b e f i e h l t, und überläßt es nicht der beliebigen Wahl, sich diese zum Prinzip zu machen. Aber Liebe zu Gott als Neigung (pathologische Liebe) ist unmöglich; denn er ist kein Gegenstand der Sinne. Eben dieselbe gegen Menschen

* Mit diesem Gesetze macht das Prinzip der eigenen Glückseligkeit, welches einige zum obersten Grundsatze der Sittlichkeit machen | wollen, einen seltsamen Kontrast. Dieses würde so lauten: L i e b e d i c h s e l b s t ü b e r a l l e s, G o t t a b e r u n d d e i n e n N ä c h s t e n u m d e i n s e l b s t w i l l e n.

[53] Akad.Ausg.: abzukürzen

ist zwar möglich, kann aber nicht geboten werden; denn es steht in keines Menschen Vermögen, jemanden bloß auf Befehl zu lieben. Also ist es bloß die praktische Liebe, die in jenem Kern aller Gesetze verstanden wird. Gott lieben, heißt in dieser Bedeutung, seine Gebote gerne tun; den Nächsten lieben, heißt, alle Pflicht gegen ihn gerne ausüben. Das Gebot aber, das dieses zur Regel macht, kann auch nicht diese Gesinnung in pflichtmäßigen Handlungen zu haben, sondern bloß danach zu streben gebieten. Denn ein Gebot, daß man etwas gerne tun soll, ist in sich widersprechend, weil, wenn wir, was uns zu tun obliege, schon von selbst wissen, wenn wir uns überdem auch bewußt wären, es gerne zu tun, ein Gebot darüber ganz unnötig, und, tun wir es zwar, aber eben nicht gerne, sondern nur aus Achtung fürs Gesetz, ein Gebot, welches diese Achtung eben zur Triebfeder der Maxime macht, gerade der gebotenen Gesinnung zuwi|der wirken würde. Jenes Gesetz aller Gesetze stellt also, wie alle moralische Vorschrift des Evangelii, die sittliche Gesinnung in ihrer ganzen Vollkommenheit dar, so wie sie als ein Ideal der Heiligkeit von keinem Geschöpfe erreichbar, dennoch das Urbild ist, welchem wir uns zu näheren, und in einem ununterbrochenen, aber unendlichen Progressus, gleich zu werden streben sollen. Könnte nämlich ein vernünftig Geschöpf jemals dahin kommen, alle moralischen Gesetze völlig gerne zu tun, so würde das so viel bedeuten, als, es fände sich in ihm auch nicht einmal die Möglichkeit einer Begierde, die ihn zur Abweichung von ihnen reizte; denn die Überwindung einer solchen kostet dem Subjekt immer Aufopferung, bedarf also Selbstzwang, d. i. innere Nötigung zu dem was man nicht ganz gern tut. Zu dieser Stufe der moralischen Gesinnung aber kann es ein Geschöpf niemals bringen. Denn da es ein Geschöpf, mithin in Ansehung dessen, was er[54] zur gänzlichen Zufriedenheit mit seinem Zustande fordert, immer abhängig ist, so kann es niemals von Begierden und Neigungen ganz frei sein, die, weil sie auf physischen Ursachen beruhen, mit dem moralischen Gesetze, das ganz andere Quellen hat, nicht von selbst stimmen, mithin es jederzeit notwendig machen, in Rücksicht auf dieselben, die Gesinnung seiner Maximen auf moralische Nötigung, nicht auf bereitwillige Ergebenheit, sondern auf Achtung, welche die Befolgung des Gesetzes, obgleich | sie ungerne geschähe, *fordert*, nicht auf Liebe, die keine innere Weigerung des Willens gegen das Gesetz besorgt, zu gründen, gleichwohl aber diese letztere, nämlich die bloße Liebe zum Gesetze (da es alsdann aufhören würde *Gebot* zu sein, und Moralität, die nun subjektiv in Heiligkeit überginge, aufhören würde *Tugend* zu sein) sich zum beständigen, obgleich unerreichbaren Ziele seiner Bestrebung zu machen. Denn an dem, was wir hochschätzen, aber doch (wegen des Bewußtseins unserer Schwächen) scheuen, verwandelt sich, durch die mehrere Leichtigkeit ihm Genüge zu tun, die ehrfurchtsvolle Scheu in Zuneigung, und Achtung in Liebe, wenigstens würde es die Vollendung einer dem Gesetze gewidmeten Gesinnung sein, wenn es jemals einem Geschöpfe möglich wäre sie zu erreichen.

Diese Betrachtung ist hier nicht so wohl dahin abgezweckt, das angeführte evangelische Gebot auf deutliche Begriffe zu bringen, um der *Religionsschwärmerei* in Ansehung der Liebe Gottes, sondern die sittliche Gesinnung, auch unmittelbar in Ansehung der Pflichten gegen Menschen, genau zu be-

[54] Akad.Ausg.: es

stimmen, und einer bloß moralischen Schwärmerei, welche viel Köpfe ansteckt, zu steuern, oder, wo möglich, vorzubeugen. Die sittliche Stufe, worauf der Mensch (aller unserer Einsicht nach auch jedes vernünftige Geschöpf) steht, ist Achtung fürs moralische Gesetz. Die Gesinnung, die ihm, dieses zu befolgen, obliegt, ist, es aus Pflicht, | nicht aus freiwilliger Zuneigung und auch allenfalls unbefohlener von selbst gern unternommener Bestrebung zu befolgen, und sein moralischer Zustand, darin er jedesmal sein kann, ist Tugend, d. i. moralische Gesinnung im Kampfe, und nicht Heiligkeit im vermeinten Besitze einer völligen Reinigkeit der Gesinnungen des Willens. Es ist lauter moralische Schwärmerei und Steigerung des Eigendünkels, wozu man die Gemüter durch Aufmunterung zu Handlungen, als edler, erhabener und großmütiger stimmt, dadurch man sie in den Wahn versetzt, als wäre es nicht Pflicht, d. i. Achtung fürs Gesetz, dessen Joch (das gleichwohl, weil es uns Vernunft selbst auferlegt, sanft ist,) sie, wenn gleich ungern, tragen müßten, was den Bestimmungsgrund ihrer Handlungen ausmachte; und welches sie immer noch demütigt, indem sie es befolgen (ihm gehorchen), sondern als ob jene Handlungen nicht aus Pflicht, sondern als barer Verdienst von ihnen erwartet würden[55]. Denn nicht allein, daß sie durch Nachahmung solcher Taten, nämlich aus solchem Prinzip, nicht im mindesten dem Geiste des Gesetzes ein Genüge getan hätten, welcher in der dem Gesetze sich unterwerfenden Gesinnung, nicht in der Gesetzmäßigkeit der Handlung, (das Prinzip möge sein, welches auch wolle,) besteht, und die Triebfeder pathologisch (in der Sympathie oder auch Philautie),

[55] 1. Aufl.: würde; Akad.Ausg.: würden

nicht moralisch (im Gesetze) setzen, so bringen sie auf diese Art eine windige, überfliegende, phan|tastische Denkungsart hervor, sich mit einer freiwilligen Gutartigkeit ihres Gemüts, das weder Sporns noch Zügel bedürfe, für welches gar nicht einmal ein Gebot nötig sei, zu schmeicheln, und darüber ihrer Schuldigkeit, an welche sie doch eher denken sollten, als an Verdienst, zu vergessen. Es lassen sich wohl Handlungen anderer, die mit großer Aufopferung, und zwar bloß um der Pflicht willen, geschehen sind, unter dem Namen edler und erhabener Taten preisen, und doch auch nur so fern Spuren da sind, welche vermuten lassen, daß sie ganz aus Achtung für seine Pflicht, nicht aus Herzensaufwallungen geschehen sind. Will man jemandem aber sie als Beispiele der Nachfolge vorstellen, so muß durchaus die Achtung für Pflicht (als das einzige echte, moralische Gefühl) zur Triebfeder gebraucht werden: diese ernste, heilige Vorschrift, die es nicht unserer eitelen Selbstliebe überläßt, mit pathologischen Antrieben (so fern sie der Moralität analogisch sind) zu tändeln, und uns auf verdienstlichen Wert was zu Gute zu tun. Wenn wir nur wohl nachsuchen, so werden wir zu allen Handlungen, die anpreisungswürdig sind, schon ein Gesetz der Pflicht finden, welches gebietet und nicht auf unser Belieben ankommen läßt, was unserem Hange gefällig sein möchte. Das ist die einzige Darstellungsart, welche die Seele moralisch bildet, weil sie allein fester und genau bestimmter Grundsätze fähig ist. |

Wenn Schwärmerei in der allergemeinsten Bedeutung eine nach Grundsätzen unternommene Überschreitung der Grenzen der menschlichen Vernunft ist, so ist moralische Schwärmerei diese Überschreitung der Grenzen, die die praktische reine Vernunft der Menschheit setzt, dadurch sie verbietet den subjektiven Bestimmungsgrund pflichtmäßiger Handlungen, d. i. die moralische Triebfeder derselben, irgend worin anders, als im Gesetze selbst, und die Gesinnung, die dadurch in die Maximen gebracht wird, irgend anderwärts, als in der Achtung für dies Gesetz, zu setzen, mithin den alle Arroganz sowohl als eitele Philautie niederschlagenden Gedanken von Pflicht zum obersten Lebensprinzip aller Moralität im Menschen zu machen gebietet.

Wenn dem also ist, so haben nicht allein Romanschreiber, oder empfindelnde Erzieher (ob sie gleich noch so sehr wider Empfindelei eifern), sondern bisweilen selbst Philosophen, ja die strengsten unter allen, die Stoiker, moralische Schwärmerei, statt nüchterner, aber weiser Disziplin der Sitten, eingeführt, wenn gleich die Schwärmerei der letzteren mehr heroisch, der ersteren von schaler und schmelzender Beschaffenheit war, und man kann es, ohne zu heucheln, der moralischen Lehre des Evangelii mit aller Wahrheit nachsagen: daß es zuerst, durch die Reinigkeit des moralischen Prinzips, zugleich aber durch die Angemessenheit dessel|ben mit den Schranken endlicher Wesen, alles Wohlverhalten des Menschen der Zucht einer ihnen vor Augen gelegten Pflicht, die sie nicht unter moralischen geträumten Vollkommenheiten schwärmen läßt, unterworfen und dem Eigendünkel sowohl als der Eigenliebe, die beide gerne ihre Grenzen verkennen, Schranken der Demut (d. i. der Selbsterkenntnis) gesetzt habe.

Pflicht! du erhabener großer Name, der du nichts Beliebtes, was Einschmeichelung bei sich führt, in dir fassest, sondern Unterwerfung verlangst, doch auch nichts drohest, was natürliche Abneigung im Gemüte erregte und schreckte, um den Willen zu bewegen, sondern bloß ein Gesetz aufstellst, welches von selbst im Gemüte Eingang findet, und doch sich selbst wider Willen Verehrung (wenn gleich nicht immer Befolgung) erwirbt, vor dem alle Neigungen verstummen, wenn sie gleich insgeheim ihm entgegen wirken, welches ist der deiner würdige Ursprung, und wo findet man die Wurzel deiner edlen Abkunft, welche alle Verwandtschaft mit Neigungen stolz ausschlägt, und von welcher Wurzel abzustammen, die unnachlaßliche Bedingung desjenigen Werts ist, den sich Menschen allein selbst geben können?

Es kann nichts Minderes sein, als was den Menschen über sich selbst (als einen Teil der Sinnenwelt) erhebt, was ihn an eine Ordnung der Dinge knüpft, die nur der Verstand denken kann, und die zugleich die ganze Sinnenwelt, mit ihr das empirisch-bestimmbare Dasein des Menschen in der Zeit und das Ganze aller Zwecke (welches allein solchen unbedingten praktischen Gesetzen, als das moralische, angemessen ist,) unter sich hat. Es ist nichts anders als die Persönlichkeit, d. i. die Freiheit und Unabhängigkeit von dem Mechanismus der ganzen Natur, doch zugleich als ein Vermögen eines Wesens betrachtet, welches eigentümlichen, nämlich von seiner eigenen Vernunft gegebenen reinen praktischen Gesetzen, die[56] Person also, als zur Sinnenwelt gehörig, ihrer eigenen Persönlichkeit unterworfen ist, so fern sie zugleich zur intelligibelen Welt gehört; da es denn nicht zu verwundern ist, wenn der Mensch, als zu beiden Welten gehörig, sein eigenes Wesen, in Beziehung auf seine zweite und höchste Bestimmung, nicht anders, als mit Verehrung und die Gesetze derselben mit der höchsten Achtung betrachten muß.

---

[56] 1. Aufl.: Gesetzen die

Auf diesen Ursprung gründen sich nun manche Ausdrücke, welche den Wert der Gegenstände nach moralischen Ideen bezeichnen. Das moralische Gesetz ist heilig (unverletzlich). Der Mensch ist zwar unheilig genug, aber die Menschheit in seiner Person muß ihm heilig sein. In der ganzen Schöpfung kann alles, was man will, und worüber man etwas vermag, auch bloß als Mittel gebraucht werden; nur der Mensch, und mit ihm jedes vernünftige Geschöpf, ist | Zweck an sich selbst. Er ist nämlich das Subjekt des moralischen Gesetzes, welches heilig ist, vermöge der Autonomie seiner Freiheit. Eben um dieser willen, ist jeder Wille, selbst jeder Person ihr eigener, auf sie selbst gerichteter Wille, auf die Bedingung der Einstimmung mit der Autonomie des vernünftigen Wesens eingeschränkt, es nämlich keiner Absicht zu unterwerfen, die nicht nach einem Gesetze, welches aus dem Willen des leidenden Subjekts selbst entspringen könnte, möglich ist; also dieses niemals bloß als Mittel, sondern zugleich selbst als Zweck zu gebrauchen. Diese Bedingung legen wir mit Recht sogar dem göttlichen Willen, in Ansehung der vernünftigen Wesen in der Welt, als seiner Geschöpfe, bei, indem sie auf der Persönlichkeit derselben beruht, dadurch allein sie Zwecke an sich selbst sind.

Diese Achtung erweckende Idee der Persönlichkeit, welche uns die Erhabenheit unserer Natur (ihrer Bestimmung nach) vor Augen stellt, indem sie uns zugleich den Mangel der Angemessenheit unseres Verhaltens in Ansehung derselben bemerken läßt, und dadurch den Eigendünkel niederschlägt, ist selbst der gemeinsten Menschenvernunft natürlich und leicht bemerklich. Hat nicht jeder auch nur mittelmäßig ehrliche Mann bisweilen gefunden, daß er eine sonst unschädliche Lüge, dadurch er sich entweder selbst, aus einem verdrießlichen Handel ziehen, oder wohl gar einem geliebten und verdienst|vollen Freunde Nutzen schaffen konnte, bloß darum unterließ, um sich insgeheim in seinen eigenen Augen nicht verachten zu dürfen? Hält nicht einen rechtschaffenen Mann im größten Unglücke des Lebens, das er vermeiden konnte, wenn er sich nur hätte über die Pflicht wegsetzen können, noch das Bewußtsein aufrecht, daß er die Menschheit in seiner Person doch in ihrer Würde erhalten und geehrt habe, daß er sich nicht vor sich selbst zu schämen und den inneren Anblick der Selbstprüfung zu scheuen Ursache habe? Dieser Trost ist nicht Glückseligkeit, auch nicht der mindeste Teil derselben. Denn niemand wird sich die Gelegenheit dazu, auch vielleicht nicht einmal ein Leben in solchen Umständen wünschen. Aber er lebt, und kann es nicht erdulden, in seinen eigenen Augen des Lebens unwürdig zu sein. Diese innere Beruhigung ist also bloß negativ, in Ansehung alles dessen, was das Leben angenehm machen mag; nämlich sie ist die Abhaltung der Gefahr, im persönlichen Werte zu sinken, nachdem der seines Zustandes von ihm schon gänzlich aufgegeben worden. Sie ist die Wirkung von einer Achtung für etwas ganz anderes, als das Leben, womit in Vergleichung und Entgegensetzung, das Leben vielmehr, mit aller seiner Annehmlichkeit, gar keinen Wert hat. Er lebt nur noch aus Pflicht, nicht weil er am Leben den mindesten Geschmack findet. |

So ist die echte Triebfeder der reinen praktischen Vernunft beschaffen; sie ist keine andere, als das reine moralische Gesetz selber, so fern es uns die Erhabenheit unserer eigenen übersinnlichen Existenz spüren läßt, und subjektiv, in Menschen, die sich zugleich ihres sinnlichen Daseins und der damit verbundenen Abhängigkeit von ihrer so fern sehr pathologisch affizierten Natur bewußt sind, Achtung für ihre höhere

Bestimmung wirkt. Nun lassen sich mit dieser Triebfeder gar wohl so viele Reize und Annehmlichkeiten des Lebens verbinden, daß auch um dieser willen allein schon die klügste Wahl eines vernünftigen und über das größte Wohl des Lebens nachdenkenden Epikureers sich für das sittliche Wohlverhalten erklären würde, und es kann auch ratsam sein, diese Aussicht auf einen fröhlichen Genuß des Lebens mit jener obersten und schon für sich allein hinlänglich-bestimmenden Bewegursache zu verbinden; aber nur um den Anlockungen, die das Laster auf der Gegenseite vorzuspiegeln nicht ermangelt, das Gegengewicht zu halten, nicht um hierin die eigentliche bewegende Kraft, auch nicht dem mindesten Teile nach, zu setzen, wenn von Pflicht die Rede ist. Denn das würde so viel sein, als die moralische Gesinnung in ihrer Quelle verunreinigen wollen. Die Ehrwürdigkeit der Pflicht hat nichts mit Lebensgenuß zu schaffen; sie hat ihr eigentümliches Gesetz, auch ihr eigentümliches Gericht, und wenn man auch beide noch so sehr zusammenschütteln wollte, um | sie vermischt, gleichsam als Arzeneimittel, der kranken Seele zuzureichen, so scheiden sie sich doch alsbald von selbst, und, tun sie es nicht, so wirkt das erste gar nicht, wenn aber auch das physische Leben hierbei einige Kraft gewönne, so würde doch das moralische ohne Rettung dahin schwinden.

Kritische Beleuchtung der Analytik der reinen praktischen Vernunft

Ich verstehe unter der kritischen Beleuchtung einer Wissenschaft, oder eines Abschnitts derselben, der für sich ein System ausmacht, die Untersuchung und Rechtfertigung, warum sie gerade diese und keine andere systematische Form haben müsse, wenn man sie mit einem anderen System vergleicht, das ein ähnliches Erkenntnisvermögen zum Grunde hat. Nun hat praktische Vernunft mit der spekulativen so fern einerlei Erkenntnisvermögen zum Grunde, als beide *reine Vernunft* sind. Also wird der Unterschied der systematischen Form der einen, von der anderen, durch Vergleichung beider bestimmt und Grund davon angegeben werden müssen.

Die Analytik der reinen theoretischen Vernunft hatte es mit dem Erkenntnisse der Gegenstände, die dem | Verstande gegeben werden mögen, zu tun, und mußte also von der *Anschauung*, mithin (weil diese jederzeit sinnlich ist,) von der Sinnlichkeit anfangen, von da aber allererst zu *Begriffen*[57] (der Gegenstände dieser Anschauung) fortschreiten, und durfte, nur nach beider Voranschickung, mit *Grundsätzen* endigen. Dagegen, weil praktische Vernunft es nicht mit Gegenständen, sie zu *erkennen*, sondern mit ihrem eigenen Vermögen, jene (der Erkenntnis derselben gemäß) *wirklich zu machen*, d. i. es mit einem *Willen* zu tun hat, welcher eine Kausalität ist, so fern Vernunft den Bestimmungsgrund derselben enthält, da sie folglich kein Objekt der Anschauung, sondern (weil der Begriff der

[57] 1. Aufl. u. Akad.Ausg.: keine Sperrung

Kausalität jederzeit die Beziehung auf ein Gesetz enthält, welches die Existenz des Mannigfaltigen im Verhältnisse zu einander bestimmt,) als praktische Vernunft, nur ein Gesetz derselben anzugeben hat: so muß eine Kritik der Analytik derselben, so fern sie eine praktische Vernunft sein soll, (welches die eigentliche Aufgabe[58] ist,) von der Möglichkeit praktischer Grundsätze a priori anfangen. Von da konnte sie allein zu Begriffen der Gegenstände einer praktischen Vernunft, nämlich denen des Schlechthin-Guten und Bösen fortgehen, um sie jenen Grundsätzen gemäß allererst zu geben, (denn diese sind vor jenen Prinzipien als Gutes und Böses durch gar kein Erkenntnisvermögen zu geben möglich,) und nur alsdann konnte allererst das letzte Hauptstück, nämlich | das von dem Verhältnisse der reinen praktischen Vernunft zur Sinnlichkeit und ihrem notwendigen, a priori zu erkennenden Einflusse auf dieselbe, d. i. vom moralischen Gefühle, den Teil beschließen. So teilete denn die Analytik der praktischen reinen Vernunft ganz analogisch mit der theoretischen den ganzen Umfang aller Bedingungen ihres Gebrauchs, aber in umgekehrter Ordnung. Die Analytik der theoretischen reinen Vernunft wurde in transzendentale Ästhetik und transzendentale Logik eingeteilt, die der praktischen umgekehrt in Logik und Ästhetik der reinen praktischen Vernunft, (wenn es mir erlaubt ist, diese sonst gar nicht angemessenen Benennungen, bloß der Analogie wegen, hier zu gebrauchen,) die Logik wiederum dort in die Analytik der Begriffe und die der Grundsätze, hier in die der Grundsätze und Begriffe. Die Ästhetik hatte dort

[58] Die Akad.Ausg. vermutet, daß „der Analytik" statt hinter „Kritik" hinter „Aufgabe" gehört

noch zwei Teile, wegen der doppelten Art einer sinnlichen Anschauung; hier wird die Sinnlichkeit gar nicht als Anschauungsfähigkeit, sondern bloß als Gefühl (das ein subjektiver Grund des Begehrens sein kann,) betrachtet, und in Ansehung dessen verstattet die reine praktische Vernunft keine weitere Einteilung.

Auch, daß diese Einteilung in zwei Teile mit deren Unterabteilung nicht wirklich (so wie man wohl im Anfange durch das Beispiel der ersteren verleitet werden konnte, zu versuchen) hier vorgenommen wurde, davon läßt sich auch der Grund gar wohl einsehen. | Denn weil es *reine Vernunft* ist, die hier in ihrem praktischen Gebrauche, mithin von Grundsätzen a priori und nicht von empirischen Bestimmungsgründen ausgehend, betrachtet wird: so wird die Einteilung der Analytik der reinen praktischen Vernunft der eines Vernunftschlusses ähnlich ausfallen müssen, nämlich vom Allgemeinen im *Obersatze* (dem moralischen Prinzip), durch eine im *Untersatze* vorgenommene Subsumtion möglicher Handlungen (als guter oder böser) unter jenen, zu dem *Schlußsatze*, nämlich der subjektiven Willensbestimmung (einem Interesse an dem praktisch-möglichen Guten und der darauf gegründeten Maxime) fortgehend. Demjenigen, der sich von den in der Analytik vorkommenden Sätzen hat überzeugen können, werden solche Vergleichungen Vergnügen machen; denn sie veranlassen mit Recht die Erwartung, es vielleicht dereinst bis zur Einsicht der Einheit des ganzen reinen Vernunftvermögens (des theoretischen sowohl als praktischen) bringen, und alles aus einem Prinzip ableiten zu können; welches das unvermeidliche Bedürfnis der menschlichen Vernunft ist, die nur in einer vollständig systematischen

Einheit ihrer Erkenntnisse völlige Zufriedenheit findet.

Betrachten wir nun aber auch den Inhalt der Erkenntnis, die wir von einer reinen praktischen Vernunft, und durch dieselbe, haben können, so wie ihn die Analytik derselben darlegt, so finden sich, bei einer merkwürdigen Analogie zwischen ihr und der theoretischen, nicht | weniger merkwürdige Unterschiede. In Ansehung der theoretischen konnte[59] das Vermögen eines reinen Vernunfterkenntnisses a priori durch Beispiele aus Wissenschaften, (bei denen man, da sie ihre Prinzipien auf so mancherlei Art durch methodischen Gebrauch auf die Probe stellen, nicht so leicht, wie im gemeinen Erkenntnisse, geheime Beimischung empirischer Erkenntnisgründe zu besorgen hat) ganz leicht und evident bewiesen werden. Aber daß reine Vernunft, ohne Beimischung irgend eines empirischen Bestimmungsgrundes, für sich allein auch praktisch sei; das mußte man aus dem gemeinsten praktischen Vernunftgebrauche dartun können, indem man den obersten praktischen Grundsatz, als einen solchen, den jede natürliche Menschenvernunft, als völlig a priori, von keinen sinnlichen Datis abhängend, für das oberste Gesetz seines Willens erkennt, beglaubigte. Man mußte ihn zuerst, der Reinigkeit seines Ursprungs nach, selbst im Urteile dieser gemeinen Vernunft bewähren und rechtfertigen, ehe ihn noch die Wissenschaft in die Hände nehmen konnte, um Gebrauch von ihm zu machen, gleichsam als ein Faktum, das vor allem Vernünfteln über seine Möglichkeit und allen Folgerungen, die daraus zu ziehen sein möchten, vorhergeht. Aber dieser Umstand läßt sich auch aus dem kurz

[59] 1. Aufl.: könnte; Akad.Ausg.: konnte

vorher Angeführten gar wohl erklären; weil praktische reine Vernunft notwendig von Grundsätzen anfangen muß, die also aller Wissenschaft, als erste | Data, zum Grunde gelegt werden müssen, und nicht allererst aus ihr entspringen können. Diese Rechtfertigung der moralischen Prinzipien, als Grundsätze einer reinen Vernunft, konnte aber auch darum gar wohl, und mit genugsamer Sicherheit, durch bloße Berufung auf das Urteil des gemeinen Menschenverstandes geführet werden, weil sich alles Empirische, was sich als Bestimmungsgrund des Willens in unsere Maximen einschleichen möchte, durch das Gefühl des Vergnügens oder Schmerzens, das ihm so fern, als es Begierde erregt, notwendig anhängt, sofort *kenntlich macht*, diesem aber jene reine praktische Vernunft geradezu *widersteht*, es in ihr Prinzip, als Bedingung, aufzunehmen. Die Ungleichartigkeit der Bestimmungsgründe (der empirischen und rationalen) wird durch diese Widerstrebung einer praktisch-gesetzgebenden Vernunft, wider alle sich einmengende Neigung, durch eine eigentümliche Art von *Empfindung*, welche aber nicht vor der Gesetzgebung der praktischen Vernunft vorhergeht, sondern vielmehr durch dieselbe allein und zwar als ein Zwang gewirkt wird, nämlich durch das Gefühl einer Achtung, dergleichen kein Mensch für Neigungen hat, sie mögen sein, welcher Art sie wollen, wohl aber fürs Gesetz, so kenntlich gemacht und so gehoben und hervorstechend, daß keiner, auch der gemeinste Menschenverstand, in einem vorgelegten Beispiele nicht den Augenblick inne werden sollte, daß durch empirische Grün|de des Wollens ihm zwar ihren Anreizen zu folgen, geraten, niemals aber einem anderen, als lediglich dem reinen praktischen Vernunftgesetze, zu *gehorchen*, zugemutet werden könne.

Die Unterscheidung der Glückseligkeitslehre von der Sittenlehre, in derer ersteren empirische Prinzipien das ganze Fundament, von der zweiten aber auch nicht den mindesten Beisatz derselben ausmachen, ist nun in der Analytik der reinen praktischen Vernunft die erste und wichtigste ihr obliegende Beschäftigung, in der sie so pünktlich, ja, wenn es auch hieße, peinlich, verfahren muß, als je der Geometer in seinem Geschäfte. Es kommt aber dem Philosophen, der hier (wie jederzeit im Vernunfterkenntnisse durch bloße Begriffe, ohne Konstruktion derselben) mit größerer Schwierigkeit zu kämpfen hat, weil er keine Anschauung (reinem Noumen) zum Grunde legen kann, doch auch zu statten: daß er, beinahe wie der Chemist, zu aller Zeit ein Experiment mit jedes Menschen praktischer Vernunft anstellen kann, um den moralischen (reinen) Bestimmungsgrund vom empirischen zu unterscheiden; wenn er nämlich zu dem empirisch-affizierten Willen (z. B. desjenigen, der gerne lügen möchte, weil er sich dadurch was erwerben kann) das moralische Gesetz (als Bestimmungsgrund) zusetzt. Es ist, als ob der Scheidekünstler der Solution der Kalkerde in Salzgeist Alkali zusetzt; der Salzgeist verläßt so fort den Kalk, vereinigt | sich mit dem Alkali, und jener wird zu Boden gestürzt. Eben so haltet dem, der sonst ein ehrlicher Mann ist (oder sich doch diesmal nur in Gedanken in die Stelle eines ehrlichen Mannes versetzt) das moralische Gesetz vor, an dem er die Nichtswürdigkeit eines Lügners erkennt, so fort verläßt seine praktische Vernunft (im Urteil über das, was von ihm geschehen sollte) den Vorteil, vereinigt sich mit dem, was ihm die Achtung für seine eigene Person erhält (der Wahrhaftigkeit), und der Vorteil wird nun von jedermann, nachdem er von allem Anhängsel der

Vernunft (welche nur gänzlich auf der Seite der Pflicht ist) abgesondert und gewaschen worden, gewogen, um mit der Vernunft noch wohl in anderen Fällen in Verbindung zu treten, nur nicht, wo er dem moralischen Gesetze, welches die Vernunft niemals verläßt, sondern sich inningst damit vereinigt, zuwider sein könnte.

Aber diese Unterscheidung des Glückseligkeitsprinzips von dem der Sittlichkeit, ist darum nicht so fort Entgegensetzung beider, und die reine praktische Vernunft will nicht, man solle die Ansprüche auf Glückseligkeit aufgeben, sondern nur, so bald von Pflicht die Rede ist, darauf gar nicht Rücksicht nehmen. Es kann sogar in gewissem Betracht Pflicht sein, für seine Glückseligkeit zu sorgen; teils weil sie (wozu Geschicklichkeit, Gesundheit, Reichtum gehört) Mittel zur Erfüllung seiner Pflicht enthält, teils weil der Mangel derselben | (z. B. Armut) Versuchungen enthält, seine Pflicht zu übertreten. Nur, seine Glückseligkeit zu befördern, kann unmittelbar niemals Pflicht, noch weniger ein Prinzip aller Pflicht sein. Da nun alle Bestimmungsgründe des Willens, außer dem einigen reinen praktischen Vernunftgesetze, (dem moralischen) insgesamt empirisch sind, als solche also zum Glückseligkeitsprinzip gehören, so müssen sie insgesamt vom obersten sittlichen Grundsatze abgesondert, und ihm nie als Bedingung einverleibt werden, weil dieses eben so sehr allen sittlichen Wert, als empirische Beimischung zu geometrischen Grundsätzen, alle mathematische Evidenz, das Vortrefflichste, was (nach Platos Urteile) die Mathematik an sich hat, und das selbst allem Nutzen derselben vorgeht, aufheben würde.

Statt der Deduktion des obersten Prinzips der reinen praktischen Vernunft, d. i. der Erklärung der

Möglichkeit einer dergleichen Erkenntnis a priori, konnte aber nichts weiter angeführt werden, als, daß, wenn man die Möglichkeit der Freiheit einer wirkenden Ursache einsähe, man auch, nicht etwa bloß die Möglichkeit, sondern gar die Notwendigkeit des moralischen Gesetzes, als obersten praktischen Gesetzes vernünftiger Wesen, denen man Freiheit der Kausalität ihres Willens beilegt, einsehen würde; weil beide Begriffe so unzertrennlich verbunden sind, daß man praktische Freiheit auch durch Unabhängigkeit des Willens von jedem ande|ren, außer allein dem moralischen Gesetze, definieren könnte. Allein die Freiheit einer wirkenden Ursache, vornehmlich in der Sinnenwelt, kann ihrer Möglichkeit nach keineswegs eingesehen werden; glücklich! wenn wir nur, daß kein Beweis ihrer Unmöglichkeit stattfindet, hinreichend versichert werden können, und nun, durchs moralische Gesetz, welches dieselbe postuliert, genötigt, eben dadurch auch berechtigt werden, sie anzunehmen. Weil es indessen noch viele gibt, welche diese Freiheit noch immer glauben nach empirischen Prinzipien, wie jedes andere Naturvermögen, erklären zu können, und sie als *psychologische* Eigenschaft, deren Erklärung lediglich auf eine genauere Untersuchung der *Natur der Seele* und der Triebfeder des Willens ankäme, nicht als *transzendentales* Prädikat der Kausalität eines Wesens, das zur Sinnenwelt gehört, (wie es doch hierauf wirklich allein ankommt) betrachten, und so die herrliche Eröffnung, die uns durch reine praktische Vernunft vermittelst des moralischen Gesetzes widerfährt, nämlich die Eröffnung einer intelligibelen Welt, durch Realisierung des sonst transzendenten Begriffs der Freiheit und hiermit das moralische Gesetz selbst, welches durchaus keinen empirischen Bestimmungsgrund annimmt, aufheben; so wird es nötig sein, hier noch etwas zur Verwahrung wider dieses Blendwerk, und der Darstellung des Empirismus in der ganzen Blöße seiner Seichtigkeit anzuführen. |

Der Begriff der Kausalität, als Naturnotwendigkeit, zum Unterschiede derselben, als Freiheit, betrifft nur die Existenz der Dinge, so fern sie in der Zeit bestimmbar ist, folglich als Erscheinungen, im Gegensatze ihrer Kausalität, als Dinge an sich selbst. Nimmt man nun die Bestimmungen der Existenz der Dinge in der Zeit für Bestimmungen der Dinge an sich selbst, (welches die gewöhnlichste Vorstellungsart ist,) so läßt sich die Notwendigkeit im[60] Kausalverhältnisse mit der Freiheit auf keinerlei Weise vereinigen; sondern sie sind einander kontradiktorisch entgegengesetzt. Denn aus der ersteren folgt: daß eine jede Begebenheit, folglich auch jede Handlung, die in einem Zeitpunkte vorgeht, unter der Bedingung dessen, was in der vorhergehenden Zeit war, notwendig sei. Da nun die vergangene Zeit nicht mehr in meiner Gewalt ist, so muß jede Handlung, die ich ausübe, durch bestimmende Gründe, die nicht in meiner Gewalt sind[61], notwendig sein, d. i. ich bin in dem Zeitpunkte, darin ich handle, niemals frei. Ja, wenn ich gleich mein ganzes Dasein als unabhängig von irgend einer fremden Ursache (etwa von Gott) annähme, so daß die Bestimmungsgründe meiner Kausalität, so gar meiner ganzen Existenz, gar nicht außer mir wären: so würde dieses jene Naturnotwendigkeit doch nicht im mindesten in Freiheit verwandeln. Denn in jedem Zeitpunkte stehe ich doch immer unter der Notwendigkeit, durch das zum |

[60] 1. Aufl.: in; Akad.Ausg.: im
[61] 1. Aufl.: seyn; Akad.Ausg.: sind

Handeln bestimmt zu sein, *was nicht in meiner Gewalt ist*, und die a parte priori unendliche Reihe der Begebenheiten, die ich immer nur, nach einer schon vorherbestimmten Ordnung, fortsetzen, nirgend von selbst anfangen würde, wäre eine stetige Naturkette, meine Kausalität also niemals Freiheit.

Will man also einem Wesen, dessen Dasein in der Zeit bestimmt ist, Freiheit beilegen: so kann man es, so fern wenigstens, vom Gesetze der Naturnotwendigkeit aller Begebenheiten in seiner Existenz, mithin auch seiner Handlungen, nicht ausnehmen; denn das wäre so viel, als es dem blinden Ungefähr übergeben. Da dieses Gesetz aber unvermeidlich alle Kausalität der Dinge, so fern ihr *Dasein in der Zeit* bestimmbar ist, betrifft, so würde, wenn dieses die Art wäre, wonach man sich auch das *Dasein dieser Dinge an sich selbst* vorzustellen hätte, die Freiheit, als ein nichtiger und unmöglicher Begriff verworfen werden müssen. Folglich, wenn man sie noch retten will, so bleibt kein Weg übrig, als das Dasein eines Dinges, so fern es in der Zeit bestimmbar ist, folglich auch die Kausalität nach dem Gesetze der *Naturnotwendigkeit*, *bloß der Erscheinung*, die *Freiheit* aber eben *demselben Wesen, als Dinge an sich selbst*, beizulegen. So ist es allerdings unvermeidlich, wenn man beide einander widerwärtigen Begriffe zugleich erhalten will; allein in der Anwendung, wenn man sie als in einer und derselben Handlung ver|einigt, und also diese Vereinigung selbst erklären will, tun sich doch große Schwierigkeiten hervor, die eine solche Vereinigung untunlich zu machen scheinen.

Wenn ich von einem Menschen, der einen Diebstahl verübt, sage: diese Tat sei nach dem Naturgesetze der

Kausalität aus den Bestimmungsgründen der vorhergehenden Zeit ein notwendiger Erfolg, so war es unmöglich, daß sie hat unterbleiben können; wie kann dann die Beurteilung nach dem moralischen Gesetze hierin eine Änderung machen, und voraussetzen, daß sie doch habe unterlassen werden können, weil das Gesetz sagt, sie hätte unterlassen werden sollen, d. i. wie kann derjenige, in demselben Zeitpunkte, in Absicht auf dieselbe Handlung, ganz frei heißen, in welchem, und in derselben Absicht, er doch unter einer unvermeidlichen Naturnotwendigkeit steht? Eine Ausflucht darin suchen, daß man bloß die Art der Bestimmungsgründe seiner Kausalität nach dem Naturgesetze einem komparativen Begriffe von Freiheit anpaßt, (nach welchem das bisweilen freie Wirkung heißt, davon der bestimmende Naturgrund innerlich im wirkenden Wesen liegt, z. B. das was ein geworfener Körper verrichtet, wenn er in freier Bewegung ist, da man das Wort Freiheit braucht, weil er, während, daß er im Fluge ist, nicht von außen wodurch getrieben wird, oder wie wir die Bewegung einer Uhr auch eine freie Bewegung nennen, weil sie ihren Zeiger selbst treibt, der also | nicht äußerlich geschoben werden darf, eben so die Handlungen des Menschen, ob sie gleich, durch ihre Bestimmungsgründe, die in der Zeit vorhergehen, notwendig sind, dennoch frei nennen, weil es doch innere durch unsere eigenen Kräfte hervorgebrachte Vorstellungen, dadurch nach veranlassenden Umständen erzeugte Begierden und mithin nach unserem eigenen Belieben bewirkte Handlungen sind,) ist ein elender Behelf, womit sich noch immer einige hinhalten lassen, und so jenes schwere Problem mit einer kleinen Wortklauberei aufgelöset zu haben meinen, an dessen Auflösung Jahrtausende vergeblich gearbeitet haben, die daher wohl schwerlich so ganz auf der Oberfläche gefunden werden dürfte. Es kommt nämlich bei der Frage nach derjenigen Freiheit, die allen moralischen Gesetzen und der ihnen gemäßen Zurechnung zum Grunde gelegt werden muß, darauf gar nicht an, ob die nach einem Naturgesetze bestimmte Kausalität, durch Bestimmungsgründe, die im Subjekte, oder außer ihm liegen, und im ersteren Fall, ob sie durch Instinkt oder mit Vernunft gedachte Bestimmungsgründe notwendig sei, wenn diese bestimmenden Vorstellungen nach dem Geständnisse eben dieser Männer selbst, den Grund ihrer Existenz doch in der Zeit und zwar dem vorigen Zustande haben, dieser aber wieder in einem vorhergehenden etc. so mögen sie, diese[62] Bestimmungen, immer innerlich sein, sie mögen psychologische und nicht mechanische Kausalität haben, | d. i. durch Vorstellungen, und nicht durch körperliche Bewegung, Handlung hervorbringen, so sind es immer Bestimmungsgründe der Kausalität eines Wesens, so fern sein Dasein in der Zeit bestimmbar ist, mithin unter notwendig machenden Bedingungen der vergangenen Zeit, die also, wenn das Subjekt handeln soll, nicht mehr in seiner Gewalt sind, die also zwar psychologische Freiheit, (wenn man ja dieses Wort von einer bloß inneren Verkettung der Vorstellungen der Seele brauchen will,) aber doch Naturnotwendigkeit bei sich führen, mithin keine transzendentale Freiheit übrig lassen, welche als Unabhängigkeit von allem Empirischen und also von der Natur überhaupt gedacht werden muß, sie mag nun als Gegenstand[63] des inneren Sinnes, bloß in der Zeit, oder auch äußeren

[62] 1. Aufl.: sie diese
[63] 1. Aufl.: nun Gegenstand; Akad.Ausg.: nun als Gegenstand

Sinne, im Raume und der Zeit zugleich betrachtet werden, ohne welche Freiheit (in der letzteren eigentlichen Bedeutung), die allein a priori praktisch ist, kein moralisch Gesetz, keine Zurechnung nach demselben, möglich ist. Eben um deswillen kann man auch alle Notwendigkeit der Begebenheiten in der Zeit nach dem Naturgesetze der Kausalität, den Mechanismus der Natur nennen, ob man gleich darunter nicht versteht, daß Dinge, die ihm unterworfen sind, wirkliche materielle Maschinen sein müßten. Hier wird nur auf die Notwendigkeit der Verknüpfung der Begebenheiten in einer Zeitreihe, so wie sie sich nach dem Naturgesetze entwi|ckelt, gesehen, man mag nun das Subjekt, in welchem dieser Ablauf geschieht, Automaton materiale, da das Maschinenwesen durch Materie, oder mit Leibniz spirituale, da es durch Vorstellungen betrieben wird, nennen, und wenn die Freiheit unseres Willens keine andere als die letztere (etwa die psychologische und komparative, nicht transzendentale d. i. absolute zugleich) wäre, so würde sie im Grunde nichts besser, als die Freiheit eines Bratenwenders sein, der auch, wenn er einmal aufgezogen worden, von selbst seine Bewegungen verrichtet.

Um nun den scheinbaren Widerspruch zwischen Naturmechanismus und Freiheit in ein und derselben Handlung an dem vorgelegten Falle aufzuheben, muß man sich an das erinnern, was in der Kritik der reinen Vernunft gesagt war, oder daraus folgt: daß die Naturnotwendigkeit, welche mit der Freiheit des Subjekts nicht zusammen bestehen kann, bloß den Bestimmungen desjenigen Dinges anhängt, das unter Zeitbedingungen steht, folglich nur denen[64] des han-

[64] 1. Aufl.: dem; Akad.Ausg.: denen

delnden Subjekts als Erscheinung, daß also so fern die Bestimmungsgründe einer jeden Handlung desselben in demjenigen liegen, was zur vergangenen Zeit gehört, und *nicht mehr in seiner Gewalt ist*, (wozu auch seine schon begangenen Taten, und der ihm dadurch bestimmbare Charakter in seinen eigenen Augen, als Phänomens, gezählt werden müssen). Aber ebendas|selbe Subjekt, das sich anderseits auch seiner, als Dinges an sich selbst, bewußt ist, betrachtet auch sein Dasein, *so fern es nicht unter Zeitbedingungen steht*, sich selbst aber nur als bestimmbar durch Gesetze, die es sich durch Vernunft selbst gibt, und in diesem seinem Dasein ist ihm nichts vorhergehend vor seiner Willensbestimmung, sondern jede Handlung, und überhaupt jede dem innern Sinne gemäß wechselnde Bestimmung seines Daseins, selbst die ganze Reihenfolge seiner Existenz, als Sinnenwesen, ist im Bewußtsein seiner intelligibelen Existenz nichts als Folge, niemals aber als Bestimmungsgrund seiner Kausalität, als *Noumens*, anzusehen. In diesem Betracht nun kann das vernünftige Wesen, von einer jeden gesetzwidrigen Handlung, die es verübt, ob sie gleich, als Erscheinung, in dem Vergangenen hinreichend bestimmt, und so fern unausbleiblich notwendig ist, mit Recht sagen, daß er sie hätte unterlassen können; denn sie, mit allem Vergangenen, das sie bestimmt, gehört zu einem einzigen Phänomen seines Charakters, den er sich selbst verschafft, und nach welchem er sich als einer von aller Sinnlichkeit unabhängigen Ursache, die Kausalität jener Erscheinungen selbst zurechnet.

Hiermit stimmen auch die Richteraussprüche desjenigen wundersamen Vermögens in uns, welches wir Gewissen nennen, vollkommen überein. Ein Mensch mag künsteln, so viel als er will, um ein gesetzwidri|ges

Betragen, dessen er sich erinnert, sich als unvorsätzliches Versehen, als bloße Unbehutsamkeit, die man niemals gänzlich vermeiden kann, folglich als etwas, worin er vom Strom der Naturnotwendigkeit fortgerissen wäre, vorzumalen und sich darüber für schuldfrei zu erklären, so findet er doch, daß der Advokat, der zu seinem Vorteil spricht, den Ankläger in ihm keineswegs zum Verstummen bringen könne, wenn er sich bewußt ist, daß er zu der Zeit, als er das Unrecht verübte, nur bei Sinnen, d. i. im Gebrauche seiner Freiheit war, und gleichwohl erklärt er sich sein Vergehen, aus gewisser übler, durch allmähliche Vernachlässigung der Achtsamkeit auf sich selbst zugezogener Gewohnheit, bis auf den Grad, daß er es als eine natürliche Folge derselben ansehen kann, ohne daß dieses ihn gleichwohl wider den Selbsttadel und den Verweis sichern kann, den er sich selbst macht. Darauf gründet sich denn auch die Reue über eine längst begangene Tat bei jeder Erinnerung derselben; eine schmerzhafte, durch moralische Gesinnung gewirkte Empfindung, die so fern praktisch leer ist, als sie nicht dazu dienen kann, das Geschehene ungeschehen zu machen, und sogar ungereimt sein würde, (wie Priestley, als ein echter, konsequent verfahrender Fatalist, sie auch dafür erklärt, und in Ansehung welcher Offenherzigkeit er mehr Beifall verdient, als diejenigen, welche, indem sie den Mechanismus des Willens in der Tat, die | Freiheit desselben aber mit Worten behaupten, noch immer dafür gehalten sein wollen, daß sie jene, ohne doch die Möglichkeit einer solchen Zurechnung begreiflich zu machen, in ihrem synkretistischen System mit einschließen,) aber, als Schmerz, doch ganz rechtmäßig ist, weil die Vernunft, wenn es auf das Gesetz unserer intelligibelen Existenz (das moralische) ankommt, keinen Zeitunterschied anerkennt, und nur fragt, ob die Begebenheit mir als Tat angehöre, alsdann aber immer dieselbe Empfindung damit moralisch verknüpft, sie mag jetzt geschehen, oder vorlängst geschehen sein. Denn das Sinnenleben hat in Ansehung des intelligibelen Bewußtseins seines Daseins (der Freiheit) absolute Einheit eines Phänomens, welches, so fern es bloß Erscheinungen von der Gesinnung, die das moralische Gesetz angeht, (von dem Charakter) enthält, nicht nach der Naturnotwendigkeit, die ihm als Erscheinung zukommt, sondern nach der absoluten Spontaneität der Freiheit beurteilt werden muß. Man kann also einräumen, daß, wenn es für uns möglich wäre, in eines Menschen Denkungsart, so wie sie sich durch innere sowohl als äußere Handlungen zeigt, so tiefe Einsicht zu haben, daß jede, auch die mindeste Triebfeder dazu uns bekannt würde, imgleichen alle auf diese wirkenden äußeren Veranlassungen, man eines Menschen Verhalten auf die Zukunft mit Gewißheit, so wie eine Mond- oder Sonnenfinsternis, ausrechnen könnte, und dennoch | dabei behaupten, daß der Mensch frei sei. Wenn wir nämlich noch eines andern Blicks, (der uns aber freilich gar nicht verliehen ist, sondern an dessen Statt wir nur den Vernunftbegriff haben,) nämlich einer intellektuellen Anschauung desselben Subjekts fähig wären, so würden wir doch inne werden, daß diese ganze Kette von Erscheinungen in Ansehung dessen, was nur immer das moralische Gesetz angehen kann, von der Spontaneität des Subjekts, als Dinges an sich selbst, abhängt, von deren Bestimmung sich gar keine physische Erklärung geben läßt. In Ermangelung dieser Anschauung versichert uns das moralische Gesetz diesen Unterschied der Beziehung unserer Handlungen, als Erscheinungen, auf das Sinnenwesen unseres Subjekts, von derjenigen, dadurch dieses Sinnenwesen selbst auf das intelligibele Substrat in uns bezogen wird. — In dieser Rücksicht, die unserer Vernunft natürlich, obgleich unerklärlich ist, lassen sich auch Beurteilungen rechtfertigen, die mit aller Gewissenhaftigkeit gefället, dennoch dem ersten Anscheine nach aller Billigkeit ganz zu widerstreiten scheinen. Es gibt Fälle, wo Menschen von Kindheit auf, selbst unter einer Erziehung, die, mit der ihrigen zugleich, andern ersprießlich war, dennoch so frühe Bosheit zeigen, und so bis in ihre Mannesjahre zu steigen fortfahren, daß man sie für geborne Bösewichter, und gänzlich, was die Denkungsart betrifft, für unbesserlich hält, gleichwohl aber sie wegen | ihres Tuns und Lassens eben so richtet, ihnen ihre Verbrechen eben so als Schuld verweiset, ja sie (die Kinder) selbst diese Verweise so ganz gegründet finden, als ob sie, ungeachtet der ihnen beigemessenen hoffnungslosen Naturbeschaffenheit ihres Gemüts, eben so verantwortlich blieben, als jeder andere Mensch. Dieses würde nicht geschehen können, wenn wir nicht voraussetzten, daß alles, was aus seiner Willkür entspringt (wie ohne Zweifel jede vorsätzlich verübte Handlung) eine freie Kausalität zum Grunde habe, welche von der frühen Jugend an ihren Charakter in ihren Erscheinungen (den Handlungen) ausdrückt, die wegen der Gleichförmigkeit des Verhaltens einen Naturzusammenhang kenntlich machen, der aber nicht die arge Beschaffenheit des Willens notwendig macht, sondern vielmehr die Folge der freiwillig angenommenen bösen und unwandelbaren Grundsätze ist, welche ihn nur noch um desto verwerflicher und strafwürdiger machen.

Aber noch steht eine Schwierigkeit der Freiheit bevor, so fern sie mit dem Naturmechanismus, in einem

Wesen, das zur Sinnenwelt gehört, vereinigt werden soll. Eine Schwierigkeit, die, selbst nachdem alles bisherige eingewilligt worden, der Freiheit dennoch mit ihrem gänzlichen Untergange droht. Aber bei dieser Gefahr gibt ein Umstand doch zugleich Hoffnung zu einem für die Behauptung der Freiheit noch glück-|lichen Ausgange, nämlich daß dieselbe Schwierigkeit viel stärker (in der Tat, wie wir bald sehen werden, allein,) das System drückt, in welchem die in Zeit und Raum bestimmbare Existenz für die Existenz der Dinge an sich selbst gehalten wird, sie uns also nicht nötigt, unsere vornehmste Voraussetzung von der Idealität der Zeit, als bloßer Form sinnlicher Anschauung, folglich als bloßer Vorstellungsart, die dem Subjekte als zur Sinnenwelt gehörig eigen ist, abzugehen, und also nur erfordert sie mit dieser Idee zu vereinigen.

Wenn man uns nämlich auch einräumt, daß das intelligibele Subjekt in Ansehung einer gegebenen Handlung noch frei sein kann, obgleich es als Subjekt, das auch zur Sinnenwelt gehörig, in Ansehung derselben mechanisch bedingt ist, so scheint es doch, man müsse, so bald man annimmt, Gott, als allgemeines Urwesen, sei die Ursache auch der Existenz der Substanz (ein Satz, der niemals aufgegeben werden darf, ohne den Begriff von Gott als Wesen aller Wesen, und hiermit seine Allgenugsamkeit, auf die alles in der Theologie ankommt, zugleich mit aufzugeben), auch einräumen: Die[65] Handlungen des Menschen haben in demjenigen ihren bestimmenden Grund, was gänzlich außer ihrer Gewalt ist, nämlich in der Kausalität eines von ihm unterschiedenen höchsten Wesens, von welchem das Dasein des erstern, und die ganze Bestimmung seiner Kau-

[65] 1. Aufl.: einräumen. Die

salität ganz und gar abhängt. In | der Tat: wären die Handlungen des Menschen, so wie sie zu seinen Bestimmungen in der Zeit gehören, nicht bloße Bestimmungen desselben als Erscheinung, sondern als Dinges an sich selbst, so würde die Freiheit nicht zu retten sein. Der Mensch wäre Marionette, oder ein Vaucansonsches Automat, gezimmert und aufgezogen von dem obersten Meister aller Kunstwerke, und das Selbstbewußtsein würde es zwar zu einem denkenden Automate machen, in welchem aber das Bewußtsein seiner Spontaneität, wenn sie für Freiheit gehalten wird, bloße Täuschung wäre, indem sie nur komparativ so genannt zu werden verdient, weil die nächsten bestimmenden Ursachen seiner Bewegung, und eine lange Reihe derselben zu ihren bestimmenden Ursachen hinauf, zwar innerlich sind, die letzte und höchste aber doch gänzlich in einer fremden Hand angetroffen wird. Daher sehe ich nicht ab, wie diejenigen, welche noch immer dabei beharren, Zeit und Raum für zum Dasein der Dinge an sich selbst gehörige Bestimmungen anzusehen, hier die Fatalität der Handlungen vermeiden wollen, oder, wenn sie so geradezu (wie der sonst scharfsinnige Mendelssohn tat,) beide nur als zur Existenz endlicher und abgeleiteter Wesen, aber nicht zu der des unendlichen Urwesens notwendig gehörige Bedingungen einräumen, sich rechtfertigen wollen, woher sie diese Befugnis nehmen, einen solchen Unterschied zu machen, sogar wie sie auch nur dem Wi|derspruche ausweichen wollen, den sie begehen, wenn sie das Dasein in der Zeit als den endlichen Dingen an sich notwendig anhängende Bestimmung ansehen, da Gott die Ursache dieses Daseins ist, er aber doch nicht die Ursache der Zeit (oder des Raums) selbst sein kann, (weil diese als notwendige Bedingung a priori dem Dasein der Dinge vorausgesetzt sein muß,) seine Kausalität folglich in Ansehung der Existenz dieser Dinge, selbst der Zeit nach, bedingt sein muß, wobei nun alle die Widersprüche gegen die Begriffe seiner Unendlichkeit und Unabhängigkeit unvermeidlich eintreten müssen. Hingegen ist es uns ganz leicht, die Bestimmung der göttlichen Existenz, als unabhängig von allen Zeitbedingungen, zum Unterschiede von der eines Wesens der Sinnenwelt, als die Existenz eines Wesens an sich selbst, von der eines Dinges in der Erscheinung zu unterscheiden. Daher, wenn man jene Idealität der Zeit und des Raums nicht annimmt, nur allein der Spinozismus übrig bleibt, in welchem Raum und Zeit wesentliche Bestimmungen des Urwesens selbst sind, die von ihm abhängigen Dinge aber (also auch wir selbst) nicht Substanzen, sondern bloß ihm inhärierende Akzidenzen sind; weil, wenn diese Dinge bloß, als seine Wirkungen, in der Zeit existieren, welche die Bedingung ihrer Existenz an sich wäre, auch die Handlungen dieser Wesen bloß seine Handlungen sein müßten, die er irgendwo und irgendwann ausübte. Daher schließt | der Spinozismus, unerachtet der Ungereimtheit seiner Grundidee, doch weit bündiger, als es nach der Schöpfungstheorie geschehen kann, wenn die für Substanzen angenommenen und an sich in der Zeit existierenden Wesen als Wirkungen[66] einer obersten Ursache, und doch nicht zugleich zu ihm und seiner Handlung gehörig, sondern[67] für sich als Substanzen angesehen werden.

Die Auflösung obgedachter Schwierigkeit geschieht,

[66] 1. Aufl.: Wesen Wirkungen; Akad.Ausg.: Wesen als Wirkungen

[67] 1. Aufl.: Handlung, sondern; Akad.Ausg.: Handlung gehörig, sondern

kurz und einleuchtend, auf folgende Art: Wenn die Existenz in der Zeit eine bloße sinnliche Vorstellungsart der denkenden Wesen in der Welt ist, folglich sie, als Dinge an sich selbst, nicht angeht: so ist die Schöpfung dieser Wesen eine Schöpfung der Dinge an sich selbst; weil der Begriff einer Schöpfung nicht zu der sinnlichen Vorstellungsart der Existenz und zur Kausalität gehört, sondern nur auf Noumenen bezogen werden kann. Folglich, wenn ich von Wesen in der Sinnenwelt sage: sie sind erschaffen; so betrachte ich sie so fern als Noumenen. So, wie es also ein Widerspruch wäre, zu sagen, Gott sei ein Schöpfer von Erscheinungen, so ist es auch ein Widerspruch, zu sagen, er sei, als Schöpfer, Ursache der Handlungen in der Sinnenwelt, mithin als Erscheinungen, wenn er gleich Ursache des Daseins der handelnden Wesen (als Noumenen) ist. Ist es nun möglich, (wenn wir nur das Dasein in der Zeit für etwas, was bloß von Erscheinungen, nicht von Dingen an sich selbst gilt, annehmen,) die Freiheit, unbeschadet | des Naturmechanismus der Handlungen als Erscheinungen, zu behaupten, so kann, daß die handelnden Wesen Geschöpfe sind, nicht die mindeste Änderung hierin machen, weil die Schöpfung ihre intelligibele, aber nicht sensibele Existenz betrifft, und also nicht als Bestimmungsgrund der Erscheinungen angesehen werden kann; welches aber ganz anders ausfallen würde, wenn die Weltwesen als Dinge an sich selbst in der Zeit existierten, da der Schöpfer der Substanz, zugleich der Urheber des ganzen Maschinenwesens an dieser Substanz sein würde.

Von so großer Wichtigkeit ist die in der Kritik der reinen spekulativen Vernunft verrichtete Absonderung der Zeit (so wie des Raums) von der Existenz der Dinge an sich selbst.

Die hier vorgetragene Auflösung der Schwierigkeit hat aber, wird man sagen, doch viel Schweres in sich, und ist einer hellen Darstellung kaum empfänglich. Allein, ist denn jede andere, die man versucht hat, oder versuchen mag, leichter und faßlicher? Eher möchte man sagen, die dogmatischen Lehrer der Metaphysik hätten mehr ihre Verschmitztheit als Aufrichtigkeit darin bewiesen, daß sie diesen schwierigen Punkt, so weit wie möglich, aus den Augen brachten, in der Hoffnung, daß, wenn sie davon gar nicht sprächen, auch wohl niemand leichtlich an ihn denken würde. Wenn einer Wissenschaft geholfen werden soll, so müssen alle Schwierigkeiten *aufgedecket* und sogar diejenigen *aufgesucht* werden, die ihr noch so insgeheim im Wege liegen; denn jede derselben ruft ein Hilfsmittel auf, welches, ohne der Wissenschaft einen Zuwachs, es sei an Umfang, oder an Bestimmtheit, zu verschaffen nicht gefunden werden kann, wodurch also selbst die Hindernisse Beförderungsmittel der Gründlichkeit der Wissenschaft werden. Dagegen, werden die Schwierigkeiten absichtlich verdeckt, oder bloß durch Palliativmittel gehoben, so brechen sie, über kurz oder lang, in unheilbare Übel aus, welche die Wissenschaft in einem gänzlichen Skeptizismus zu Grunde richten.

*

Da es eigentlich der Begriff der Freiheit ist, der unter allen Ideen der reinen spekulativen Vernunft, allein so große Erweiterung im Felde des Übersinnlichen, wenn gleich nur in Ansehung des praktischen Erkenntnisses verschafft, so frage ich mich: *woher denn ihm ausschließungsweise eine so große Fruchtbarkeit zu Teil geworden* sei, indessen die übrigen zwar die leere Stelle für reine mögliche Verstandeswesen bezeichnen, den Begriff von ihnen aber durch nichts bestimmen können. Ich begreife bald, daß, da ich nichts ohne Kategorie denken kann, diese auch in der Idee der Vernunft, von der Freiheit, mit der ich mich beschäftige, zuerst müsse aufgesucht werden, welche hier die Kategorie der Kausalität ist, und daß, wenn[68] gleich dem Vernunftbegriffe der Freiheit, | als überschwenglichem Begriffe, keine korrespondierende Anschauung untergelegt werden kann, dennoch dem Verstandesbegriffe (der Kausalität), für dessen Synthesis jener das Unbedingte fordert, zuvor eine sinnliche Anschauung gegeben werden müsse, dadurch ihm zuerst die objektive Realität gesichert wird. Nun sind alle Kategorien in zwei Klassen, die mathematischen, welche bloß auf die Einheit der Synthesis in der Vorstellung der Objekte, und die dynamischen, welche auf die in der Vorstellung der Existenz der Objekte gehen, eingeteilt. Die ersteren (die der Größe und der Qualität) enthalten jederzeit eine Synthesis des Gleichartigen, in welcher das Unbedingte, zu dem in der sinnlichen Anschauung gegebenen Bedingten in Raum und Zeit, da es selbst wiederum zum Raume und der Zeit gehören, und also immer wiederum bedingt[69] sein mußte[70], gar nicht kann gefunden werden; daher auch in der Dialektik der reinen theoretischen Vernunft die einander entgegengesetzten Arten, das Unbedingte und die Totalität der Bedingungen für sie zu finden, beide falsch waren. Die Kategorien der zweiten Klasse (die der Kausalität und der Notwendigkeit eines Dinges) erforderten

[68] 1. Aufl.: daß ich, wenn; Akad.Ausg.: daß, wenn
[69] 1. Aufl.: wieder unbedingt; Akad.Ausg.: wiederum bedingt
[70] Akad.Ausg.: müßte

diese Gleichartigkeit (des Bedingten und der Bedingung in der Synthesis) gar nicht, weil hier nicht die Anschauung, wie sie aus einem Mannigfaltigen in ihr zusammengesetzt, sondern nur wie die Existenz des ihr korrespondierenden bedingten Gegenstandes zu der Existenz der Bedingung, | (im Verstande als damit verknüpft) hinzukomme, vorgestellt werden sollte[71], und da war es erlaubt, zu dem durchgängig Bedingten in der Sinnenwelt (so wohl in Ansehung der Kausalität als des zufälligen Daseins der Dinge selbst) das Unbedingte, obzwar übrigens unbestimmt, in der intelligibelen Welt zu setzen, und die Synthesis transzendent zu machen; daher denn auch in der Dialektik der reinen spekulativen Vernunft sich fand, daß beide, dem Scheine nach, einander entgegengesetzten Arten das Unbedingte zum Bedingten zu finden, z. B. in der Synthesis der Kausalität zum Bedingten, in der Reihe der Ursachen und Wirkungen der Sinnenwelt, die Kausalität, die weiter nicht sinnlich bedingt ist, zu denken, sich in der Tat nicht widerspreche, und daß dieselbe Handlung, die, als zur Sinnenwelt gehörig, jederzeit sinnlich bedingt, d. i. mechanisch-notwendig ist, doch zugleich auch, als zur Kausalität des handelnden Wesens, so fern es zur intelligibelen Welt gehörig ist, eine sinnlich unbedingte Kausalität zum Grunde haben, mithin als frei gedacht werden könne[72]. Nun kam es bloß darauf an, daß dieses Können in ein Sein verwandelt würde, d. i., daß man in einem wirklichen Falle, gleichsam durch ein Faktum, beweisen könne: daß gewisse Handlungen eine solche Kausalität (die intellektuelle, sinnlich un-

---

[71] 1. Aufl.: solle; Akad.Ausg.: sollte

[72] Satz unvollständig. Es müßte — so auch in der Akad.Ausg. angemerkt — hinter „gehörig ist," nochmals „gehörig," gesetzt werden.

bedingte) voraussetzen, sie mögen nun wirklich, oder auch nur geboten, d. i. objektiv praktisch notwendig sein. An wirklich in der Erfahrung gegebenen Hand|lungen, als Begebenheiten der Sinnenwelt, konnten wir diese Verknüpfung nicht anzutreffen hoffen, weil die Kausalität durch Freiheit immer außer der Sinnenwelt im Intelligibelen gesucht werden muß. Andere Dinge, außer den Sinnenwesen, sind uns aber zur Wahrnehmung und Beobachtung nicht gegeben. Also blieb nichts übrig, als daß etwa ein unwidersprechlicher und zwar objektiver Grundsatz der Kausalität, welcher alle sinnliche Bedingung von ihrer Bestimmung ausschließt, d. i. ein Grundsatz, in welchem die Vernunft sich nicht weiter auf etwas *Anderes* als Bestimmungsgrund in Ansehung der Kausalität beruft, sondern den sie durch jenen Grundsatz schon selbst enthält, und wo sie also, als *reine Vernunft*, selbst praktisch ist, gefunden werde. Dieser Grundsatz aber bedarf keines Suchens und keiner Erfindung; er ist längst in aller Menschen Vernunft gewesen und ihrem Wesen einverleibt, und ist der Grundsatz der *Sittlichkeit*. Also ist jene unbedingte Kausalität und das Vermögen derselben, die Freiheit, mit dieser aber ein Wesen (ich selber), welches zur Sinnenwelt gehört, doch zugleich als zur intelligibelen gehörig nicht bloß unbestimmt und problematisch *gedacht*, (welches schon die spekulative Vernunft als tunlich ausmitteln konnte) sondern sogar *in Ansehung des Gesetzes* ihrer Kausalität *bestimmt* und assertorisch *erkannt*, und so uns die Wirklichkeit der intelligibelen Welt, und zwar in praktischer Rücksicht *bestimmt*, gegeben wor|den, und diese Bestimmung, die in theoretischer Absicht *transzendent* (überschwenglich) sein würde, ist in praktischer *immanent*. Dergleichen Schritt aber konnten wir in Ansehung der zweiten dynamischen Idee, nämlich der eines notwendigen Wesens nicht tun. Wir konnten zu ihm aus der Sinnenwelt, ohne Vermittelung der ersteren dynamischen Idee, nicht hinauf kommen. Denn, wollten wir es versuchen, so müßten wir den Sprung gewagt haben, alles das, was uns gegeben ist, zu verlassen, und uns zu dem hinzuschwingen, wovon uns auch nichts gegeben ist, wodurch wir die Verknüpfung eines solchen intelligibelen Wesens mit der Sinnenwelt vermitteln könnten (weil das notwendige Wesen als außer uns gegeben erkannt werden sollte); welches dagegen in Ansehung unseres eignen Subjekts, so fern es sich durchs moralische Gesetz einerseits als intelligibeles Wesen (vermöge der Freiheit) bestimmt, andererseits als nach dieser Bestimmung in der Sinnenwelt tätig, selbst erkennt, wie jetzt der Augenschein dartut, ganz wohl möglich ist. Der einzige Begriff der Freiheit verstattet es, daß wir nicht außer uns hinausgehen dürfen, um das Unbedingte und Intelligibele zu dem Bedingten und Sinnlichen zu finden. Denn es ist unsere Vernunft selber, die sich durchs höchste und unbedingte praktische Gesetz, und das Wesen, das sich dieses Gesetzes bewußt ist, (unsere eigene Person) als zur reinen Verstandeswelt gehörig, und zwar sogar mit Bestim|mung der Art, wie es als ein solches tätig sein könne, erkennt. So läßt es sich begreifen, warum in dem ganzen Vernunftvermögen nur das Praktische dasjenige sein könne, welches uns über die Sinnenwelt hinaushilft und Erkenntnisse von einer übersinnlichen Ordnung und Verknüpfung verschaffe, die aber eben darum freilich nur so weit, als es gerade für die reine praktische Absicht nötig ist, ausgedehnt werden können.

Nur auf Eines sei es mir erlaubt bei dieser Gelegenheit noch aufmerksam zu machen, nämlich daß jeder Schritt, den man mit der reinen Vernunft tut, sogar im praktischen Felde, wo man auf subtile Spekulation gar nicht Rücksicht nimmt, dennoch sich so genau und zwar von selbst an alle Momente der Kritik der theoretischen Vernunft anschließe, als ob jeder mit überlegter Vorsicht, bloß um dieser Bestätigung zu verschaffen, ausgedacht wäre. Eine solche auf keinerlei Weise gesuchte, sondern (wie man sich selbst davon überzeugen kann, wenn man nur die moralischen Nachforschungen bis zu ihren Prinzipien fortsetzen will) sich von selbst findende, genaue Eintreffung der wichtigsten Sätze der praktischen Vernunft, mit den oft zu subtil und unnötig scheinenden Bemerkungen der Kritik der spekulativen, überrascht und setzt in Verwunderung, und bestärkt die schon von andern erkannte und gepriesene Maxime in jeder wissenschaftlichen Untersuchung mit aller möglichen Genauigkeit und Offenheit seinen Gang ungestört fortzuse|tzen, ohne sich an das zu kehren, wowider sie außer ihrem Felde etwa verstoßen möchte, sondern sie für sich allein, so viel man kann, wahr und vollständig zu vollführen. Öftere Beobachtung hat mich überzeugt, daß, wenn man diese[73] Geschäfte zu Ende gebracht hat, das, was in der Hälfte desselben, in Betracht anderer Lehren außerhalb, mir bisweilen sehr bedenklich schien, wenn ich diese Bedenklichkeit nur so lange aus den Augen ließ, und bloß auf mein Geschäft Acht hatte, bis es vollendet sei, endlich auf unerwartete Weise mit demjenigen vollkommen zusammenstimmte, was sich ohne die mindeste Rücksicht auf jene Lehren, ohne Parteilichkeit und Vorliebe für

[73] Akad.Ausg.: dieses

dieselben, von selbst gefunden hatte. Schriftsteller würden sich manche Irrtümer, manche verlorne Mühe (weil sie auf Blendwerk gestellt war) ersparen, wenn sie sich nur entschließen könnten, mit etwas mehr Offenheit zu Werke zu gehen.

Zweites Buch

Dialektik der reinen praktischen Vernunft

Erstes Hauptstück

Von einer Dialektik der reinen praktischen Vernunft überhaupt

Die reine Vernunft hat jederzeit ihre Dialektik, man mag sie in ihrem spekulativen oder praktischen Gebrauche betrachten; denn sie verlangt die absolute Totalität der Bedingungen zu einem gegebenen Bedingten, und diese kann schlechterdings nur in Dingen an sich selbst angetroffen werden. Da aber alle Begriffe der Dinge auf Anschauungen bezogen werden müssen, welche, bei uns Menschen, niemals anders als sinnlich sein können, mithin die Gegenstände, nicht als Dinge an sich selbst, sondern bloß als Erscheinungen erkennen lassen, in deren Reihe des Bedingten und der Bedingungen das Unbedingte niemals angetroffen werden kann, so entspringt ein unvermeidlicher Schein aus der | Anwendung dieser Vernunftidee der Totalität der Bedingungen (mithin des Unbedingten) auf Erscheinungen, als wären sie Sachen an sich selbst (denn dafür werden sie, in Ermangelung einer warnenden Kritik, jederzeit gehalten), der aber niemals als trüglich bemerkt werden würde, wenn er sich nicht durch einen *Widerstreit* der Vernunft mit sich selbst, in der Anwendung ihres Grundsatzes, das Unbedingte zu allem Bedingten vorauszusetzen, auf Erscheinungen, selbst verriete[1]. Hierdurch wird aber die Vernunft genötigt, diesem Scheine nachzuspüren, woraus er entspringe, und wie er gehoben werden könne, welches nicht anders, als durch eine vollständige Kritik des ganzen reinen Vernunftvermögens, geschehen kann; so daß die Antinomie der reinen Vernunft, die in ihrer Dialektik offenbar wird, in der Tat die wohltätigste Verirrung ist, in die die menschliche Vernunft je hat geraten können, indem sie uns zuletzt antreibt, den Schlüssel zu suchen, aus diesem Labyrinthe herauszukommen, der, wenn er gefunden worden, noch das entdeckt, was man nicht suchte und doch bedarf, nämlich eine Aussicht in eine höhere, unveränderliche Ordnung der Dinge, in der wir schon jetzt sind, und in der unser Dasein der höchsten Vernunftbestimmung gemäß fortzusetzen, wir durch bestimmte Vorschriften nunmehr angewiesen werden können. |

Wie im spekulativen Gebrauche der reinen Vernunft jene natürliche Dialektik aufzulösen, und der Irrtum, aus einem übrigens natürlichen Scheine, zu verhüten sei, kann man in der Kritik jenes Vermögens ausführlich antreffen. Aber der Vernunft in ihrem praktischen Gebrauche geht es um nichts besser. Sie sucht, als reine praktische Vernunft, zu dem Praktisch-Bedingten (was auf Neigungen und Naturbedürfnis beruht) ebenfalls das Unbedingte, und zwar nicht als Bestimmungsgrund des Willens, sondern, wenn dieser auch (im moralischen Gesetze) gegeben worden, die unbedingte Totalität des G e g e n s t a n d e s der reinen praktischen Vernunft, unter dem Namen des **höchsten Guts.**

[1] 1. Aufl.: verrieten; Akad.Ausg.: verriete

Diese Idee praktisch -, d. i. für die Maxime unseres vernünftigen Verhaltens, hinreichend zu bestimmen, ist die Weisheitslehre, und diese wiederum als Wissenschaft, ist Philosophie, in der Bedeutung, wie die Alten das Wort verstanden, bei denen sie eine Anweisung zu dem Begriffe war, worin das höchste Gut zu setzen, und zum Verhalten, durch welches es zu erwerben sei. Es wäre gut, wenn wir dieses Wort bei seiner alten Bedeutung ließen, als eine Lehre vom höchsten Gut, so fern die Vernunft bestrebt ist, es darin zur Wissenschaft zu bringen. Denn einesteils würde die angehängte einschränkende Bedingung dem griechischen Ausdrucke (welcher Liebe zur Weisheit bedeutet) angemessen und doch zugleich hinreichend sein, | die Liebe zur Wissenschaft, mithin aller spekulativen Erkenntnis der Vernunft, so fern sie ihr, sowohl zu jenem Begriffe, als auch dem praktischen Bestimmungsgrunde dienlich ist, unter dem Namen der Philosophie, mit zu befassen, und doch den Hauptzweck, um dessentwillen sie allein Weisheitslehre genannt werden kann, nicht aus den Augen verlieren lassen. Anderen Teils würde es auch nicht übel sein, den Eigendünkel desjenigen, der es wagte sich den Titel eines Philosophen selbst anzumaßen, abzuschrecken, wenn man ihm schon durch die Definition den Maßstab der Selbstschätzung vorhielte, der seine Ansprüche sehr herabstimmen wird; denn ein Weisheitslehrer zu sein, möchte wohl etwas mehr, als einen Schüler bedeuten, der noch immer nicht weit genug gekommen ist, um sich selbst, vielweniger um andere, mit sicherer Erwartung eines so hohen Zwecks, zu leiten; es würde einen Meister in Kenntnis der Weisheit bedeuten, welches mehr sagen will, als ein bescheidener Mann sich selber anmaßen wird, und Philosophie würde, so wie die Weisheit, selbst noch immer ein Ideal bleiben, welches objektiv in der Vernunft allein vollständig vorgestellt wird, subjektiv aber, für die Person, nur das Ziel seiner unaufhörlichen Bestrebung ist, und in dessen Besitz, unter dem angemaßten Namen eines Philosophen, zu sein, nur der vorzugeben berechtigt ist, der auch die unfehlbare Wirkung derselben (in Beherrschung seiner selbst, | und dem ungezweifelten Interesse, das er vorzüglich am allgemeinen Guten nimmt) an seiner Person, als Beispiele, aufstellen kann, welches die Alten auch forderten, um jenen Ehrennamen verdienen zu können.

In Ansehung der Dialektik der reinen praktischen Vernunft, im Punkte der Bestimmung des Begriffs vom höchsten Gute, (welche, wenn ihre Auflösung gelingt, eben sowohl, als die der theoretischen, die wohltätigste Wirkung erwarten läßt, dadurch daß die aufrichtig angestellten und nicht verhehlten Widersprüche der reinen praktischen Vernunft mit ihr selbst, zur vollständigen Kritik ihres eigenen Vermögens nötigen,) haben wir nur noch eine Erinnerung voranzuschicken.

Das moralische Gesetz ist der alleinige Bestimmungsgrund des reinen Willens. Da dieses aber bloß formal ist, (nämlich, allein die Form der Maxime, als allgemein gesetzgebend, fordert,) so abstrahiert es, als Bestimmungsgrund, von aller Materie, mithin von allem Objekte, des Wollens. Mithin mag das höchste Gut immer der ganze Gegenstand einer reinen praktischen Vernunft, d. i. eines reinen Willens sein, so ist es darum doch nicht für den Bestimmungsgrund desselben zu halten, und das moralische Gesetz muß allein als der Grund angesehen werden, jenes, und dessen Bewirkung oder Beförderung, sich zum Objekte zu machen. Diese Erinnerung ist in einem so delikaten | Falle, als die Bestimmung sittlicher Prinzipien ist, wo auch die kleinste Mißdeutung Gesinnungen verfälscht, von Erheblichkeit. Denn man wird aus der Analytik ersehen haben, daß, wenn man vor dem moralischen Gesetze irgend ein Objekt, unter dem Namen eines Guten, als Bestimmungsgrund des Willens annimmt, und von ihm dann das oberste praktische Prinzip ableitet, dieses alsdann jederzeit Heteronomie herbeibringen und das moralische Prinzip verdrängen würde.

Es versteht sich aber von selbst, daß, wenn im Begriffe des höchsten Guts das moralische Gesetz, als oberste Bedingung, schon mit eingeschlossen ist, alsdann das höchste Gut nicht bloß O b j e k t, sondern auch sein Begriff, und die Vorstellung der durch unsere praktische Vernunft möglichen Existenz desselben zugleich der B e s t i m m u n g s g r u n d des reinen Willens sei; weil alsdann in der Tat das in diesem Begriffe schon eingeschlossene und mitgedachte moralische Gesetz und kein anderer Gegenstand, nach dem Prinzip der Autonomie, den Willen bestimmt. Diese Ordnung der Begriffe von der Willensbestimmung darf nicht aus den Augen gelassen werden; weil man sonst sich selbst mißversteht und sich zu widersprechen glaubt, wo doch alles in der vollkommensten Harmonie neben einander steht. |

Zweites Hauptstück

Von der Dialektik der reinen Vernunft in Bestimmung des Begriffs vom höchsten Gut

Der Begriff des Höchsten enthält schon eine Zweideutigkeit, die, wenn man darauf nicht Acht hat, unnötige Streitigkeiten veranlassen kann. Das Höchste kann das Oberste (supremum) oder auch das Vollendete (consummatum) bedeuten. Das erstere ist diejenige Bedingung, die selbst unbedingt d. i. keiner andern untergeordnet ist (originarium); das zweite, dasjenige Ganze, das kein Teil eines noch größeren Ganzen von derselben Art ist (perfectissimum). Daß Tugend (als die Würdigkeit glücklich zu sein) die oberste Bedingung alles dessen, was uns nur wünschenswert scheinen mag, mithin auch aller unserer Bewerbung um Glückseligkeit, mithin das oberste Gut sei, ist in der Analytik bewiesen worden. Darum ist sie aber noch nicht das ganze und vollendete Gut, als Gegenstand des Begehrungsvermögens vernünftiger endlicher Wesen; denn, um das zu sein, wird auch Glückseligkeit dazu erfordert, und zwar nicht bloß in den | parteiischen Augen der Person, die sich selbst zum Zwecke macht, sondern selbst im Urteile einer unparteiischen Vernunft, die jene überhaupt in der Welt als Zweck an sich betrachtet. Denn der Glückseligkeit bedürftig, ihrer auch würdig, dennoch aber derselben nicht teilhaftig zu sein, kann mit dem vollkommenen Wollen eines vernünftigen Wesens, welches zugleich alle Gewalt hätte, wenn wir uns auch nur ein solches zum Versuche denken, gar nicht zusammen bestehen. So fern nun Tugend und Glückseligkeit zusammen den Besitz des höchsten Guts in einer Person, hierbei aber auch Glückseligkeit, ganz genau in Proportion der Sittlichkeit (als Wert der Person und deren Würdigkeit glücklich zu sein) ausgeteilt, das höchste Gut einer möglichen Welt ausmachen: so bedeutet dieses das Ganze, das vollendete Gute, worin doch Tugend immer, als Bedingung, das oberste Gut ist, weil es weiter keine Bedingung über sich hat, Glückseligkeit immer etwas, was dem, der sie besitzt, zwar angenehm, aber nicht für sich allein schlechterdings und in aller Rücksicht gut ist, sondern jederzeit das moralische gesetzmäßige Verhalten als Bedingung voraussetzt.

Zwei in einem Begriffe notwendig verbundene Bestimmungen müssen als Grund und Folge verknüpft sein, und zwar entweder so, daß diese Einheit als analytisch (logische Verknüpfung) oder als synthetisch (reale Verbindung), jene nach dem Gesetze der | Identität, diese der Kausalität betrachtet wird. Die Verknüpfung der Tugend mit der Glückseligkeit kann also entweder so verstanden werden, daß die Bestrebung tugendhaft zu sein und die vernünftige Bewerbung um Glückseligkeit nicht zwei verschiedene, sondern ganz identische Handlungen wären, da denn der ersteren keine andere Maxime, als zu der letztern zum Grunde gelegt zu werden brauchte: oder jene Verknüpfung wird darauf ausgesetzt, daß Tugend die Glückseligkeit als etwas von dem Bewußtsein der ersteren Unterschiedenes, wie die Ursache eine Wirkung, hervorbringe.

Von den alten griechischen Schulen waren eigentlich nur zwei, die in Bestimmung des Begriffs vom höchsten Gute so fern zwar einerlei Methode befolgten, daß sie Tugend und Glückseligkeit nicht als zwei verschiedene Elemente des höchsten Guts gelten ließen, mithin die Einheit des Prinzips nach der Regel der Identität suchten; aber darin schieden sie sich wiederum, daß sie unter beiden den Grundbegriff verschiedentlich wählten. Der E p i k u r e e r sagte: sich seiner auf Glückseligkeit führenden Maxime bewußt sein, das ist Tugend; der S t o i k e r : sich seiner Tugend bewußt sein, ist Glückseligkeit. Dem erstern war K l u g h e i t so viel als Sittlichkeit; dem zweiten, der eine höhere Benennung für die Tugend wählete, war S i t t l i c h k e i t allein wahre Weisheit. |

Man muß bedauern, daß die Scharfsinnigkeit dieser Männer (die man doch zugleich darüber bewundern muß, daß sie in so frühen Zeiten schon alle erdenklichen Wege philosophischer Eroberungen versuchten) unglücklich angewandt war, zwischen äußerst ungleichartigen Begriffen, dem der Glückseligkeit und dem der Tugend, Identität zu ergrübeln. Allein es war dem dialektischen Geiste ihrer Zeiten angemessen, was auch jetzt bisweilen subtile Köpfe verleitet, wesentliche und nie zu vereinigende Unterschiede in Prinzipien dadurch aufzuheben, daß man sie in Wortstreit zu verwandeln sucht, und so, dem Scheine nach, Einheit des Begriffs bloß unter verschiedenen Benennungen erkünstelt, und dieses trifft gemeiniglich solche Fälle, wo die Vereinigung ungleichartiger Gründe so tief oder hoch liegt, oder eine so gänzliche Umänderung der sonst im philosophischen System angenommenen Lehren erfordern würde, daß man Scheu trägt sich in den realen Unterschied tief einzulassen, und ihn lieber als Uneinigkeit in bloßen Formalien behandelt.

Indem beide Schulen Einerleiheit der praktischen Prinzipien der Tugend und Glückseligkeit zu ergrübeln suchten, so waren sie darum nicht unter sich einhellig, wie sie diese Identität herauszwingen wollten, sondern schieden sich in unendliche Weiten von einander, indem die eine ihr Prinzip auf der ästhetischen, die andere auf der logischen Seite, jene im Bewußtsein des sinn|lichen Bedürfnisses, die andere in der Unabhängigkeit der praktischen Vernunft von allen sinnlichen Bestimmungsgründen setzte. Der Begriff der Tugend lag, nach dem Epikureer, schon in der Maxime seine eigene Glückseligkeit zu befördern; das Gefühl der Glückseligkeit war dagegen nach dem Stoiker schon im Bewußtsein seiner Tugend enthalten. Was aber in einem andern Begriffe enthalten ist, ist zwar mit einem Teile des Enthaltenden, aber nicht mit dem Ganzen einerlei und zwei Ganze können überdem spezifisch von einander unterschieden sein, ob sie zwar aus eben demselben Stoffe bestehen, wenn nämlich die Teile in beiden auf ganz verschiedene Art zu einem Ganzen verbunden werden. Der Stoiker behauptete, Tugend sei das ganze höchste Gut, und Glückseligkeit nur das Bewußtsein des Besitzes derselben, als zum Zustand des Subjekts gehörig. Der Epikureer behauptete, Glückseligkeit sei das ganze höchste Gut, und Tugend nur die Form der Maxime sich um sie zu bewerben, nämlich im vernünftigen Gebrauche der Mittel zu derselben.

Nun ist aber aus der Analytik klar, daß die Maximen der Tugend und die der eigenen Glückseligkeit in Ansehung ihres obersten praktischen Prinzips ganz ungleichartig sind, und, weit gefehlt, einhellig zu sein, ob sie gleich zu einem höchsten Guten gehören, um das letztere möglich zu machen, einander in demselben Subjekte gar sehr einschränken und Abbruch tun. Also | bleibt die Frage: wie ist das höchste Gut praktisch möglich, noch immer, unerachtet aller bisherigen Koalitionsversuche, eine unaufgelösete Aufgabe. Das aber, was sie zu einer schwer zu lösenden Aufgabe macht, ist in der Analytik gegeben, nämlich daß Glückseligkeit und Sittlichkeit zwei spezifisch ganz verschiedene Elemente des höchsten Guts sind, und ihre Verbindung also nicht analytisch erkannt werden könne, (daß etwa der, so seine Glückseligkeit sucht, in diesem seinem Verhalten sich durch bloße Auflösung seiner Begriffe tugendhaft, oder der, so der Tugend folgt, sich im Bewußtsein eines solchen Verhaltens schon ipso facto glücklich finden werde,) sondern eine Synthesis der Begriffe sei. Weil aber diese Verbindung als a priori, mithin praktisch notwendig, folglich nicht als aus der Erfahrung abgeleitet, erkannt wird, und die Möglichkeit des höchsten Guts also auf keinen empirischen Prinzipien beruht, so wird die Deduktion dieses Begriffs transzendental sein müssen. Es ist a priori (moralisch) notwendig, das höchste Gut durch Freiheit des Willens hervorzubringen; es muß also auch die Bedingung der Möglichkeit desselben lediglich auf Erkenntnisgründen a priori beruhen. |

I

Die Antinomie der praktischen Vernunft

In dem höchsten für uns praktischen, d. i. durch unsern Willen wirklich zu machenden, Gute, werden Tugend und Glückseligkeit als notwendig verbunden gedacht, so, daß das eine durch reine praktische Vernunft nicht angenommen werden kann, ohne daß das andere auch zu ihm gehöre. Nun ist diese Verbindung (wie eine jede überhaupt) entweder analytisch, oder synthetisch. Da diese gegebene aber nicht analytisch sein kann, wie nur eben vorher gezeigt worden, so muß sie synthetisch, und zwar als Verknüpfung der Ursache mit der Wirkung gedacht werden; weil sie ein praktisches Gut, d. i. was durch Handlung möglich ist, betrifft. Es muß also entweder die Begierde nach Glückseligkeit die Bewegursache zu Maximen der Tugend, oder die Maxime der Tugend muß die wirkende Ursache der Glückseligkeit sein. Das erste ist schlechterdings unmöglich; weil (wie in der Analytik bewiesen worden) Maximen, die den Bestimmungsgrund des Willens in dem Verlangen nach seiner Glückseligkeit setzen, gar nicht moralisch sind, und keine Tugend gründen können. Das zweite ist aber auch unmöglich, weil alle praktische Verknüpfung der Ursachen und der Wirkungen in der Welt, als Erfolg der Wil|lensbestimmung sich nicht nach moralischen Gesinnungen des Willens, sondern der Kenntnis der Naturgesetze und dem physischen Vermögen, sie zu seinen Absichten zu gebrauchen, richtet, folglich keine notwendige und zum höchsten Gut zureichende Verknüpfung der Glückseligkeit mit der Tugend in der Welt, durch die pünktlichste Beobachtung der moralischen Gesetze, erwartet werden kann. Da nun die Beförderung des höchsten Guts, welches diese Verknüpfung in seinem Begriffe enthält, ein a priori notwendiges Objekt unseres Willens ist, und mit dem moralischen Gesetze unzertrennlich zusammenhängt, so muß die Unmöglichkeit des ersteren auch die Falschheit des zweiten beweisen. Ist also das höchste Gut nach praktischen Regeln unmöglich, so muß auch das moralische Gesetz, welches gebietet dasselbe zu befördern, phantastisch und auf leere eingebildete Zwecke gestellt, mithin an sich falsch sein.

II

Kritische Aufhebung der Antinomie der praktischen Vernunft

In der Antinomie der reinen spekulativen Vernunft findet sich ein ähnlicher Widerstreit zwischen Naturnotwendigkeit und Freiheit, in der Kausalität der Begebenheiten in der Welt. Er wurde dadurch gehoben, daß bewiesen wurde, es sei kein wahrer Widerstreit, | wenn man die Begebenheiten, und selbst die Welt, darin sie sich ereignen, (wie man auch soll) nur als Erscheinungen betrachtet; da ein und dasselbe handelnde Wesen, als Erscheinung (selbst vor seinem eignen innern Sinne) eine Kausalität in der Sinnenwelt hat, die jederzeit dem Naturmechanismus gemäß ist, in Ansehung derselben Begebenheit aber, so fern sich die handelnde Person zugleich als Noumenon betrachtet (als reine Intelligenz, in seinem nicht der Zeit nach bestimmbaren Dasein), einen Bestimmungsgrund jener Kausalität nach Naturgesetzen, der selbst von allem Naturgesetze frei ist, enthalten könne.

Mit der vorliegenden Antinomie der reinen praktischen Vernunft ist es nun eben so bewandt. Der erste von den zwei Sätzen, daß das Bestreben nach Glückseligkeit einen Grund tugendhafter Gesinnung hervorbringe, ist schlechterdings falsch; der zweite aber, daß Tugendgesinnung notwendig Glückseligkeit hervorbringe, ist nicht schlechterdings, sondern nur so fern sie als die Form der Kausalität in der Sinnenwelt betrachtet wird, und, mithin, wenn ich das Dasein in derselben für die einzige Art der Existenz des vernünftigen Wesens annehme, also nur bedingter Weise falsch. Da ich aber nicht allein befugt bin, mein Dasein auch als

Noumenon in einer Verstandeswelt zu denken, sondern sogar am moralischen Gesetze einen rein intellektuellen Bestimmungsgrund meiner Kausalität (in der Sinnen|welt) habe, so ist es nicht unmöglich, daß die Sittlichkeit der Gesinnung einen, wo nicht unmittelbaren, doch mittelbaren (vermittelst eines intelligibelen Urhebers der Natur) und zwar notwendigen Zusammenhang, als Ursache, mit der Glückseligkeit, als Wirkung in der Sinnenwelt habe, welche Verbindung in einer Natur, die bloß Objekt der Sinne ist, niemals anders als zufällig stattfinden, und zum höchsten Gute nicht zulangen kann.

Also ist, unerachtet dieses scheinbaren Widerstreits einer praktischen Vernunft mit sich selbst, das höchste Gut der notwendige höchste Zweck eines moralisch bestimmten Willens, ein wahres Objekt derselben; denn es ist praktisch möglich, und die Maximen des letzteren, die sich darauf ihrer Materie nach beziehen, haben objektive Realität, welche anfänglich durch jene Antinomie in Verbindung der Sittlichkeit mit Glückseligkeit nach einem allgemeinen Gesetze getroffen wurde, aber aus bloßem Mißverstande, weil man das Verhältnis zwischen Erscheinungen für ein Verhältnis der Dinge an sich selbst zu diesen Erscheinungen hielt[2].

Wenn wir uns genötigt sehen, die Möglichkeit des höchsten Guts, dieses durch die Vernunft allen vernünftigen Wesen ausgesteckten Ziels aller ihrer moralischen Wünsche, in solcher Weite, nämlich in der Verknüpfung mit einer intelligibelen Welt, zu suchen, so | muß es befremden, daß gleichwohl die Philosophen, alter so wohl, als neuer Zeiten, die Glückseligkeit mit der Tugend in ganz geziemender Proportion schon *in diesem Leben* (in der Sinnenwelt) haben finden,

[2] 1. Aufl.: hielte; Akad.Ausg.: hielt

oder sich ihrer bewußt zu sein haben überreden können. Denn Epikur sowohl, als die Stoiker, erhoben die Glückseligkeit, die aus dem Bewußtsein der Tugend im Leben entspringe, über alles, und der erstere war in seinen praktischen Vorschriften nicht so niedrig gesinnt, als man aus den Prinzipien seiner Theorie, die er zum Erklären, nicht zum Handeln brauchte, schließen möchte, oder, wie sie viele, durch den Ausdruck Wollust, für Zufriedenheit, verleitet, ausdeuteten, sondern rechnete die uneigennützigste Ausübung des Guten mit zu den Genußarten der innigsten Freude, und die Genügsamkeit und Bändigung der Neigungen, so wie sie immer der strengste Moralphilosoph fordern mag, gehörte mit zu seinem Plane eines Vergnügens (er verstand darunter das stets fröhliche Herz); wobei er von den Stoikern vornehmlich nur darin abwich, daß er in diesem Vergnügen den Bewegungsgrund setzte, welches die letztern, und zwar mit Recht, verweigerten. Denn einesteils fiel der tugendhafte Epikur, so wie noch jetzt viele moralisch wohlgesinnte, obgleich über ihre Prinzipien nicht tief genug nachdenkende Männer, in den Fehler, die tugendhafte Gesinnung in den Personen schon vorauszusetzen, für die er die Triebfeder zur Tugend zuerst an|geben wollte (und in der Tat kann der Rechtschaffene sich nicht glücklich finden, wenn er sich nicht zuvor seiner Rechtschaffenheit bewußt ist; weil, bei jener Gesinnung, die Verweise, die er bei Übertretungen sich selbst zu machen durch seine eigene Denkungsart genötigt sein würde, und die moralische Selbstverdammung ihn alles Genusses der Annehmlichkeit, die sonst sein Zustand enthalten mag, berauben würden). Allein die Frage ist: wodurch wird eine solche Gesinnung und Denkungsart, den Wert seines Daseins zu schätzen, zuerst möglich; da vor derselben noch gar kein Gefühl für einen moralischen Wert überhaupt im Subjekte angetroffen werden würde. Der Mensch wird, wenn er tugendhaft ist, freilich, ohne sich in jeder Handlung seiner Rechtschaffenheit bewußt zu sein, des Lebens nicht froh werden, so günstig ihm auch das Glück im physischen Zustande desselben sein mag; aber um ihn allererst tugendhaft zu machen, mithin ehe er noch den moralischen Wert seiner Existenz so hoch anschlägt, kann man ihm da wohl die Seelenruhe anpreisen, die aus dem Bewußtsein einer Rechtschaffenheit entspringen werde, für die er doch keinen Sinn hat?

Andrerseits aber liegt hier immer der Grund zu einem Fehler des Erschleichens (vitium subreptionis) und gleichsam einer optischen Illusion in dem Selbstbewußtsein dessen, was man t u t, zum Unterschiede dessen was man e m p f i n d e t, die auch der Versuchteste nicht völ|lig vermeiden kann. Die moralische Gesinnung ist mit einem Bewußtsein der Bestimmung des Willens u n m i t t e l b a r d u r c h s G e s e t z notwendig verbunden. Nun ist das Bewußtsein einer Bestimmung des Begehrungsvermögens immer der Grund eines Wohlgefallens an der Handlung, die dadurch hervorgebracht wird; aber diese Lust, dieses Wohlgefallen an sich selbst, ist nicht der Bestimmungsgrund der Handlung, sondern die Bestimmung des Willens unmittelbar, bloß durch die Vernunft, ist der Grund des Gefühls der Lust, und jene bleibt eine reine praktische nicht ästhetische Bestimmung des Begehrungsvermögens. Da diese Bestimmung nun innerlich gerade dieselbe Wirkung eines Antriebs zur Tätigkeit tut, als ein Gefühl der Annehmlichkeit, die aus der begehrten Handlung erwartet wird, würde getan haben, so sehen wir das, was wir selbst tun, leichtlich für etwas an, was wir bloß leidentlich fühlen, und nehmen die moralische Triebfeder für sinnlichen Antrieb, wie das allemal in der sogenannten Täuschung der Sinne (hier des innern) zu geschehen pflegt. Es ist etwas sehr Erhabenes in der menschlichen Natur, unmittelbar durch ein reines Vernunftgesetz zu Handlungen bestimmt zu werden, und sogar die Täuschung, das Subjektive dieser intellektuellen Bestimmbarkeit des Willens für etwas Ästhetisches und Wirkung eines besondern sinnlichen Gefühls (denn ein intellektuelles wäre ein Widerspruch) zu halten. Es ist auch von großer Wichtigkeit, auf | diese Eigenschaft unserer Persönlichkeit aufmerksam zu machen, und die Wirkung der Vernunft auf dieses Gefühl bestmöglichst zu kultivieren. Aber man muß sich auch in Acht nehmen, durch unechte Hochpreisungen dieses moralischen Bestimmungsgrundes, als Triebfeder, indem man ihm Gefühle besonderer Freuden, als Gründe (die doch nur Folgen sind) unterlegt, die eigentliche echte Triebfeder, das Gesetz selbst, gleichsam wie durch eine falsche Folie, herabzusetzen und zu verunstalten. Achtung und nicht Vergnügen, oder Genuß der Glückseligkeit, ist also etwas, wofür kein der Vernunft zum Grunde gelegtes, vorhergehendes Gefühl (weil dieses jederzeit ästhetisch und pathologisch sein würde) möglich ist, als Bewußtsein der unmittelbaren Nötigung des Willens durchs[3] Gesetz, ist kaum ein Analogon des Gefühls der Lust, indem es im Verhältnisse zum Begehrungsvermögen gerade eben dasselbe, aber aus andern Quellen, tut; durch diese Vorstellungsart aber kann man allein erreichen, was man sucht, nämlich daß Handlungen nicht bloß pflichtmäßig (angenehmen Gefühlen zu Folge), sondern aus Pflicht geschehen, welches der wahre Zweck aller moralischen Bildung sein muß.

---

[3] 1. Aufl. u. Akad.Ausg.: durch; Vorländer: durchs

Hat man aber nicht ein Wort, welches nicht einen Genuß, wie das der Glückseligkeit, bezeichnete, aber doch ein Wohlgefallen an seiner Existenz, ein Analogon der Glückseligkeit, welches[4] das Bewußtsein der Tugend | notwendig begleiten muß, anzeigete? Ja! dieses Wort ist *Selbstzufriedenheit*, welches in seiner eigentlichen Bedeutung jederzeit nur ein negatives Wohlgefallen an seiner Existenz andeutet, in welchem man nichts zu bedürfen sich bewußt ist. Freiheit und das Bewußtsein derselben, als eines Vermögens, mit überwiegender Gesinnung das moralische Gesetz zu befolgen, ist *Unabhängigkeit von Neigungen*, wenigstens als bestimmenden (wenn gleich nicht als *affizierenden*) Bewegursachen unseres Begehrens, und, so fern, als ich mir derselben in der Befolgung meiner moralischen Maximen bewußt bin, der einzige Quell einer notwendig damit verbundenen, auf keinem besonderen Gefühle beruhenden, unveränderlichen Zufriedenheit, und diese kann intellektuell heißen. Die ästhetische (die uneigentlich so genannt wird), welche auf der Befriedigung der Neigungen, so fein sie auch immer ausgeklügelt werden mögen, beruht, kann niemals dem, was man sich darüber denkt, adäquat sein. Denn die Neigungen wechseln, wachsen mit der Begünstigung, die man ihnen widerfahren läßt, und lassen immer ein noch größeres Leeres übrig, als man auszufüllen gedacht hat. Daher sind sie einem vernünftigen Wesen jederzeit *lästig*, und wenn es sie gleich nicht abzulegen vermag, so nötigen sie ihm doch den Wunsch ab, ihrer entledigt zu sein. Selbst eine Neigung zum Pflichtmäßigen (z. B. zur Wohltätigkeit) kann zwar die Wirksamkeit der *moralischen* Ma|ximen

[4] 1. Aufl. u. Akad.Ausg.: welche

sehr erleichtern, aber keine hervorbringen. Denn alles muß in dieser auf der Vorstellung des Gesetzes, als Bestimmungsgrunde, angelegt sein, wenn die Handlung nicht bloß Legalität, sondern auch Moralität enthalten soll. Neigung ist blind und knechtisch, sie mag nun gutartig sein oder nicht, und die Vernunft, wo es auf Sittlichkeit ankommt, muß nicht bloß den Vormund derselben vorstellen, sondern, ohne auf sie Rücksicht zu nehmen, als reine praktische Vernunft ihr eigenes Interesse ganz allein besorgen. Selbst dies Gefühl des Mitleids und der weichherzigen Teilnehmung, wenn es vor der Überlegung, was Pflicht sei, vorhergeht und Bestimmungsgrund wird, ist wohldenkenden Personen selbst lästig, bringt ihre überlegten Maximen in Verwirrung, und bewirkt den Wunsch, ihrer entledigt und allein der gesetzgebenden Vernunft unterworfen zu sein.

Hieraus läßt sich verstehen: wie das Bewußtsein dieses Vermögens einer reinen praktischen Vernunft durch Tat (die Tugend) ein Bewußtsein der Obermacht über seine Neigungen, hiermit also der Unabhängigkeit von denselben, folglich auch der Unzufriedenheit, die diese immer begleitet, und also ein negatives Wohlgefallen mit seinem Zustande, d. i. Zufriedenheit, hervorbringen könne, welche in ihrer Quelle Zufriedenheit mit seiner Person ist. Die Freiheit selbst wird auf solche Weise (nämlich indirekt) eines Genusses fähig, | welcher nicht Glückseligkeit heißen kann, weil er nicht vom positiven Beitritt eines Gefühls abhängt, auch genau zu reden nicht Seligkeit, weil er nicht gänzliche Unabhängigkeit von Neigungen und Bedürfnissen enthält, der aber doch der letztern ähnlich ist, so fern nämlich wenigstens seine Willensbestimmung sich von ihrem Einflusse frei halten kann, und also, wenigstens seinem Ursprunge nach, der

Selbstgenugsamkeit analogisch ist, die man nur dem höchsten Wesen beilegen kann.

Aus dieser Auflösung der Antinomie der praktischen reinen Vernunft folgt, daß sich in praktischen Grundsätzen eine natürliche und notwendige Verbindung zwischen dem Bewußtsein der Sittlichkeit, und der Erwartung einer ihr proportionierten Glückseligkeit, als Folge derselben, wenigstens als möglich denken (darum aber freilich noch eben nicht erkennen und einsehen) lasse: dagegen, daß Grundsätze der Bewerbung um Glückseligkeit unmöglich Sittlichkeit hervorbringen können: daß also das o b e r s t e Gut (als die erste Bedingung des höchsten Guts) Sittlichkeit, Glückseligkeit dagegen zwar das zweite Element desselben ausmache, doch so, daß diese nur die moralisch-bedingte, aber doch notwendige Folge der ersteren sei. In dieser Unterordnung allein ist das h ö c h s t e G u t das ganze Objekt der reinen praktischen Vernunft, die es sich notwendig als möglich vorstellen muß, weil es ein Gebot derselben ist, zu dessen Hervorbringung alles Mögliche | beizutragen. Weil aber die Möglichkeit einer solchen Verbindung des Bedingten mit seiner Bedingung gänzlich zum übersinnlichen Verhältnisse der Dinge gehört, und nach Gesetzen der Sinnenwelt gar nicht gegeben werden kann, obzwar die praktische Folge dieser Idee, nämlich die Handlungen, die darauf abzielen, das höchste Gut wirklichzumachen, zur Sinnenwelt gehören; so werden wir die Gründe jener Möglichkeit erstlich in Ansehung dessen, was unmittelbar in unserer Gewalt ist, und dann zweitens in dem, was uns Vernunft, als Ergänzung unseres Unvermögens, zur Möglichkeit des höchsten Guts (nach praktischen Prinzipien notwendig) darbietet und nicht in unserer Gewalt ist, darzustellen suchen.

III

Von dem Primat der reinen praktischen Vernunft in ihrer Verbinbindung mit der spekulativen

Unter dem Primate zwischen zwei oder mehreren durch Vernunft verbundenen Dingen verstehe ich den Vorzug des einen, der erste Bestimmungsgrund der Verbindung mit allen übrigen zu sein. In engerer, praktischer Bedeutung bedeutet es den Vorzug des Interesses des einen, so fern ihm (welches keinem andern nachgesetzt werden kann) das Interesse der andern un|tergeordnet ist. Einem jeden Vermögen des Gemüts kann man ein *Interesse* beilegen, d. i. ein Prinzip, welches die Bedingung enthält, unter welcher allein die Ausübung desselben befördert wird. Die Vernunft, als das Vermögen der Prinzipien, bestimmt das Interesse aller Gemütskräfte, das ihrige aber sich selbst. Das Interesse ihres spekulativen Gebrauchs besteht in der *Erkenntnis* des Objekts bis zu den höchsten Prinzipien a priori, das des praktischen Gebrauchs in der Bestimmung des *Willens*, in Ansehung des letzten und vollständigen Zwecks. Das, was zur Möglichkeit eines Vernunftgebrauchs überhaupt erforderlich ist, nämlich daß die Prinzipien und Behauptungen derselben einander nicht widersprechen müssen, macht keinen Teil ihres Interesses aus, sondern ist die Bedingung überhaupt Vernunft zu haben; nur die Erweiterung, nicht die bloße Zusammenstimmung mit sich selbst, wird zum Interesse derselben gezählt.

Wenn praktische Vernunft nichts weiter annehmen und als gegeben denken darf, als was *spekulative* Vernunft für sich, ihr aus ihrer Einsicht darreichen konnte, so führt diese das Primat. Gesetzt aber, sie hätte für sich ursprüngliche Prinzipien a priori mit denen gewisse theoretische Positionen unzertrennlich verbunden wären, die sich gleichwohl aller möglichen Einsicht der spekulativen Vernunft entzögen, (ob sie zwar derselben auch nicht widersprechen müßten) so ist die Frage, welches | Interesse das oberste sei, (nicht, welches weichen müßte, denn eines widerstreitet dem andern nicht notwendig); ob spekulative Vernunft, die nicht[5] von allem dem weiß, was praktische ihr anzunehmen darbietet, diese Sätze aufnehmen, und sie, ob sie gleich für sie überschwenglich sind, mit ihren Begriffen, als einen fremden auf sie übertragenen Besitz, zu vereinigen suchen müsse, oder ob sie berechtigt sei, ihrem eigenen abgesonderten Interesse hartnäckig zu folgen, und, nach der Kanonik des Epikur, alles als leere Vernünftelei auszuschlagen, was seine objektive Realität nicht durch augenscheinliche in der Erfahrung aufzustellende Beispiele beglaubigen kann, wenn es gleich noch so sehr mit dem Interesse des praktischen (reinen) Gebrauchs verwebt, an sich auch der theoretischen nicht widersprechend wäre, bloß weil es wirklich so fern dem Interesse der spekulativen Vernunft Abbruch tut, daß es die Grenzen, die diese sich selbst gesetzt, aufhebt, und sie allem Unsinn oder Wahnsinn der Einbildungskraft preisgibt.

In der Tat, so fern praktische Vernunft als pathologisch bedingt, d. i. das Interesse der Neigungen unter dem sinnlichen Prinzip der Glückseligkeit bloß verwaltend, zum Grunde gelegt würde, so ließe sich diese Zumutung an die spekulative Vernunft gar nicht tun. Mahomets Paradies, oder der Theosophen und Mystiker schmelzende Vereinigung

[5] 2. Aufl. u. Akad.Ausg.: nichts

mit der Gottheit, so wie jedem sein Sinn steht, würden der Vernunft ihre | Ungeheuer aufdringen, und es wäre eben so gut, gar keine zu haben, als sie auf solche Weise allen Träumereien preiszugeben. Allein wenn reine Vernunft für sich praktisch sein kann und es wirklich ist, wie das Bewußtsein des moralischen Gesetzes es ausweiset, so ist es doch immer nur eine und dieselbe Vernunft, die, es sei in theoretischer oder praktischer Absicht, nach Prinzipien a priori urteilt, und da ist es klar, daß, wenn ihr Vermögen in der ersteren gleich nicht zulangt, gewisse Sätze behauptend festzusetzen, indessen daß sie ihr auch eben nicht widersprechen, sie[6] eben diese Sätze, so bald sie unabtrennlich zum praktischen Interesse der reinen Vernunft gehören, zwar als ein ihr fremdes Angebot, das nicht auf ihrem Boden erwachsen, aber doch hinreichend beglaubigt ist, annehmen, und sie, mit allem was sie als spekulative Vernunft in ihrer Macht hat, zu vergleichen und zu verknüpfen suchen müsse; doch sich bescheidend, daß dieses nicht ihre Einsichten, aber doch Erweiterungen ihres Gebrauchs in irgend einer anderen, nämlich praktischen, Absicht sind, welches ihrem Interesse, das in der Einschränkung des spekulativen Frevels besteht, ganz und gar nicht zuwider ist.

In der Verbindung also der reinen spekulativen mit der reinen praktischen Vernunft zu einem Erkenntnisse führt die letztere das Primat, vorausgesetzt nämlich, daß diese Verbindung nicht etwa zufällig und be|liebig, sondern a priori auf der Vernunft selbst gegründet, mithin notwendig sei. Denn es würde ohne diese Unterordnung ein Widerstreit der Ver-

[6] „sie“ fehlt in der 1. Aufl. — Die Akad.Ausg. übernimmt den Text der 1. Aufl. und merkt an, daß „sie“ sowohl hinter „klar, daß“ wie hinter „widersprechen,“ gesetzt werden kann

nunft mit ihr selbst entstehen; weil, wenn sie einander bloß beigeordnet (koordiniert) wären, die erstere für sich ihre Grenze enge verschließen und nichts von der letzteren in ihr Gebiet aufnehmen, diese aber ihre Grenzen dennoch über alles ausdehnen, und, wo es ihr Bedürfnis erheischt, jene innerhalb der ihrigen mit zu befassen suchen würde. Der spekulativen Vernunft aber untergeordnet zu sein, und also die Ordnung umzukehren, kann man der reinen praktischen gar nicht zumuten, weil alles Interesse zuletzt praktisch ist, und selbst das der spekulativen Vernunft nur bedingt und im praktischen Gebrauche allein vollständig ist.

IV

Die Unsterblichkeit der Seele, als ein Postulat der reinen praktischen Vernunft

Die Bewirkung des höchsten Guts in der Welt ist das notwendige Objekt eines durchs moralische Gesetz bestimmbaren Willens. In diesem aber ist die völlige Angemessenheit der Gesinnungen zum moralischen Gesetze die oberste Bedingung des höchsten Guts. Sie muß also eben sowohl möglich sein, als ihr Objekt, weil | sie in demselben Gebote dieses zu befördern enthalten ist. Die völlige Angemessenheit des Willens aber zum moralischen Gesetze ist Heiligkeit, eine Vollkommenheit, deren kein vernünftiges Wesen der Sinnenwelt, in keinem Zeitpunkte seines Daseins, fähig ist. Da sie indessen gleichwohl als praktisch notwendig gefordert wird, so kann sie nur in einem ins Unendliche gehenden Progressus zu jener völligen Angemessenheit angetroffen werden, und es ist, nach Prinzipien der reinen praktischen Vernunft, notwendig, eine solche praktische Fortschreitung als das reale Objekt unseres Willens anzunehmen.

Dieser unendliche Progressus ist aber nur unter Voraussetzung einer ins *Unendliche* fortdauernden *Existenz* und Persönlichkeit desselben vernünftigen Wesens (welche man die Unsterblichkeit der Seele nennt,) möglich. Also ist das höchste Gut, praktisch, nur unter der Voraussetzung der Unsterblichkeit der Seele möglich; mithin diese, als unzertrennlich mit dem moralischen Gesetz verbunden, ein **Postulat** der reinen praktischen Vernunft (worunter ich einen *theoretischen*, als solchen aber nicht erweislichen Satz verstehe, so fern er einem a priori unbedingt geltenden *praktischen* Gesetze unzertrennlich anhängt).

Der Satz von der moralischen Bestimmung unserer Natur, nur allein in einem ins Unendliche gehenden Fortschritte zur völligen Angemessenheit mit dem | Sittengesetze gelangen zu können, ist von dem größten Nutzen, nicht bloß in Rücksicht auf die gegenwärtige Ergänzung des Unvermögens der spekulativen Vernunft, sondern auch in Ansehung der Religion. In Ermangelung desselben wird entweder das moralische Gesetz von seiner *Heiligkeit* gänzlich abgewürdigt, indem man es sich als *nachsichtig*, (indulgent) und so unserer Behaglichkeit angemessen, verkünstelt, oder auch seinen Beruf und zugleich Erwartung zu einer unerreichbaren Bestimmung, nämlich einem verhofften völligen Erwerb der Heiligkeit des Willens, spannt, und sich in schwärmende, dem Selbsterkenntnis ganz widersprechende *theosophische* Träume verliert, durch welches beides das unaufhörliche *Streben* zur pünktlichen und durchgängigen Befolgung eines strengen unnachsichtlichen, dennoch aber nicht idealischen, sondern wahren Vernunftgebots, nur verhindert wird. Einem vernünftigen, aber endlichen Wesen ist nur der Progressus ins Unendliche, von niederen zu den höheren Stufen der moralischen Vollkommenheit, möglich. Der Unendliche, dem die Zeitbedingung Nichts ist, sieht, in dieser für uns endlosen Reihe, das Ganze der Angemessenheit mit dem moralischen Gesetze, und die Heiligkeit, die sein Gebot unnachlaßlich fordert, um seiner Gerechtigkeit in dem Anteil, den er jedem am höchsten Gute bestimmt, gemäß zu sein, ist in einer einzigen intellektuellen Anschauung des Daseins vernünftiger Wesen | ganz anzutreffen. Was dem Geschöpfe allein in Ansehung der Hoffnung dieses Anteils zukommen kann, wäre das Bewußtsein seiner erprüften Gesinnung, um aus seinem bisherigen Fortschritte vom Schlechteren zum Moralischbesseren und dem dadurch ihm bekannt gewordenen unwandelbaren Vorsatze eine fernere ununterbrochene Fortsetzung desselben, wie weit seine Existenz auch immer reichen mag, selbst über dieses Leben hinaus zu hoffen,* und so, zwar niemals hier, oder | in irgend einem

* Die Überzeugung von der Unwandelbarkeit seiner Gesinnung im Fortschritte zum Guten, scheint gleichwohl auch einem Geschöpfe für sich unmöglich zu sein. Um deswillen läßt die christliche Religionslehre sie auch von demselben Geiste, der die Heiligung, d. i. diesen festen Vorsatz und mit ihm das Bewußtsein der Beharrlichkeit im moralischen Progressus, wirkt, allein abstammen. Aber auch natürlicher Weise darf derjenige, der sich bewußt ist, einen langen Teil seines Lebens bis zu Ende desselben, im Fortschritte zum Bessern, und zwar aus echten moralischen Bewegungsgründen, angehalten zu haben, sich wohl die tröstende Hoffnung, wenn gleich nicht Gewißheit, machen, daß er, auch in einer über dieses Leben hinaus fortgesetzten Existenz, bei diesen Grundsätzen beharren werde, und, wiewohl er in seinen eigenen Augen hier nie gerechtfertigt ist, noch, bei dem verhofften künftigen Anwachs seiner Naturvollkommenheit, mit ihr aber auch seiner Pflichten, es jemals hoffen darf, dennoch in

absehlichen künftigen Zeitpunkte seines Daseins, sondern nur in der (Gott allein übersehbaren) Unendlichkeit seiner Fortdauer dem Willen desselben (ohne Nachsicht oder Erlassung, welche sich mit der Gerechtigkeit nicht zusammenreimt) völlig adäquat zu sein.

V
Das Dasein Gottes, als ein Postulat der reinen praktischen Vernunft

Das moralische Gesetz führete in der vorhergehenden Zergliederung zur praktischen Aufgabe, welche, ohne allen Beitritt sinnlicher Triebfedern, bloß durch reine Vernunft vorgeschrieben wird, nämlich der notwendigen Vollständigkeit des ersten und vornehmsten Teils des höchsten Guts, der **Sittlichkeit**, und, da diese nur in einer Ewigkeit völlig aufgelöset werden kann, zum Postulat der Unsterblichkeit. Eben dieses Gesetz muß auch zur Möglichkeit des zweiten Elements des höchsten Guts, nämlich der jener Sittlichkeit angemessenen **Glückseligkeit**, eben so uneigennützig, | wie vorher, aus bloßer unparteiischer Vernunft, nämlich auf die Voraussetzung des Daseins einer dieser Wirkung adäquaten Ursache führen, d. i.

diesem Fortschritte, der, ob er zwar ein ins Unendliche hinausgerücktes Ziel betrifft, dennoch für Gott als Besitz gilt, eine Aussicht in eine selige Zukunft haben; denn dieses ist der Ausdruck, dessen sich die Vernunft bedient, um ein von allen zufälligen Ursachen der Welt unabhängiges vollständiges Wohl zu bezeichnen, welches eben so, | wie Heiligkeit eine Idee ist, welche nur in einem unendlichen Progressus und dessen Totalität enthalten sein kann, mithin vom Geschöpfe niemals völlig erreicht wird.

die Existenz Gottes, als zur Möglichkeit des höchsten Guts (welches Objekt unseres Willens mit der moralischen Gesetzgebung der reinen Vernunft notwendig verbunden ist) notwendig gehörig, postulieren. Wir wollen diesen Zusammenhang überzeugend darstellen.

Glückseligkeit ist der Zustand eines vernünftigen Wesens in der Welt, dem es, im Ganzen seiner Existenz, alles nach Wunsch und Willen geht, und beruhet also auf der Übereinstimmung der Natur zu seinem ganzen Zwecke, imgleichen zum wesentlichen Bestimmungsgrunde seines Willens. Nun gebietet das moralische Gesetz, als ein Gesetz der Freiheit, durch Bestimmungsgründe, die von der Natur und der Übereinstimmung derselben zu unserem Begehrungsvermögen (als Triebfedern) ganz unabhängig sein sollen; das handelnde vernünftige Wesen in der Welt aber ist doch nicht zugleich Ursache der Welt und der Natur selbst. Also ist in dem moralischen Gesetze nicht der mindeste Grund zu einem notwendigen Zusammenhang zwischen Sittlichkeit und der ihr proportionierten Glückseligkeit eines zur Welt als Teil gehörigen, und daher von ihr abhängigen, Wesens, welches eben darum durch seinen Willen nicht Ursache dieser Natur sein, und sie, was seine Glückseligkeit betrifft, mit seinen praktischen Grund|sätzen aus eigenen Kräften nicht durchgängig einstimmig machen kann. Gleichwohl wird in der praktischen Aufgabe der reinen Vernunft, d.i. der notwendigen Bearbeitung zum höchsten Gute, ein solcher Zusammenhang als notwendig postuliert: wir sollen das höchste Gut (welches also doch möglich sein muß) zu befördern suchen. Also wird auch das Dasein einer von der Natur unterschiedenen Ursache der gesamten Natur, welche den Grund dieses Zusammenhanges, nämlich der genauen Übereinstimmung der Glückseligkeit mit der Sittlichkeit, enthalte, postuliert. Diese oberste Ursache aber soll den Grund der Übereinstimmung der Natur nicht bloß mit einem Gesetze des Willens der vernünftigen Wesen, sondern mit der Vorstellung dieses Gesetzes, so fern diese es sich zum obersten Bestimmungsgrunde des Willens setzen, also nicht bloß mit den Sitten der Form nach, sondern auch ihrer Sittlichkeit, als dem Bewegungsgrunde derselben, d. i. mit ihrer moralischen Gesinnung enthalten. Also ist das höchste Gut in der Welt nur möglich, so fern eine oberste Ursache der Natur[7] angenommen wird, die eine der moralischen Gesinnung gemäße Kausalität hat. Nun ist ein Wesen, das der Handlungen nach der Vorstellung von Gesetzen fähig ist, eine Intelligenz (vernünftig Wesen) und die Kausalität eines solchen Wesens nach dieser Vorstellung der Gesetze ein Wille desselben. Also ist die oberste Ursache der Natur, so fern sie zum höchsten Gute voraus|gesetzt werden muß, ein Wesen, das durch Verstand und Willen die Ursache (folglich der Urheber) der Natur ist, d. i. **Gott.** Folglich ist das Postulat der Möglichkeit des höchsten abgeleiteten Guts (der besten Welt) zugleich das Postulat der Wirklichkeit eines höchsten ursprünglichen Guts, nämlich der Existenz Gottes. Nun war es Pflicht für uns das höchste Gut zu befördern, mithin nicht allein Befugnis, sondern auch mit der Pflicht als Bedürfnis verbundene Notwendigkeit, die Möglichkeit dieses höchsten Guts vorauszusetzen; welches, da es nur unter der Bedingung des Daseins Gottes stattfindet, die Vorausset-

[7] 1. Aufl.: oberste der Natur; 2. Aufl.: oberste Natur; Akad. Ausg.: oberste Ursache der Natur

zung desselben mit der Pflicht unzertrennlich verbindet, d. i. es ist moralisch notwendig, das Dasein Gottes anzunehmen.

Hier ist nun wohl zu merken, daß diese moralische Notwendigkeit subjektiv, d. i. Bedürfnis, und nicht objektiv, d. i. selbst Pflicht sei; denn es kann gar keine Pflicht geben, die Existenz eines Dinges anzunehmen (weil dieses bloß den theoretischen Gebrauch der Vernunft angeht). Auch wird hierunter nicht verstanden, daß die Annehmung des Daseins Gottes, als eines Grundes aller Verbindlichkeit überhaupt, notwendig sei (denn dieser beruht, wie hinreichend bewiesen worden, lediglich auf der Autonomie der Vernunft selbst). Zur Pflicht gehört hier nur die Bearbeitung zur Hervorbringung und Beförderung des höchsten Guts in der Welt, dessen Möglichkeit also postuliert werden kann, | die aber unsere Vernunft nicht anders denkbar findet, als unter Voraussetzung einer höchsten Intelligenz, deren Dasein anzunehmen also mit dem Bewußtsein unserer Pflicht verbunden ist, obzwar diese Annehmung selbst für die theoretische Vernunft gehört, in Ansehung deren allein sie als Erklärungsgrund betrachtet, Hypothese, in Beziehung aber auf die Verständlichkeit eines uns doch durchs moralische Gesetz aufgegebenen Objekts (des höchsten Guts), mithin eines Bedürfnisses in praktischer Absicht, Glaube, und zwar reiner Vernunftglaube, heißen kann, weil bloß reine Vernunft (sowohl ihrem theoretischen als praktischen Gebrauche nach) die Quelle ist, daraus er entspringt.

Aus dieser Deduktion wird es nunmehr begreiflich, warum die griechischen Schulen zur Auflösung ihres Problems von der praktischen Möglichkeit des höchsten Guts niemals gelangen konnten;

weil sie nur immer die Regel des Gebrauchs, den der Wille des Menschen von seiner Freiheit macht, zum einzigen und für sich allein zureichenden Grunde derselben machten, ohne, ihrem Bedünken nach, das Dasein Gottes dazu zu bedürfen. Zwar taten sie daran recht, daß sie das Prinzip der Sitten unabhängig von diesem Postulat, für sich selbst, aus dem Verhältnis der Vernunft allein zum Willen, festsetzten, und es mithin zur obersten praktischen Bedingung des höchsten Guts machten; es war aber darum nicht die ganze Bedingung der Möglichkeit | desselben. Die Epikureer hatten nun zwar ein ganz falsches Prinzip der Sitten zum obersten angenommen, nämlich das der Glückseligkeit, und eine Maxime der beliebigen Wahl, nach jedes seiner Neigung, für ein Gesetz untergeschoben: aber darin verfuhren sie doch konsequent genug, daß sie ihr höchstes Gut eben so, nämlich der Niedrigkeit ihres Grundsatzes proportionierlich, abwürdigten, und keine größere Glückseligkeit erwarteten, als die sich durch menschliche Klugheit (wozu auch Enthaltsamkeit und Mäßigung der Neigungen gehört) erwerben läßt, die, wie man weiß, kümmerlich genug und nach Umständen sehr verschiedentlich, ausfallen muß; die Ausnahmen, welche ihre Maximen unaufhörlich einräumen mußten, und die sie zu Gesetzen untauglich machen, nicht einmal gerechnet. Die Stoiker hatten dagegen ihr oberstes praktisches Prinzip, nämlich die Tugend, als Bedingung des höchsten Guts ganz richtig gewählt, aber indem sie den Grad derselben, der für das reine Gesetz derselben erforderlich ist, als in diesem Leben völlig erreichbar vorstelleten, nicht allein das moralische Vermögen des Menschen, unter dem Namen eines Weisen, über alle Schranken seiner Natur hoch gespannt, und etwas, das aller Menschenkenntnis widerspricht, angenommen, sondern auch, vornehmlich das zweite zum höchsten Gut gehörige Bestandstück, nämlich die Glückseligkeit, gar nicht für einen besonderen Gegenstand des menschlichen Begehrungsvermögens | wollen gelten lassen, sondern ihren Weisen, gleich einer Gottheit, im Bewußtsein der Vortrefflichkeit seiner Person, von der Natur (in Absicht auf seine Zufriedenheit) ganz unabhängig gemacht, indem sie ihn zwar Übeln des Lebens aussetzten, aber nicht unterwarfen, (zugleich auch als frei vom Bösen darstelleten) und so wirklich das zweite Element des höchsten Guts, eigene Glückseligkeit wegließen, indem sie es bloß im Handeln und der Zufriedenheit mit seinem persönlichen Werte setzten, und also im Bewußtsein der sittlichen Denkungsart mit einschlossen, worin sie aber durch die Stimme ihrer eigenen Natur hinreichend hätten widerlegt werden können.

Die Lehre des Christentums*, wenn man sie auch

* Man hält gemeiniglich dafür, die christliche Vorschrift der Sitten habe in Ansehung ihrer Reinigkeit vor dem moralischen Begriffe der Stoiker nichts voraus; allein der Unterschied beider ist doch sehr sichtbar. Das stoische System machte das Bewußtsein der Seelenstärke zum Angel, um den sich alle sittlichen Gesinnungen wenden sollten, und, ob die Anhänger desselben[8] zwar von Pflichten redeten, auch sie ganz wohl bestimmeten, so setzten sie doch die Triebfeder und den eigentlichen Bestimmungsgrund des Willens, in einer Erhebung der Denkungsart über die niedrigen und nur durch Seelenschwäche machthabenden Triebfedern der Sinne. Tugend war also bei ihnen ein gewisser Heroismus des über die tierische[9] Natur des Menschen sich erhebenden Weisen, der ihm selbst genug ist, andern zwar Pflichten vorträgt, selbst aber über sie erhoben[10], und keiner Versuchung zur | Übertretung des sittlichen Gesetzes unterworfen ist. Dieses alles aber

[8] 1. Aufl.: dessen; 2. Aufl. u. Akad.Ausg.: desselben

[9] 1. Aufl.: über tierische; Akad.Ausg.: über die tierische

[10] 2. Aufl. u. Akad.Ausg.: erhaben

noch nicht als Religionslehre betrachtet, gibt in | diesem Stücke einen Begriff des höchsten Guts (des Reichs Gottes), der allein der strengsten Forderung der | praktischen Vernunft ein Genüge tut. Das moralische Gesetz ist heilig (unnachsichtlich) und fordert Heiligkeit der Sitten, obgleich alle moralische Vollkommenheit, zu welcher der Mensch gelangen kann, immer nur Tugend ist, d. i. gesetzmäßige Gesinnung aus

konnten sie nicht tun, wenn sie sich dieses Gesetz in der Reinigkeit und Strenge, als es die Vorschrift des Evangelii tut, vorgestellt hätten. Wenn ich unter einer Idee eine Vollkommenheit verstehe, der nichts in der Erfahrung adäquat gegeben werden kann, so sind die moralischen Ideen darum nichts Überschwengliches, d. i. dergleichen, wovon wir auch nicht einmal den Begriff hinreichend bestimmen könnten, oder von dem es ungewiß ist, ob ihm überall ein Gegenstand korrespondiere, wie die Ideen der spekulativen Vernunft, sondern dienen, als Urbilder der praktischen Vollkommenheit, zur unentbehrlichen Richtschnur des sittlichen Verhaltens, und zugleich zum Maßstabe der Vergleichung. Wenn ich nun die christliche Moral von ihrer philosophischen Seite betrachte, so würde sie, mit den Ideen der griechischen Schulen verglichen, so erscheinen: Die Ideen der Zyniker, der Epikureer, der Stoiker und des[11] Christen, sind: die Natureinfalt, die Klugheit, die Weisheit und die Heiligkeit. In Ansehung des Weges, dazu zu gelangen, unterschieden sich die griechischen Philosophen so von einander, daß die Zyniker dazu den gemeinen Menschenverstand, die andern nur den Weg der Wissenschaft, beide also doch bloßen Gebrauch der natürlichen Kräfte dazu hinreichend fanden. Die christliche Moral, weil sie ihre Vorschrift (wie es auch sein muß) so rein und unnachsichtlich einrichtet, benimmt dem Menschen das Zutrauen, wenigstens hier im Leben, ihr völlig adäquat zu sein, richtet es aber doch auch dadurch wiederum auf, daß, wenn wir so gut handeln, als in unserem Vermögen ist, wir hoffen können, daß, was nicht in unserm Vermögen ist, uns anderweitig werde zu statten kommen, wir mögen nun wissen, auf welche Art, oder nicht. Aristoteles und Plato unterschieden sich nur in Ansehung des Ursprungs unserer sittlichen Begriffe.

[11] 2. Aufl. u. Akad.Ausg.: der

Achtung fürs Gesetz, folglich Bewußtsein eines kontinuierlichen Hanges zur Übertretung, wenigstens Unlauterkeit d. i. Beimischung vieler unechter (nicht moralischer) Bewegungsgründe zur Befolgung des Gesetzes, folglich eine mit Demut verbundene Selbstschätzung, und also in Ansehung der Heiligkeit, welche das christliche Gesetz fordert, nichts als Fortschritt ins Unendliche dem Geschöpfe übrig läßt, eben daher aber auch dasselbe zur Hoffnung seiner ins Unendliche gehenden Fortdauer berechtigt. Der Wert einer dem moralischen Gesetze völlig angemessenen Gesinnung ist unendlich; weil alle mögliche Glückseligkeit, im Urteile eines weisen und alles vermögenden Austeilers derselben, keine andere Einschränkung hat, als den Mangel der Angemessenheit vernünftiger Wesen an ihrer Pflicht. Aber das moralische Gesetz für sich verheißt doch keine Glückseligkeit; denn diese ist, nach Begriffen von einer Naturordnung überhaupt, mit der Befolgung desselben nicht notwendig verbunden. Die christliche Sittenlehre ergänzt nun diesen Mangel (des zweiten unentbehrlichen Bestandstücks des höchsten Guts) durch die Darstellung der Welt, darin vernünftige Wesen sich dem sittlichen Gesetze von ganzer Seele weihen, als eines Reichs Gottes, in welchem Natur und Sitten in eine, jeder von beiden für sich selbst fremde, Harmonie, durch einen heiligen Urheber kommen, der das abgeleitete höchste Gut möglich macht. Die Heiligkeit der Sitten wird ihnen in diesem Leben schon zur Richtschnur angewiesen, das dieser proportionierte Wohl aber, die Seligkeit, nur als in einer Ewigkeit erreichbar vorgestellt; weil jene immer das Urbild ihres Verhaltens in jedem Stande sein muß, und das Fortschreiten zu ihr schon in diesem Leben möglich und notwendig ist, diese aber in dieser Welt, unter dem Namen der Glückseligkeit, gar nicht erreicht werden kann, (so viel auf unser Vermögen ankommt) und daher lediglich zum Gegenstande der Hoffnung gemacht wird. Dieses ungeachtet ist das christliche Prinzip der *Moral* selbst doch nicht theologisch (mithin Heteronomie) sondern Autonomie der reinen praktischen Vernunft für sich selbst, weil sie die Erkenntnis Gottes und seines Willens nicht zum Grunde dieser Gesetze, sondern nur der Gelangung zum höchsten Gute, unter der Bedingung der Befolgung derselben macht, und selbst die eigentliche *Triebfeder* zur Befolgung der ersteren nicht in den gewünschten Folgen derselben, sondern in der Vorstellung der Pflicht allein setzt, als in deren treuer Beobachtung die Würdigkeit des Erwerbs der letztern allein besteht. |

Auf solche Weise führt das moralische Gesetz durch den Begriff des höchsten Guts, als das Objekt und den Endzweck der reinen praktischen Vernunft, zur *Religion*, d. i. zur *Erkenntnis aller Pflichten als göttlicher Gebote, nicht als Sanktionen*, d. i. *willkürliche für sich selbst zufällige Verordnungen, eines fremden Willens*, sondern als wesentlicher *Gesetze* eines jeden freien Willens für sich selbst, die aber dennoch als Gebote des höchsten Wesens angesehen werden müssen, weil wir nur von einem moralisch-vollkommenen, (heiligen und gütigen) zugleich auch allgewaltigen Willen, das höchste Gut, welches zum Gegenstande unserer Bestrebung zu setzen uns das moralische Gesetz zur Pflicht macht, und also durch Übereinstimmung mit diesem Willen dazu zu gelangen hoffen können. Auch hier bleibt daher alles uneigennützig und bloß auf Pflicht gegründet; ohne daß Furcht oder Hoffnung als Triebfedern zum Grunde gelegt werden dürften, die, wenn sie zu Prinzipien werden, den ganzen moralischen Wert der Handlungen vernichten. Das moralische Gesetz gebietet, das höchste mögliche Gut in einer Welt mir zum letzten Gegenstande alles Verhaltens zu machen. Dieses aber kann ich nicht zu bewirken hoffen, als nur durch die Übereinstimmung meines Willens mit dem eines heiligen und gütigen Welturhebers, und, obgleich in dem Begriffe des höchsten Guts, als dem eines Ganzen, worin die größte Glückseligkeit mit dem größten | Maße sittlicher (in Geschöpfen möglicher) Vollkommenheit, als in der genausten Proportion verbunden vorgestellt wird, *meine eigene Glückseligkeit* mit enthalten ist: so ist doch nicht sie, sondern das moralische Gesetz (welches vielmehr mein unbegrenztes Verlangen danach auf Bedingungen strenge einschränkt) der Bestimmungsgrund des Willens, der zur Beförderung des höchsten Guts angewiesen wird.

Daher ist auch die Moral nicht eigentlich die Lehre, wie wir uns glücklich *machen*, sondern wie wir der Glückseligkeit *würdig* werden sollen. Nur dann, wenn Religion dazu kommt, tritt auch die Hoffnung ein, der Glückseligkeit dereinst in dem Maße teilhaftig zu werden, als wir darauf bedacht gewesen, ihrer nicht unwürdig zu sein.

Würdig ist jemand des Besitzes einer Sache, oder eines Zustandes, wenn, daß er in diesem Besitze sei, mit dem höchsten Gute zusammenstimmt. Man kann jetzt leicht einsehen, daß alle Würdigkeit auf das sittliche Verhalten ankomme, weil dieses im Begriffe des höchsten Guts die Bedingung des übrigen, (was zum Zustande gehört) nämlich des Anteils an Glückseligkeit ausmacht. Nun folgt hieraus: daß man die *Moral* an sich niemals als *Glückseligkeitslehre* behandeln müsse, d. i. als eine Anweisung der Glückseligkeit teilhaftig zu werden; denn sie hat es lediglich mit der | Vernunftbedingung (conditio sine qua non[12]) der letzteren, nicht mit einem Erwerbmittel derselben zu tun. Wenn sie aber (die bloß Pflichten auferlegt, nicht eigennützigen Wünschen Maßregeln an die Hand gibt,) vollständig vorgetragen worden: alsdann allererst kann, nachdem der sich auf ein Gesetz gründende moralische Wunsch das höchste Gut zu befördern (das Reich Gottes zu uns zu bringen), der vorher keiner uneigennützigen[13] Seele aufsteigen konnte, erweckt, und ihm zum Behuf der Schritt zur Religion geschehen ist, diese Sittenlehre auch Glückseligkeitslehre genannt werden, weil die Hoffnung dazu nur mit der Religion allererst anhebt.

Auch kann man hieraus ersehen: daß, wenn man nach dem letzten Zwecke Gottes in Schöpfung der Welt fragt, man nicht die Glückseligkeit der vernünftigen Wesen in ihr, sondern das höchste Gut nennen müsse, welches jenem Wunsche dieser Wesen noch eine Bedingung, nämlich die der Glückseligkeit würdig zu sein, d. i. die Sittlichkeit eben derselben vernünftigen Wesen, hinzufügt, die allein den Maßstab enthält, nach welchem sie allein der ersteren, durch die Hand eines weisen Urhebers, teilhaftig zu werden hoffen können. Denn, da Weisheit, theoretisch betrachtet, die Erkenntnis des höchsten Guts, und praktisch, die Angemessenheit des Willens zum höchsten Gute bedeutet, so kann man einer höchsten selbständigen Weisheit nicht einen Zweck beilegen, der bloß | auf Gütigkeit gegründet wäre. Denn dieser ihre Wirkung (in Ansehung der

[12] dt.: Bedingung, ohne welche [etwas] nicht [sein kann]
[13] 1. Aufl. u. Akad.Ausg.: eigennützigen

Glückseligkeit der vernünftigen Wesen) kann man nur unter den einschränkenden Bedingungen der Übereinstimmung mit der Heiligkeit* seines Willens, als dem höchsten ursprünglichen Gute angemessen, denken. Daher diejenigen, welche den Zweck der Schöpfung in die Ehre Gottes (vorausgesetzt, daß man diese nicht anthropomorphistisch, als Neigung gepriesen zu werden, denkt,) setzten, wohl den besten Ausdruck getroffen haben. Denn nichts ehrt Gott mehr, als das, was das Schätzbarste in der Welt ist, die Achtung für sein Gebot, die Beobachtung der heiligen Pflicht, die uns sein Gesetz auferlegt, wenn | seine herrliche Anstalt dazu kommt, eine solche schöne Ordnung mit angemessener Glückseligkeit zu krönen. Wenn ihn das letztere (auf menschliche Art zu reden,) liebenswürdig macht, so ist er durch das erstere ein Gegenstand der Anbetung (Adoration). Selbst Menschen können sich durch Wohltun zwar Liebe, aber dadurch allein niemals Achtung erwerben, so daß die größte Wohltätigkeit ihnen nur dadurch Ehre macht, daß sie nach Würdigkeit ausgeübt wird.

* Hierbei, und um das Eigentümliche dieser Begriffe kenntlich zu machen, merke ich nur noch an: daß, da man Gott verschiedene Eigenschaften beilegt, deren Qualität man auch den Geschöpfen angemessen findet, nur daß sie dort zum höchsten Grade erhoben werden, z. B. Macht, Wissenschaft, Gegenwart, Güte etc. unter den Benennungen der Allmacht, der Allwissenheit, der Allgegenwart, der Allgütigkeit etc. es doch drei gibt, die ausschließungsweise, und doch ohne Beisatz von Größe, Gott beigelegt werden, und die insgesamt moralisch sind. Er ist der allein Heilige, der allein Selige, der allein Weise; weil diese Begriffe schon die Uneingeschränktheit bei sich führen. Nach der Ordnung derselben ist er denn also auch der heilige Gesetzgeber (und Schöpfer) der gütige Regierer (und Erhalter) und der gerechte Richter. Drei Eigenschaften, die alles in sich enthalten, wodurch Gott der Gegenstand der Religion wird, und denen angemessen die metaphysischen Vollkommenheiten sich von selbst in der Vernunft hinzu fügen.

Daß, in der Ordnung der Zwecke, der Mensch (mit ihm jedes vernünftige Wesen) Zweck an sich selbst sei, d. i. niemals bloß als Mittel von jemandem (selbst nicht von Gott) ohne zugleich hierbei selbst Zweck zu sein, könne gebraucht werden, daß also die Menschheit in unserer Person uns selbst heilig sein müsse, folgt nunmehr von selbst, weil er das Subjekt des moralischen Gesetzes, mithin dessen ist, was an sich heilig ist, um dessen willen und in Einstimmung mit welchem auch überhaupt nur etwas heilig genannt werden kann. Denn dieses moralische Gesetz gründet sich auf der Autonomie seines Willens, als eines freien Willens, der nach seinen allgemeinen Gesetzen notwendig zu demjenigen zugleich muß einstimmen können, welchem er sich unterwerfen soll. |

VI

Über die Postulate der reinen praktischen Vernunft überhaupt

Sie gehen alle vom Grundsatze der Moralität aus, der kein Postulat, sondern ein Gesetz ist, durch welches Vernunft unmittelbar[14] den Willen bestimmt, welcher Wille eben dadurch, daß er so bestimmt ist, als reiner Wille, diese notwendigen Bedingungen der Befolgung seiner Vorschrift fordert. Diese Postulate sind nicht theoretische Dogmata, sondern Voraussetzungen in notwendig praktischer Rücksicht, erweitern also zwar nicht das[15] spekulative Erkenntnis,

---

[14] 1. Aufl.: mittelbar; Akad.Ausg.: unmittelbar

[15] 1. Aufl.: zwar das; „nicht" in Kants Handexemplar hinzugefügt; Akad.Ausg.: zwar nicht das

geben aber den Ideen der spekulativen Vernunft im Allgemeinen (vermittelst ihrer Beziehung aufs Praktische) objektive Realität, und berechtigen sie zu Begriffen, deren Möglichkeit auch nur zu behaupten sie sich sonst nicht anmaßen könnte.

Diese Postulate sind die der Unsterblichkeit, der Freiheit, positiv betrachtet, (als der Kausalität eines Wesens, so fern es zur intelligibelen Welt gehört,) und des Daseins Gottes. Das erste fließt aus der praktisch notwendigen Bedingung der Angemessenheit der Dauer zur Vollständigkeit der Erfüllung des moralischen Gesetzes; das zweite aus der notwendigen Voraussetzung der Unabhängigkeit von der Sinnenwelt und des Vermögens der Bestimmung seines Willens, nach dem | Gesetze einer intelligibelen Welt, d. i. der Freiheit; das dritte aus der Notwendigkeit der Bedingung zu einer solchen intelligibelen Welt, um das höchste Gut zu sein, durch die Voraussetzung des höchsten selbständigen Guts, d. i. des Daseins Gottes.

Die durch die Achtung fürs moralische Gesetz notwendige Absicht aufs höchste Gut und daraus fließende Voraussetzung der objektiven Realität desselben, führt also durch Postulate der praktischen Vernunft zu Begriffen, welche die spekulative Vernunft zwar als Aufgaben vortragen, sie aber nicht auflösen konnte. Also 1. zu derjenigen, in deren Auflösung die letztere nichts, als Paralogismen begehen konnte, (nämlich der Unsterblichkeit) weil es ihr am Merkmale der Beharrlichkeit fehlete, um den psychologischen Begriff eines letzten Subjekts, welcher der Seele im Selbstbewußtsein notwendig beigelegt wird, zur realen Vorstellung einer Substanz zu ergänzen, welches die praktische Vernunft, durch das Postulat, einer zur Angemessenheit mit dem moralischen Gesetze im höchsten Gute, als dem ganzen Zwecke der praktischen Vernunft, erforderlichen Dauer, ausrichtet. 2. Führt sie zu dem, wovon die spekulative Vernunft nichts als Antinomie enthielt, deren Auflösung sie nur auf einem problematisch zwar denkbaren, aber seiner objektiven Realität nach für sie nicht erweislichen und bestimmbaren Begriffe gründen konnte, nämlich die kosmologische Idee | einer intelligibelen Welt und das Bewußtsein unseres Daseins in derselben, vermittelst des Postulats der Freiheit, (deren Realität sie durch das moralische Gesetz darlegt, und mit ihm zugleich das Gesetz einer intelligibelen Welt, worauf die spekulative nur hinweisen, ihren Begriff aber nicht bestimmen konnte). 3. Verschafft sie dem, was spekulative Vernunft zwar denken, aber als bloßes transzendentales Ideal unbestimmt lassen mußte, dem theologischen Begriffe des Urwesens, Bedeutung, (in praktischer Absicht, d. i. als einer Bedingung der Möglichkeit des Objekts eines durch jenes Gesetz bestimmten Willens,) als dem obersten Prinzip des höchsten Guts in einer intelligibelen Welt, durch gewalthabende moralische Gesetzgebung in derselben.

Wird nun aber unser Erkenntnis auf solche Art durch reine praktische Vernunft wirklich erweitert, und ist das, was für die spekulative transzendent war, in der praktischen immanent? Allerdings, aber nur in praktischer Absicht. Denn wir erkennen zwar dadurch weder unserer Seele Natur, noch die intelligibele Welt, noch das höchste Wesen, nach dem, was sie an sich selbst sind, sondern haben nur die Begriffe von ihnen im praktischen Begriffe des höchsten Guts vereinigt, als dem Objekte unseres Willens, und völlig a priori, durch reine Vernunft, aber nur vermittelst des moralischen

Gesetzes, und auch bloß in Beziehung auf dasselbe, in Ansehung des Objekts, das es gebietet. | Wie aber auch nur die Freiheit möglich sei, und wie man sich diese Art von Kausalität theoretisch und positiv vorzustellen habe, wird dadurch nicht eingesehen, sondern nur, daß eine solche sei, durchs moralische Gesetz und zu dessen Behuf postuliert. So ist es auch mit den übrigen Ideen bewandt, die nach ihrer Möglichkeit kein menschlicher Verstand jemals ergründen, aber auch, daß sie nicht wahre Begriffe sind, keine Sophisterei der Überzeugung, selbst des gemeinsten Menschen, jemals entreißen wird.

VII

Wie eine Erweiterung der reinen Vernunft, in praktischer Absicht, ohne damit ihr Erkenntnis, als spekulativ, zugleich zu erweitern, zu denken möglich sei?

Wir wollen diese Frage, um nicht zu abstrakt zu werden, sofort in Anwendung auf den vorliegenden Fall beantworten. — Um ein reines Erkenntnis praktisch zu erweitern, muß eine Absicht a priori gegeben sein, d. i. ein Zweck, als Objekt (des Willens), welches, unabhängig von allen theoretischen[16] Grundsätzen, durch einen den Willen unmittelbar bestimmenden (kategorischen) Imperativ, als praktisch-notwendig vorgestellt wird, und das ist hier das höchste Gut. Dieses ist aber nicht möglich, ohne drei theo-

[16] 1. Aufl.: theologischen; Akad.Ausg.: theoretischen

retische Begriffe (für die sich, weil sie bloße reine Vernunftbegriffe sind, | keine korrespondierende Anschauung, mithin, auf dem theoretischen Wege, keine objektive Realität finden läßt,) vorauszusetzen: nämlich Freiheit, Unsterblichkeit, und Gott. Also wird durchs praktische Gesetz, welches die Existenz des höchsten in einer Welt möglichen Guts gebietet, die Möglichkeit jener Objekte der reinen spekulativen Vernunft, die objektive Realität, welche diese ihnen nicht sichern konnte, postuliert; wodurch denn die theoretische Erkenntnis der reinen Vernunft allerdings einen Zuwachs bekommt, der aber bloß darin besteht, daß jene für sie sonst problematischen (bloß denkbaren) Begriffe, jetzt assertorisch für solche erklärt werden, denen wirklich Objekte zukommen, weil praktische Vernunft die Existenz derselben zur Möglichkeit ihres, und zwar praktisch-schlechthin notwendigen, Objekts, des höchsten Guts,[17] unvermeidlich bedarf, und die theoretische dadurch berechtigt wird, sie vorauszusetzen. Diese Erweiterung der theoretischen Vernunft ist aber keine Erweiterung der Spekulation, d. i. um in theoretischer Absicht nunmehr einen positiven Gebrauch davon zu machen. Denn da nichts weiter durch praktische Vernunft hierbei geleistet worden, als daß jene Begriffe real sind, und wirklich ihre (möglichen) Objekte haben, dabei aber uns nichts von Anschauung derselben gegeben wird, (welches auch nicht gefordert werden kann,) so ist kein synthetischer Satz durch diese eingeräumte Realität derselben möglich. Folglich hilft | uns diese Eröffnung nicht im mindesten in spekulativer Absicht, wohl aber in Ansehung des praktischen Gebrauchs der reinen Vernunft, zur Erweiterung die-

---

[17] 1. Aufl.: Objekts des höchsten Guts

ses unseres Erkenntnisses. Die obigen drei Ideen der spekulativen Vernunft sind an sich noch keine Erkenntnisse; doch sind es (transzendente) Gedanken, in denen nichts Unmögliches ist. Nun bekommen sie durch ein apodiktisches praktisches Gesetz, als notwendige Bedingungen der Möglichkeit dessen, was dieses sich zum Objekte zu machen gebietet, objektive Realität, d. i. wir werden durch jenes angewiesen, daß sie Objekte haben, ohne doch, wie sich ihr Begriff auf ein Objekt bezieht, anzeigen zu können, und das ist auch noch nicht Erkenntnis dieser Objekte; denn man kann dadurch gar nichts über sie synthetisch urteilen, noch die Anwendung derselben theoretisch bestimmen, mithin von ihnen gar keinen theoretischen Gebrauch der Vernunft machen, als worin eigentlich alle spekulative Erkenntnis derselben besteht. Aber dennoch ward das theoretische Erkenntnis, zwar nicht dieser Objekte, aber der Vernunft überhaupt, dadurch so fern erweitert, daß durch die praktischen Postulate jenen Ideen doch Objekte gegeben wurden, indem ein bloß problematischer Gedanke dadurch allererst objektive Realität bekam. Also war es keine Erweiterung der Erkenntnis von gegebenen übersinnlichen Gegenständen, aber doch eine Erweiterung der theoretischen Vernunft und | der Erkenntnis derselben in Ansehung des Übersinnlichen überhaupt, so fern als sie genötigt wurde, daß es solche Gegenstände gebe, einzuräumen, ohne sie doch näher bestimmen, mithin dieses Erkenntnis von den Objekten (die ihr nunmehr aus praktischem Grunde, und auch nur zum praktischen Gebrauche, gegeben worden,) selbst erweitern zu können, welchen Zuwachs also die reine theoretische Vernunft, für die alle jene Ideen transzendent und ohne Objekt sind, lediglich ihrem reinen praktischen Vermögen zu verdanken hat. Hier werden sie immanent und konstitutiv, indem sie Gründe der Möglichkeit sind, das[18] notwendige Objekt der reinen praktischen Vernunft (das höchste Gut) wirklich zu machen, da sie, ohne dies, transzendent und bloß regulative Prinzipien der spekulativen Vernunft sind, die ihr nicht ein neues Objekt über die Erfahrung hinaus anzunehmen, sondern nur ihren Gebrauch in der Erfahrung der Vollständigkeit zu näheren, auferlegen. Ist aber die Vernunft einmal im Besitze dieses Zuwachses, so wird sie, als spekulative Vernunft, (eigentlich nur zur Sicherung ihres praktischen Gebrauchs) negativ, d. i. nicht erweiternd, sondern läuternd, mit jenen Ideen zu Werke gehen, um einerseits den Anthropomorphismus als den Quell der Superstition, oder scheinbare Erweiterung jener Begriffe durch vermeinte Erfahrung, andererseits den Fanatizismus, der sie durch übersinnliche Anschauung oder der|gleichen Gefühle verspricht, abzuhalten; welches alles Hindernisse des praktischen Gebrauchs der reinen Vernunft sind, deren Abwehrung also zu der Erweiterung unserer Erkenntnis in praktischer Absicht allerdings gehört, ohne[19] daß es dieser widerspricht, zugleich zu gestehen, daß die Vernunft in spekulativer Absicht dadurch im mindesten nichts gewonnen habe.

Zu jedem Gebrauche der Vernunft in Ansehung eines Gegenstandes werden reine Verstandesbegriffe (Kategorien) erfordert, ohne die kein Gegenstand gedacht werden kann. Diese können zum theoretischen Gebrauche der Vernunft, d. i. zu dergleichen

---

[18] 1. Aufl.: sind. Das

[19] 1. Aufl.: oder; Akad.Ausg.: ohne

Erkenntnis nur angewandt werden, so fern ihnen zugleich Anschauung (die jederzeit sinnlich ist) untergelegt wird, und also bloß, um durch sie ein Objekt möglicher Erfahrung vorzustellen. Nun sind hier aber Ideen der Vernunft, die in gar keiner Erfahrung gegeben werden können, das, was ich durch Kategorien denken müßte, um es zu erkennen. Allein es ist hier auch nicht um das theoretische Erkenntnis der Objekte dieser Ideen, sondern nur darum, daß sie überhaupt Objekte haben, zu tun. Diese Realität verschafft reine praktische Vernunft, und hierbei hat die theoretische Vernunft nichts weiter zu tun, als jene Objekte durch Kategorien bloß zu denken, welches, wie wir sonst deutlich gewiesen haben, ganz wohl, ohne Anschauung (weder sinnliche, noch übersinnliche) zu bedürfen, angeht, weil die Ka|tegorien im reinen Verstande unabhängig und vor aller Anschauung, lediglich als dem Vermögen zu denken, ihren Sitz und Ursprung haben, und sie immer nur ein Objekt überhaupt bedeuten, auf welche Art es uns auch immer gegeben werden mag. Nun ist den Kategorien, so fern sie auf jene Ideen angewandt werden sollen, zwar kein Objekt in der Anschauung zu geben möglich; es ist ihnen aber doch, daß ein solches wirklich sei, mithin die Kategorie, als eine bloße Gedankenform, hier nicht leer sei, sondern Bedeutung habe, durch ein Objekt, welches die praktische Vernunft im Begriffe des höchsten Guts ungezweifelt darbietet, die Realität der Begriffe, die zum Behuf der Möglichkeit des höchsten Guts gehören, hinreichend gesichert, ohne gleichwohl durch diesen Zuwachs die mindeste Erweiterung des Erkenntnisses nach theoretischen Grundsätzen zu bewirken.

*

Wenn, nächstdem, diese Ideen von Gott, einer intelligibelen Welt (dem Reiche Gottes) und der Unsterblichkeit durch Prädikate bestimmt werden, die von unserer eigenen Natur hergenommen sind, so darf man diese Bestimmung weder als Versinnlichung jener reinen Vernunftideen (Anthropomorphismen), noch als überschwengliches Erkenntnis übersinnlicher Gegenstände ansehen; denn diese Prädikate sind keine anderen als | Verstand und und Wille, und zwar so im Verhältnisse gegen einander betrachtet, als sie im moralischen Gesetze gedacht werden müssen, also nur, so weit von ihnen ein reiner praktischer Gebrauch gemacht wird. Von allem übrigen, was diesen Begriffen psychologisch anhängt, d. i. so fern wir diese unsere Vermögen in ihrer Ausübung empirisch beobachten, (z. B., daß der Verstand des Menschen diskursiv ist, seine Vorstellungen also Gedanken, nicht Anschauungen sind, daß diese in der Zeit auf einander folgen, daß sein Wille immer mit einer Abhängigkeit der Zufriedenheit von der Existenz seines Gegenstandes behaftet ist, u. s. w. welches im höchsten Wesen so nicht sein kann,) wird alsdann abstrahiert, und so bleibt von den Begriffen, durch die wir uns ein reines Verstandeswesen denken, nichts mehr übrig, als gerade zur Möglichkeit erforderlich ist, sich ein moralisch Gesetz zu denken, mithin zwar ein Erkenntnis Gottes, aber nur in praktischer Beziehung, wodurch, wenn wir den Versuch machen, es zu einem theoretischen zu erweitern, wir einen Verstand desselben bekommen, der nicht denkt, sondern anschaut, einen Willen, der auf Gegenstände gerichtet ist, von deren Existenz seine Zufriedenheit nicht im mindesten abhängt, (ich will nicht einmal der transzendentalen Prädikate erwähnen, als z. B. eine Größe der Existenz, d. i. Dauer, die aber nicht in der Zeit, als dem einzigen uns möglichen Mittel uns Dasein als Größe vorzustel|len, stattfindet,) lauter Eigenschaften, von denen wir uns gar keinen Begriff, zum Erkenntnisse des Gegenstandes tauglich, machen können, und dadurch belehrt werden, daß sie niemals zu einer Theorie von übersinnlichen Wesen gebraucht werden können, und also, auf dieser Seite, ein spekulatives Erkenntnis zu gründen gar nicht vermögen, sondern ihren Gebrauch lediglich auf die Ausübung des moralischen Gesetzes einschränken.

Dieses letztere ist so augenscheinlich, und kann so klar durch die Tat bewiesen werden, daß man getrost alle vermeinten natürlichen Gottesgelehrten (ein wunderlicher Name)* auffordern kann, auch nur eine diesen ihren Gegenstand (über die bloß ontologischen Prädikate hinaus) bestimmende Eigenschaft, etwa des Verstandes, oder des Willens, zu nennen, an der man nicht unwidersprechlich dartun könnte, daß, wenn man | alles Anthropomorphistische davon absondert, uns nur das bloße Wort übrig bleibe, ohne damit den mindesten Begriff verbinden zu können, dadurch eine Erweiterung der theoretischen Erkenntnis gehofft werden dürfte. In Ansehung des Praktischen aber bleibt uns von den Eigenschaften

* Gelehrsamkeit ist eigentlich nur der Inbegriff historischer Wissenschaften. Folglich kann nur der Lehrer der geoffenbarten Theologie ein Gottesgelehrter heißen. Wollte man aber auch den, der im Besitze von Vernunftwissenschaften (Mathematik und Philosophie) ist, einen Gelehrten nennen, obgleich dieses schon der Wortbedeutung (als die jederzeit nur dasjenige, was man durchaus gelehret werden muß, und was man also nicht von selbst, durch Vernunft, erfinden kann, zur Gelehrsamkeit zählt,) widerstreiten würde: so möchte wohl der Philosoph mit seiner Erkenntnis Gottes, als positiver Wissenschaft, eine zu schlechte Figur machen, um sich deshalb einen Gelehrten nennen zu lassen.

eines Verstandes und Willens doch noch der Begriff eines Verhältnisses übrig, welchem das praktische Gesetz (das gerade dieses Verhältnis des Verstandes zum Willen a priori bestimmt) objektive Realität verschafft. Ist dieses nun einmal geschehen, so wird dem Begriffe des Objekts eines moralisch bestimmten Willens (dem des höchsten Guts) und mit ihm den Bedingungen seiner Möglichkeit, den Ideen von Gott, Freiheit und Unsterblichkeit, auch Realität, aber immer nur in Beziehung auf die Ausübung des moralischen Gesetzes (zu keinem spekulativen Behuf), gegeben.

Nach diesen Erinnerungen ist nun auch die Beantwortung der wichtigen Frage leicht zu finden: Ob der Begriff von Gott ein zur Physik (mithin auch zur Metaphysik, als die nur die reinen Prinzipien a priori der ersteren in allgemeiner Bedeutung enthält) oder ein zur Moral gehöriger Begriff sei. Natureinrichtungen, oder deren Veränderung zu erklären, wenn man da zu Gott, als dem Urheber aller Dinge, seine Zuflucht nimmt, ist wenigstens keine physische Erklärung, und überall ein Geständnis, man sei mit seiner Philosophie zu Ende; weil man genötigt ist, etwas, wovon | man sonst für sich keinen Begriff hat, anzunehmen, um sich von der Möglichkeit dessen, was man vor Augen sieht, einen Begriff machen zu können. Durch Metaphysik aber von der Kenntnis dieser Welt zum Begriffe von Gott und dem Beweise seiner Existenz durch sichere Schlüsse zu gelangen, ist darum unmöglich, weil wir diese Welt als das vollkommenste mögliche Ganze, mithin, zu diesem Behuf, alle möglichen Welten (um sie mit dieser vergleichen zu können) erkennen, mithin allwissend sein müßten, um zu sagen, daß sie nur durch einen Gott (wie wir uns diesen Begriff denken müssen,) möglich war. Vollends aber die Existenz dieses Wesens aus bloßen Begriffen zu erkennen, ist schlechterdings unmöglich, weil ein jeder Existentialsatz, d. i. der, so von einem Wesen, von dem ich mir einen Begriff mache, sagt, daß es existiere, ein synthetischer Satz ist, d. i. ein solcher, dadurch ich über jenen Begriff hinausgehe und mehr von ihm sage, als im Begriffe gedacht war: nämlich daß diesem Begriffe im *Verstande* noch ein Gegenstand *außer dem Verstande* korrespondierend gesetzt sei, welches offenbar unmöglich ist durch irgend einen Schluß herauszubringen. Also bleibt nur ein einziges Verfahren für die Vernunft übrig, zu diesem Erkenntnisse zu gelangen, da sie nämlich, als reine Vernunft, von dem obersten Prinzip ihres reinen praktischen Gebrauchs ausgehend, (indem dieser ohnedem bloß auf die *Existenz* von Etwas, als Folge der Vernunft, gerichtet ist,) ihr | Objekt bestimmt. Und da zeigt sich, nicht allein in ihrer unvermeidlichen Aufgabe, nämlich der notwendigen Richtung des Willens auf das höchste Gut, die Notwendigkeit, ein solches Urwesen, in Beziehung auf die Möglichkeit dieses Guten in der Welt, anzunehmen, sondern, was das Merkwürdigste ist, etwas, was dem Fortgange der Vernunft auf dem Naturwege ganz mangelte, nämlich *ein genau bestimmter Begriff dieses Urwesens*. Da wir diese Welt nur zu einem kleinen Teile kennen, noch weniger sie mit allen möglichen Welten vergleichen können, so können wir von ihrer Ordnung, Zweckmäßigkeit und Größe wohl auf einen *weisen, gütigen, mächtigen* etc. Urheber derselben schließen, aber nicht auf seine *Allwissenheit, Allgütigkeit, Allmacht*, u.s.w. Man kann auch gar wohl einräumen: daß man diesen unvermeidlichen Mangel durch eine erlaubte ganz vernünftige Hypothese zu ergänzen wohl befugt sei; daß nämlich, wenn in so viel Stücken, als sich unserer näheren Kenntnis darbieten, Weisheit, Gütigkeit etc. hervorleuchtet, in allen übrigen es eben so sein werde, und es also vernünftig sei, dem Welturheber alle mögliche Vollkommenheit beizulegen; aber das sind keine Schlüsse, wodurch wir uns auf unsere Einsicht etwas dünken, sondern nur Befugnisse, die man uns nachsehen kann, und doch noch einer anderweitigen Empfehlung bedürfen, um davon Gebrauch zu machen. Der Begriff von Gott bleibt also auf dem empirischen | Wege (der Physik) immer ein nicht genau bestimmter Begriff von der Vollkommenheit des ersten Wesens, um ihn dem Begriffe einer Gottheit für angemessen zu halten (mit der Metaphysik aber in ihrem transzendentalen Teile ist gar nichts auszurichten).

Ich versuche nun diesen Begriff an das Objekt der praktischen Vernunft zu halten, und da finde ich, daß der moralische Grundsatz ihn nur als möglich, unter Voraussetzung eines Welturhebers von höchster Vollkommenheit, zulasse. Er muß allwissend sein, um mein Verhalten bis zum Innersten meiner Gesinnung in allen möglichen Fällen und in alle Zukunft zu erkennen; allmächtig, um ihm die angemessenen Folgen zu erteilen; eben so allgegenwärtig, ewig, u.s.w. Mithin bestimmt das moralische Gesetz durch den Begriff des höchsten Guts, als Gegenstandes einer reinen praktischen Vernunft, den Begriff des Urwesens als höchsten Wesens, welches der physische (und höher fortgesetzt der metaphysische) mithin der ganze spekulative Gang der Vernunft nicht bewirken konnte. Also ist der Begriff von Gott ein ursprünglich nicht zur Physik, d. i. für die spekulative Vernunft, sondern zur Moral gehöriger Begriff, und eben das kann man auch von den übrigen Vernunftbegriffen sagen, von denen wir, als Postulaten derselben in ihrem praktischen Gebrauche, oben gehandelt haben. |

Wenn man in der Geschichte der griechischen Philosophie über den Anaxagoras hinaus keine deutlichen Spuren einer reinen Vernunfttheologie antrifft, so ist der Grund nicht darin gelegen, daß es den älteren Philosophen an Verstande und Einsicht fehlte, um durch den Weg der Spekulation, wenigstens mit Beihilfe einer ganz vernünftigen Hypothese, sich dahin zu erheben; was konnte leichter, was natürlicher sein, als der sich von selbst jedermann darbietende Gedanke, statt unbestimmter Grade der Vollkommenheit verschiedener Weltursachen, eine einzige vernünftige anzunehmen, die alle Vollkommenheit hat? Aber die Übel in der Welt schienen ihnen viel zu wichtige Einwürfe zu sein, um zu einer solchen Hypothese sich für berechtigt zu halten. Mithin zeigten sie darin eben Verstand und Einsicht, daß sie sich jene nicht erlaubten, und vielmehr in den Natururachen herum suchten, ob sie unter ihnen nicht die zu Urwesen erforderliche Beschaffenheit und Vermögen antreffen möchten. Aber nachdem dieses scharfsinnige Volk so weit in Nachforschungen fortgerückt war, selbst sittliche Gegenstände, darüber andere Völker niemals mehr als geschwatzt haben, philosophisch zu behandeln: da fanden sie allererst ein neues Bedürfnis, nämlich ein praktisches, welches nicht ermangelte ihnen den Begriff des Urwesens bestimmt anzugeben, wobei die spekulative Vernunft das Zusehen hatte, höchstens noch das Verdienst, einen Begriff, der nicht auf ihrem Boden er|wachsen war, auszuschmücken, und mit einem Gefolge von Bestätigungen aus der Naturbetrachtung, die nun allererst hervortraten, wohl nicht das Ansehen desselben, (welches schon gegründet war) sondern vielmehr nur das Gepränge mit vermeinter theoretischer Vernunfteinsicht zu befördern.

*

Aus diesen Erinnerungen wird der Leser der Kritik der reinen spekulativen Vernunft sich vollkommen überzeugen: wie höchstnötig, wie ersprießlich für Theologie und Moral, jene mühsame Deduktion der Kategorien war. Denn dadurch allein kann verhütet werden, sie, wenn man sie im reinen Verstande setzt, mit Plato, für angeboren zu halten, und darauf überschwengliche Anmaßungen mit Theorien des Übersinnlichen, wovon man kein Ende absieht, zu gründen, dadurch aber die Theologie zur Zauberlaterne von Hirngespenstern zu machen; wenn man sie aber für erworben hält, zu verhüten, daß man nicht, mit Epikur, allen und jeden Gebrauch derselben, selbst den in praktischer Absicht, bloß auf Gegenstände und Bestimmungsgründe der Sinne einschränke. Nun aber, nachdem die Kritik in jener Deduktion erstlich bewies, daß sie nicht empirischen Ursprungs sind[20], sondern a priori im reinen Verstande ihren Sitz und Quelle haben; zweitens auch, daß, da sie auf Gegenstände überhaupt, unabhängig von ihrer Anschauung, bezogen wer|den, sie zwar nur in Anwendung auf empirische Gegenstände theoretisches Erkenntnis zu Stande bringen, aber doch auch, auf einen durch reine praktische Vernunft gegebenen Gegenstand angewandt, zum bestimmten Denken des Übersinnlichen dienen, jedoch nur, so fern dieses bloß durch solche Prädikate bestimmt wird, die notwendig zur

[20] 1. Aufl.: seyn; Akad.Ausg.: sind

reinen a priori gegebenen praktischen Absicht und deren Möglichkeit gehören. Spekulative Einschränkung der reinen Vernunft und praktische Erweiterung derselben bringen dieselbe allererst in dasjenige Verhältnis der Gleichheit, worin Vernunft überhaupt zweckmäßig gebraucht werden kann, und dieses Beispiel beweiset besser, als sonst eines, daß der Weg zur Weisheit, wenn er gesichert und nicht ungangbar oder irreleitend werden soll, bei uns Menschen unvermeidlich durch die Wissenschaft durchgehen müsse, wovon man aber, daß diese zu jenem Ziele führe, nur nach Vollendung derselben überzeugt werden kann.

VIII

Vom Fürwahrhalten aus einem Bedürfnisse der reinen Vernunft

Ein Bedürfnis der reinen Vernunft in ihrem spekulativen Gebrauche führt nur auf Hypothesen, das der | reinen praktischen Vernunft aber zu Postulaten; denn im ersteren Falle steige ich vom Abgeleiteten so hoch hinauf in der Reihe der Gründe, wie ich will, und bedarf eines Urgrundes[21], nicht um jenem Abgeleiteten (z. B. der Kausalverbindung der Dinge und Veränderungen in der Welt) objektive Realität zu geben, sondern nur um meine forschende Vernunft in Ansehung desselben vollständig zu befriedigen. So sehe ich Ordnung und Zweckmäßigkeit in der Natur vor mir, und bedarf nicht, um mich von deren Wirklichkeit zu ver-

[21] 1. Aufl.: Ungrundes; 2. Aufl. u. Akad.Ausg.: Urgrundes

sichern, zur Spekulation zu schreiten, sondern nur um sie zu erklären, eine Gottheit, als deren Ursache, voraus zu setzen; da denn, weil von einer Wirkung der Schluß auf eine bestimmte, vornehmlich so genau und so vollständig bestimmte Ursache, als wir an Gott zu denken haben, immer unsicher und mißlich ist, eine solche Voraussetzung nicht weitergebracht werden kann, als zu dem Grade der, für uns Menschen, allervernünftigsten Meinung*. Da-|gegen ist ein Bedürfnis der reinen praktischen Vernunft, auf einer Pflicht gegründet, etwas (das höchste Gut) zum Gegenstande meines Willens zu machen, um es nach allen meinen Kräften zu befördern; wobei ich aber die Möglichkeit desselben, mithin auch die Bedingungen dazu, nämlich Gott, Freiheit und Unsterblichkeit voraussetzen muß, weil ich diese durch meine spekulative Vernunft nicht beweisen, obgleich auch nicht widerlegen kann. Diese Pflicht gründet sich auf einem, freilich von diesen letzteren Voraussetzungen ganz unabhängigen, für sich selbst apodiktisch gewissen, nämlich dem moralischen, Gesetze und ist, so fern, keiner anderweitigen Unterstützung durch theoretische Meinung von der innern Beschaffenheit der Dinge, der geheimen Abzweckung der Weltordnung, oder eines ihr vorstehenden Regierers,

* Aber selbst auch hier würden wir nicht ein Bedürfnis der Vernunft vorschützen können, läge nicht ein problematischer, aber doch unvermeidlicher Begriff der Vernunft vor Augen, nämlich der, eines schlechterdings notwendigen Wesens. Dieser Begriff will nun bestimmt sein, und das ist, wenn der Trieb zur Erweiterung dazu kommt, der objektive Grund eines Bedürfnisses der spekulativen Vernunft, nämlich den Begriff eines notwendigen Wesens, welches andern zum Urgrunde dienen soll, näher zu bestimmen, und dieses letzte also wodurch kenntlich zu machen. Ohne solche vorausgehende notwendige Pro|bleme gibt es keine Bedürfnisse, wenigstens nicht der reinen Vernunft; die übrigen sind Bedürfnisse der Neigung.

bedürftig, um uns auf das vollkommenste zu unbedingt-gesetzmäßigen Handlungen zu verbinden. Aber der subjektive Effekt dieses Gesetzes, nämlich die ihm angemessene und durch dasselbe auch notwendige Gesinnung, das praktisch mögliche höchste Gut zu befördern, setzt doch wenigstens voraus, daß das letztere möglich sei, widrigenfalls es praktisch-unmöglich wäre, dem Objekte eines Begriffes nachzustreben, welcher im Grunde leer und ohne Objekt wäre. Nun betreffen obige | Postulate nur die physischen oder metaphysischen, mit einem Worte, in der Natur der Dinge liegenden Bedingungen der Möglichkeit des höchsten Guts, aber nicht zum Behuf einer beliebigen spekulativen Absicht, sondern eines praktisch notwendigen Zwecks des reinen Vernunftwillens, der hier nicht wählt, sondern einem unnachlaßlichen Vernunftgebote gehorcht, welches seinen Grund, objektiv, in der Beschaffenheit der Dinge hat, so wie sie durch reine Vernunft allgemein beurteilt werden müssen, und gründet sich nicht etwa auf Neigung, die zum Behuf dessen, was wir aus bloß subjektiven Gründen wünschen, so fort die Mittel dazu als möglich, oder den Gegenstand wohl gar als wirklich, anzunehmen keineswegs berechtigt ist. Also ist dieses ein Bedürfnis in schlechterdings notwendiger Absicht, und rechtfertigt seine Voraussetzung nicht bloß als erlaubte Hypothese, sondern als Postulat in praktischer Absicht; und, zugestanden, daß das reine moralische Gesetz jedermann, als Gebot, (nicht als Klugheitsregel,) unnachlaßlich verbinde, darf der Rechtschaffene wohl sagen: ich will, daß ein Gott, daß mein Dasein in dieser Welt, auch außer der Naturverknüpfung, noch ein Dasein in einer reinen Verstandeswelt, endlich auch daß meine Dauer endlos sei, ich beharre darauf und lasse mir diesen Glauben nicht nehmen; denn dieses ist das einzige, wo mein Interesse, weil ich von demselben nichts nachlassen d a r f, mein Urteil unvermeidlich be|stimmt, ohne auf Vernünfteleien zu achten, so wenig ich auch darauf zu antworten oder ihnen scheinbarere entgegen zu stellen im Stande sein möchte*.

*

Um bei dem Gebrauche eines noch so ungewohnten Begriffs, als der eines reinen praktischen Vernunft|glaubens ist, Mißdeutungen zu verhüten, sei mir erlaubt noch eine Anmerkung hinzuzufügen. — Es sollte

* Im deutschen Museum, Febr. 1787, findet sich eine Abhandlung von einem sehr feinen und hellen Kopfe, dem sel. W i z e n m a n n, dessen früher Tod zu bedauern ist, darin er die Befugnis, aus einem Bedürfnisse auf die objektive Realität des Gegenstandes desselben zu schließen, bestreitet, und seinen Gegenstand durch das Beispiel eines V e r l i e b t e n erläutert, der, indem er sich in eine Idee von Schönheit, welche bloß sein Hirngespinst ist, vernarrt hätte, schließen wollte, daß ein solches Objekt wirklich wo existiere. Ich gebe ihm hierin vollkommen recht, in allen Fällen, wo das Bedürfnis auf N e i g u n g gegründet ist, die nicht einmal notwendig für den, der damit angefochten ist, die Existenz ihres Objekts postulieren kann, vielweniger eine für jedermann gültige Forderung enthält, und daher ein bloß s u b j e k t i v e r Grund der Wünsche ist. Hier aber ist es ein V e r n u n f t b e d ü r f n i s, aus einem o b j e k t i v e n Bestimmungsgrunde des Willens, nämlich dem moralischen Gesetze entspringend, welches jedes vernünftige Wesen notwendig verbindet, also zur Voraussetzung der ihm angemessenen Bedingungen in der Natur a priori berechtigt, und die letztern von dem vollständigen praktischen Gebrauche der Vernunft unzertrennlich macht. Es ist Pflicht, das höchste Gut nach unserem größten Vermögen wirklichzumachen; daher muß es doch auch möglich sein; mithin ist es für jedes vernünftige Wesen in der Welt auch unvermeidlich, dasjenige vorauszusetzen, was zu dessen objektiver Möglichkeit notwendig ist. Die Voraussetzung ist so notwendig, als das moralische Gesetz, in Beziehung auf welches sie auch nur gültig ist.

fast scheinen, als ob dieser Vernunftglaube hier selbst als G e b o t angekündigt werde, nämlich das höchste Gut für möglich anzunehmen. Ein Glaube aber, der geboten wird, ist ein Unding. Man erinnere sich aber der obigen Auseinandersetzung dessen, was im Begriffe des höchsten Guts anzunehmen verlangt wird, und wird man[22] inne werden, daß diese Möglichkeit anzunehmen gar nicht geboten werden dürfe, und keine praktischen Gesinnungen fordere, sie e i n z u r ä u m e n, sondern daß spekulative Vernunft sie ohne Gesuch zugeben müsse; denn daß eine, dem moralischen Gesetze angemessene, Würdigkeit der vernünftigen Wesen in der Welt, glücklich zu sein, mit einem dieser proportionierten Besitze dieser Glückseligkeit in Verbindung, an sich u n m ö g l i c h sei, kann doch niemand behaupten wollen. Nun gibt uns in Ansehung des ersten Stücks des höchsten Guts, nämlich was die Sittlichkeit betrifft, das moralische Gesetz bloß ein Gebot, und, die Möglichkeit jenes Bestandstücks zu bezweifeln, wäre eben so viel, als das moralische Gesetz selbst in Zweifel ziehen. Was aber das zweite Stück jenes Objekts, nämlich die jener Würdigkeit durchgängig angemessene Glückseligkeit, betrifft, so ist zwar die Möglichkeit derselben überhaupt einzuräumen gar nicht eines Gebots bedürftig, denn die theoretische Vernunft hat selbst nichts dawider: nur | d i e A r t, w i e wir uns eine solche Harmonie der Naturgesetze mit denen der Freiheit denken sollen, hat etwas an sich, in Ansehung dessen uns eine W a h l zukommt, weil theoretische Vernunft hierüber nichts mit apodiktischer Gewißheit entscheidet, und, in Ansehung dieser, kann es ein moralisches Interesse geben, das den Ausschlag gibt.

---

[22] Akad.Ausg.: man wird

Oben hatte ich gesagt, daß, nach einem bloßen Naturgange in der Welt, die genau dem sittlichen Werte angemessene Glückseligkeit nicht zu erwarten und für unmöglich zu halten sei, und daß also die Möglichkeit des höchsten Guts, von dieser Seite, nur unter Voraussetzung eines moralischen Welturhebers könne eingeräumt werden. Ich hielt mit Vorbedacht mit der Einschränkung dieses Urteils auf die subjektiven Bedingungen unserer Vernunft zurück, um nur dann allererst, wenn die Art ihres Fürwahrhaltens näher bestimmt werden sollte, davon Gebrauch zu machen. In der Tat ist die genannte Unmöglichkeit bloß subjektiv, d. i. unsere Vernunft findet es ihr unmöglich, sich einen so genau angemessenen und durchgängig zweckmäßigen Zusammenhang, zwischen zwei nach so verschiedenen Gesetzen sich ereignenden Weltbegebenheiten, nach einem bloßen Naturlaufe, begreiflich zu machen; ob sie zwar, wie bei allem, was sonst in der Natur Zweckmäßiges ist, die Unmöglichkeit desselben nach all|gemeinen Naturgesetzen, doch auch nicht beweisen, d. i. aus objektiven Gründen hinreichend dartun kann.

Allein jetzt kommt ein Entscheidungsgrund von anderer Art ins Spiel, um im Schwanken der spekulativen Vernunft den Ausschlag zu geben. Das Gebot, das höchste Gut zu befördern, ist objektiv (in der praktischen Vernunft), die Möglichkeit desselben überhaupt gleichfalls objektiv (in der theoretischen Vernunft, die nichts dawider hat,) gegründet. Allein die Art, wie wir uns diese Möglichkeit vorstellen sollen, ob nach allgemeinen Naturgesetzen, ohne einen der Natur vorstehenden weisen Urheber, oder nur unter dessen Voraussetzung, das kann die Vernunft objektiv nicht entscheiden. Hier tritt nun eine subjektive

Bedingung der Vernunft ein: die einzige ihr theoretisch mögliche, zugleich der Moralität (die unter einem objektiven Gesetze der Vernunft steht,) allein zuträgliche Art, sich die genaue Zusammenstimmung des Reichs der Natur mit dem Reiche der Sitten, als Bedingung der Möglichkeit des höchsten Guts, zu denken. Da nun die Beförderung desselben, und also die Voraussetzung seiner Möglichkeit, objektiv (aber nur der praktischen Vernunft zu Folge,) notwendig ist, zugleich aber die Art, auf welche Weise wir es uns als möglich denken wollen, in unserer Wahl steht, in welcher aber ein freies Interesse der reinen praktischen Vernunft für die Annehmung eines weisen Welturhebers entscheidet: so ist das Prinzip, was unser | Urteil hierin bestimmt, zwar subjektiv, als Bedürfnis, aber auch zugleich als Beförderungsmittel dessen, was objektiv (praktisch) notwendig ist, der Grund einer Maxime des Fürwahrhaltens in moralischer Absicht, d. i. ein reiner praktischer Vernunftglaube. Dieser ist also nicht geboten, sondern, als freiwillige, zur moralischen (gebotenen) Absicht zuträgliche, überdem noch mit dem theoretischen Bedürfnisse der Vernunft einstimmige Bestimmung unseres Urteils, jene Existenz anzunehmen und dem Vernunftgebrauch ferner zum Grunde zu legen, selbst aus der moralischen Gesinnung entsprungen; kann also öfters selbst bei Wohlgesinneten bisweilen in Schwanken niemals aber in Unglauben geraten.

IX
Von der der praktischen Bestimmung des Menschen weislich angemessenen Proportion seiner Erkenntnisvermögen

Wenn die menschliche Natur zum höchsten Gute zu streben bestimmt ist, so muß auch das Maß ihrer Erkenntnisvermögen, vornehmlich ihr Verhältnis unter einander, als zu diesem Zwecke schicklich, angenommen werden. Nun beweiset aber die Kritik der reinen spekulativen Vernunft die größte Unzulänglichkeit dersel|ben, um die wichtigsten Aufgaben, die ihr vorgelegt werden, dem Zwecke angemessen aufzulösen, ob sie zwar die natürlichen und nicht zu übersehenden Winke eben derselben Vernunft, imgleichen die großen Schritte, die sie tun kann, nicht verkennt, um sich diesem großen Ziele, das ihr ausgesteckt ist, zu näheren, aber doch, ohne es jemals für sich selbst, sogar mit Beihilfe der größten Naturkenntnis, zu erreichen. Also scheint die Natur hier uns nur stiefmütterlich mit einem zu unserem Zwecke benötigten Vermögen versorgt zu haben.

Gesetzt nun, sie wäre hierin unserem Wunsche willfährig gewesen, und hätte uns diejenige Einsichtsfähigkeit, oder Erleuchtung erteilt, die wir gerne besitzen möchten, oder in deren Besitz einige wohl gar wähnen sich wirklich zu befinden, was würde allem Ansehen nach wohl die Folge hiervon sein? Wofern nicht zugleich unsere ganze Natur umgeändert wäre, so würden die Neigungen, die doch allemal das erste Wort haben, zuerst ihre Befriedigung, und, mit vernünftiger Überlegung verbunden, ihre größtmögliche und dauernde Befriedigung, unter dem Namen der Glückseligkeit, verlangen; das moralische Gesetz würde nachher sprechen, um jene in ihren geziemenden Schranken zu halten, und sogar sie alle insgesamt einem höheren, auf keine Neigung Rücksicht nehmenden, Zwecke zu unterwerfen. Aber, statt des Streits, den jetzt die moralische Gesinnung mit den Neigungen zu führen hat, in | welchem, nach einigen Niederlagen, doch allmählich moralische Stärke der Seele zu erwerben ist, würden Gott und Ewigkeit, mit ihrer furchtbaren Majestät, uns unablässig vor Augen liegen, (denn, was wir vollkommen beweisen können, gilt in Ansehung der Gewißheit, uns so viel, als wovon wir uns durch den Augenschein versichern). Die Übertretung des Gesetzes würde freilich vermieden, das Gebotene getan werden; weil aber die Gesinnung, aus welcher Handlungen geschehen sollen, durch kein Gebot mit eingeflößt werden kann, der Stachel der Tätigkeit hier aber sogleich bei Hand, und äußerlich ist, die Vernunft also sich nicht allererst empor arbeiten darf, um Kraft zum Widerstande gegen Neigungen durch lebendige Vorstellung der Würde des Gesetzes zu sammeln, so würden die mehresten gesetzmäßigen Handlungen aus Furcht, nur wenige aus Hoffnung und gar keine aus Pflicht geschehen, ein moralischer Wert der Handlungen aber, worauf doch allein der Wert der Person und selbst der der Welt in den Augen der höchsten Weisheit, ankommt, würde gar nicht existieren. Das Verhalten der Menschen, so lange ihre Natur, wie sie jetzt ist, bliebe, würde also in einen bloßen Mechanismus verwandelt werden, wo, wie im Marionettenspiel, alles gut gestikulieren, aber in den Figuren doch kein Leben anzutreffen sein würde. Nun, da es mit uns ganz anders beschaffen ist, da wir, mit aller Anstrengung unserer Vernunft, | nur eine sehr dunkele und zweideutige Aussicht in die Zukunft haben, der Weltregierer uns sein Dasein und seine Herrlichkeit nur mutmaßen, nicht erblicken, oder klar beweisen läßt, dagegen das moralische Gesetz in uns, ohne uns etwas mit Sicherheit zu verheißen, oder zu drohen, von uns uneigennützige Achtung fordert, übrigens aber, wenn diese Achtung tätig und herrschend geworden, allererst alsdann und nur dadurch, Aussichten ins Reich des Übersinnlichen, aber auch nur mit schwachen Blicken erlaubt; so kann wahrhafte sittliche, dem Gesetze unmittelbar geweihete Gesinnung stattfinden und das vernünftige Geschöpf des Anteils am höchsten Gute würdig werden, das dem moralischen Werte seiner Person und nicht bloß seinen Handlungen angemessen ist. Also möchte es auch hier wohl damit seine Richtigkeit haben, was uns das Studium der Natur und des Menschen sonst hinreichend lehrt, daß die unerforschliche Weisheit, durch die wir existieren, nicht minder verehrungswürdig ist, in dem, was sie uns versagte, als in dem, was sie uns zu teil werden ließ.

Der

Kritik der praktischen Vernunft

Zweiter Teil

Methodenlehre

der

reinen praktischen Vernunft

Unter der *Methodenlehre* der reinen *praktischen* Vernunft kann man nicht die Art (sowohl im Nachdenken als im Vortrage) mit reinen praktischen Grundsätzen in Absicht auf ein *wissenschaftliches* Erkenntnis derselben zu verfahren, verstehen, welches man sonst im *Theoretischen* eigentlich allein Methode nennt, (denn populäres Erkenntnis bedarf einer *Manier*, Wissenschaft aber einer *Methode*, d. i. eines Verfahrens *nach Prinzipien* der Vernunft, wodurch das Mannigfaltige einer Erkenntnis allein ein *System* werden kann). Vielmehr wird unter dieser Methodenlehre die Art verstanden, wie man den Gesetzen der reinen praktischen Vernunft *Eingang* in das menschliche Gemüt, *Einfluß* auf die Maximen desselben verschaffen, d. i. die objektiv-praktische Vernunft auch *subjektiv* praktisch machen könne.

Nun ist zwar klar, daß diejenigen Bestimmungsgründe des Willens, welche allein die Maximen eigentlich moralisch machen und ihnen einen sittlichen Wert geben, die unmittelbare Vorstellung des Gesetzes und die objektiv-notwendige Befolgung desselben als Pflicht, als die eigentlichen Triebfedern der Handlungen vorgestellt werden müssen; weil sonst zwar *Legalität* der | Handlungen, aber nicht *Moralität* der Gesinnungen bewirkt werden würde. Allein nicht so klar, vielmehr beim ersten Anblicke ganz unwahrscheinlich, muß es jedermann vorkommen, daß auch subjektiv jene Darstellung der reinen Tugend *mehr Macht* über das menschliche Gemüt haben und eine weit stärkere Triebfeder abgeben könne, selbst jene Legalität der Handlungen zu bewirken, und kräftigere

Entschließungen hervorzubringen, das Gesetz, aus reiner Achtung für dasselbe, jeder anderen Rücksicht vorzuziehen, als alle Anlockungen, die aus Vorspiegelungen von Vergnügen und überhaupt allem dem, was man zur Glückseligkeit zählen mag,[1] oder auch alle Androhungen von Schmerz und Übeln jemals wirken können. Gleichwohl ist es wirklich so bewandt, und wäre es nicht so mit der menschlichen Natur beschaffen, so würde auch keine Vorstellungsart des Gesetzes durch Umschweife und empfehlende Mittel jemals Moralität der Gesinnung hervorbringen. Alles wäre lauter Gleißnerei, das Gesetz würde gehaßt, oder wohl gar verachtet, indessen doch um eigenen Vorteils willen befolgt werden. Der Buchstabe des Gesetzes (Legalität) würde in unseren Handlungen anzutreffen sein, der Geist desselben[2] aber in unseren Gesinnungen (Moralität) gar nicht, und da wir mit aller unserer Bemühung uns doch in unserem Urteile nicht ganz von der Vernunft los machen können, so würden wir unvermeidlich in unseren eigenen Augen als nichtswür|dige, verworfene Menschen erscheinen müssen, wenn wir uns gleich für diese Kränkung vor dem inneren Richterstuhl dadurch schadlos zu halten versuchten, daß wir uns an den Vergnügen ergötzten, die ein von uns angenommenes natürliches oder göttliches Gesetz, unserem Wahne nach, mit dem Maschinenwesen ihrer Polizei, die sich bloß nach dem richtete, was man tut, ohne sich um die Bewegungsgründe, warum man es tut, zu bekümmern, verbunden hätte.

Zwar kann man nicht in Abrede sein, daß, um ein entweder noch ungebildetes, oder auch verwildertes Gemüt zuerst ins Gleis des Moralisch-Guten zu brin-

---

[1] Verbum des Relativsatzes fehlt

[2] 1. Aufl.: derselben; Akad.Ausg.: desselben

gen, es einiger vorbereitender Anleitungen bedürfe, es durch seinen eigenen Vorteil zu locken, oder durch den Schaden zu schrecken; allein, so bald dieses Maschinenwerk, dieses Gängelband nur einige Wirkung getan hat, so muß durchaus der reine moralische Bewegungsgrund an die Seele gebracht werden, der nicht allein dadurch, daß er der einzige ist, welcher einen Charakter (praktische konsequente Denkungsart nach unveränderlichen Maximen) gründet, sondern auch darum, weil er den Menschen seine eigene Würde fühlen lehrt, dem Gemüte eine ihm selbst unerwartete Kraft gibt, sich von aller sinnlichen Anhänglichkeit, so fern sie herrschend werden will, loszureißen, und in der Unabhängigkeit seiner intelligibelen Natur und der Seelengröße, dazu | er sich bestimmt sieht, für die Opfer, die er darbringt, reichliche Entschädigung zu finden. Wir wollen also diese Eigenschaft unseres Gemüts, diese Empfänglichkeit eines reinen moralischen Interesses, und mithin die bewegende Kraft der reinen Vorstellung der Tugend, wenn sie gehörig ans menschliche Herz gebracht wird, als die mächtigste, und, wenn es auf die Dauer und Pünktlichkeit in Befolgung moralischer Maximen ankommt, einzige Triebfeder zum Guten, durch Beobachtungen, die ein jeder anstellen kann, beweisen; wobei doch zugleich erinnert werden muß, daß, wenn diese Beobachtungen nur die Wirklichkeit eines solchen Gefühls, nicht aber dadurch zu Stande gebrachte sittliche Besserung beweisen, dieses der einzigen Methode, die objektiv-praktischen Gesetze der reinen Vernunft durch bloße reine Vorstellung der Pflicht subjektiv-praktisch zu machen, keinen Abbruch tue, gleich als ob sie eine leere Phantasterei wäre. Denn, da diese Methode noch niemals in Gang gebracht worden, so kann auch die Erfahrung noch nichts von ihrem Erfolg aufzeigen, sondern man kann nur Beweistümer der Empfänglichkeit solcher Triebfedern fordern, die ich jetzt kürzlich vorlegen und danach die Methode der Gründung und Kultur echter moralischer Gesinnungen, mit wenigem, entwerfen will.

Wenn man auf den Gang der Gespräche in gemischten Gesellschaften, die nicht bloß aus Gelehrten | und Vernünftlern, sondern auch aus Leuten von Geschäften oder Frauenzimmern bestehen, Acht hat, so bemerkt man, daß, außer dem Erzählen und Scherzen, noch eine Unterhaltung, nämlich das Räsonnieren, darin Platz findet; weil das erstere, wenn es Neuigkeit, und, mit ihr, Interesse bei sich führen soll, bald erschöpft, das zweite aber leicht schal wird. Unter allem Räsonnieren ist aber keines, was mehr den Beitritt der Personen, die sonst bei allem Vernünfteln bald lange Weile haben, erregt, und eine gewisse Lebhaftigkeit in die Gesellschaft bringt, als das über den sittlichen Wert dieser oder jener Handlung, dadurch der Charakter irgend einer Person ausgemacht werden soll. Diejenigen, welchen sonst alles Subtile und Grüblerische in theoretischen Fragen trocken und verdrießlich ist, treten bald bei, wenn es darauf ankommt, den moralischen Gehalt einer erzählten guten oder bösen Handlung auszumachen, und sind so genau, so grüblerisch, so subtil, alles, was die Reinigkeit der Absicht, und mithin den Grad der Tugend in derselben vermindern, oder auch nur verdächtig machen könnte, auszusinnen, als man bei keinem Objekte der Spekulation sonst von ihnen erwartet. Man kann in diesen Beurteilungen oft den Charakter der über andere urteilenden Personen selbst hervorschimmern sehen, deren einige vorzüglich geneigt scheinen, indem sie ihr Richteramt, vornehmlich über Verstorbene, ausüben, das Gute, was | von dieser oder jener Tat derselben erzählt wird, wider alle kränkenden Einwürfe der Unlauterkeit und zuletzt den ganzen sittlichen Wert der Person wider den Vorwurf der Verstellung und geheimen Bösartigkeit zu verteidigen, andere dagegen mehr auf Anklagen und Beschuldigungen sinnen, diesen Wert anzufechten. Doch kann man den letzteren nicht immer die Absicht beimessen, Tugend aus allen Beispielen der Menschen gänzlich wegvernünfteln zu wollen, um sie dadurch zum leeren Namen zu machen, sondern es ist oft nur wohlgemeinte Strenge in Bestimmung des echten sittlichen Gehalts, nach einem unnachsichtlichen Gesetze, mit welchem und nicht mit Beispielen verglichen der Eigendünkel im Moralischen sehr sinkt, und Demut nicht etwa bloß gelehrt, sondern bei scharfer Selbstprüfung von jedem gefühlt wird. Dennoch kann man den Verteidigern der Reinigkeit der Absicht in gegebenen Beispielen es mehrenteils ansehen, daß sie ihr da, wo sie die Vermutung der Rechtschaffenheit für sich hat, auch den mindesten Fleck gerne abwischen möchten, aus dem Bewegungsgrunde, damit nicht, wenn allen Beispielen ihre Wahrhaftigkeit gestritten und aller menschlichen Tugend die Lauterkeit weggeleugnet würde, diese nicht endlich gar für ein bloßes Hirngespinst gehalten, und so alle Bestrebung zu derselben als eitles Geziere und trüglicher Eigendünkel geringschätzig gemacht werde. |

Ich weiß nicht, warum die Erzieher der Jugend von diesem Hange der Vernunft, in aufgeworfenen praktischen Fragen selbst die subtilste Prüfung mit Vergnügen einzuschlagen, nicht schon längst Gebrauch gemacht haben, und, nachdem sie einen bloß moralischen Katechismus zum Grunde legten, sie nicht die Biographien alter und neuer Zeiten in der Absicht durchsuchten, um Belege zu den vorgelegten Pflichten bei der Hand zu haben, an denen sie, vornehmlich durch die Vergleichung ähnlicher Handlungen unter verschiedenen Umständen, die Beurteilung ihrer Zöglinge in Tätigkeit setzten, um den mindern oder größeren moralischen Gehalt derselben zu bemerken, als worin sie selbst die frühe Jugend, die zu aller Spekulation sonst noch unreif ist, bald sehr scharfsichtig, und dabei, weil sie den Fortschritt ihrer Urteilskraft fühlt, nicht wenig interessiert finden werden, was aber das Vornehmste ist, mit Sicherheit hoffen können, daß die öftere Übung, das Wohlverhalten in seiner ganzen Reinigkeit zu kennen und ihm Beifall zu geben, dagegen selbst die kleinste Abweichung von ihr mit Bedauern oder Verachtung zu bemerken, ob es zwar bis dahin nur als ein[3] Spiel der Urteilskraft, in welchem Kinder mit einander wetteifern können, getrieben wird, dennoch einen dauerhaften Eindruck der Hochschätzung auf der einen und des Abscheues auf der andern Seite zurücklassen werde, welche, durch bloße Gewohnheit solche Handlungen als bei|falls- oder tadelswürdig öfters anzusehen, zur Rechtschaffenheit im künftigen Lebenswandel eine gute Grundlage ausmachen würden. Nur wünsche ich sie mit Beispielen sogenannter edler (überverdienstlicher) Handlungen, mit welchen unsere empfindsamen Schriften so viel um sich werfen, zu verschonen, und alles bloß auf Pflicht und den Wert, den ein Mensch sich in seinen eigenen Augen durch das Bewußtsein, sie nicht übertreten zu haben, geben kann und muß, auszusetzen, weil, was auf leere Wünsche und Sehnsuchten nach unersteiglicher Vollkommenheit hinausläuft, lauter Romanhelden hervorbringt, die, indem sie sich auf ihr Gefühl für das Überschwenglich-Große viel zu

[3] 1. Aufl.: nur ein; Akad.Ausg.: nur als ein

Gute tun, sich dafür von der Beobachtung der gemeinen und gangbaren Schuldigkeit, die alsdann ihnen nur unbedeutend klein scheint, frei sprechen.* |

Wenn man aber fragt: was denn eigentlich die reine Sittlichkeit ist, an der, als dem Probemetall, man jeder Handlung moralischen Gehalt prüfen müsse, so muß ich gestehen, daß nur Philosophen die Entscheidung dieser Frage zweifelhaft machen können; denn in der gemeinen Menschenvernunft ist sie, zwar nicht durch abgezogene allgemeine Formeln, aber doch durch den gewöhnlichen Gebrauch, gleichsam als der Unterschied zwischen der rechten und linken Hand, längst entschieden. Wir wollen also vorerst das Prüfungsmerkmal der reinen Tugend an einem Beispiele zeigen, und indem wir uns vorstellen, daß es etwa einem zehnjährigen Knaben zur Beurteilung vorgelegt worden, sehen, ob er auch von selber, ohne durch den Lehrer dazu angewiesen zu sein, notwendig so urteilen müßte. Man erzähle die Geschichte eines redlichen Mannes, den man bewegen will, den Verleumdern einer unschuldigen, übrigens nichts vermögenden Person (wie etwa Anna von Bolen auf An-

* Handlungen, aus denen große uneigennützige, teilnehmende Gesinnung und Menschlichkeit hervorleuchtet, zu preisen, ist ganz ratsam. Aber man muß hier nicht sowohl auf die Seelenerhebung, die sehr flüchtig und vorübergehend ist, als vielmehr auf die Herzensunterwerfung unter Pflicht, wovon ein längerer Eindruck erwartet werden kann, weil sie Grundsätze (jene aber nur Aufwallungen) mit sich führt, aufmerksam machen. Man darf nur ein wenig nachsinnen, man wird immer eine Schuld finden, die er sich irgend wodurch in Ansehung des Menschengeschlechts aufgeladen hat, (sollte es auch nur die sein, daß man, durch die Ungleichheit der Menschen in der bürgerlichen Verfassung, Vorteile genießt, um deren willen andere destó mehr entbehren müssen,) um durch die eigen|liebige Einbildung des Verdienstlichen den Gedanken an Pflicht nicht zu verdrängen.

klage Heinrichs VIII. von England) beizutreten. Man bietet Gewinne, d. i. große Geschenke oder hohen Rang an, er schlägt sie aus. Dieses wird bloßen Beifall und Billigung in der Seele des Zuhörers wirken, weil es Gewinn ist. Nun fängt man es mit Androhung des Verlusts an. Es sind unter diesen | Verleumdern seine besten Freunde, die ihm jetzt ihre Freundschaft aufsagen, nahe Verwandte, die ihn (der ohne Vermögen ist,) zu enterben drohen, Mächtige, die ihn in jedem Orte und Zustande verfolgen und kränken können, ein Landesfürst, der ihn mit dem Verlust der Freiheit, ja des Lebens selbst bedroht. Um ihn aber, damit das Maß des Leidens voll sei, auch den Schmerz fühlen zu lassen, den nur das sittlich gute Herz recht inniglich fühlen kann, mag man seine mit äußerster Not und Dürftigkeit bedrohete Familie ihn um Nachgiebigkeit anflehend, ihn selbst, obzwar rechtschaffen, doch eben nicht von festen unempfindlichen Organen des Gefühls, für Mitleid sowohl als eigener Not, in einem Augenblick, darin er wünscht den Tag nie erlebt zu haben, der ihn einem so unaussprechlichen Schmerz aussetzte, dennoch seinem Vorsatze der Redlichkeit, ohne zu wanken oder nur zu zweifeln, treu bleibend, vorstellen: so wird mein jugendlicher Zuhörer stufenweise, von der bloßen Billigung zur Bewunderung, von da zum Erstaunen, endlich bis zur größten Verehrung, und einem lebhaften Wunsche, selbst ein solcher Mann sein zu können, (obzwar freilich nicht in seinem Zustande,) erhoben werden; und gleichwohl ist hier die Tugend nur darum so viel wert, weil sie so viel kostet, nicht weil sie etwas einbringt. Die ganze Bewunderung und selbst Bestrebung zur Ähnlichkeit mit diesem Charakter beruht hier | gänzlich auf der Reinigkeit des sittlichen Grundsatzes, welche nur dadurch recht in die Augen fallend vorgestellet werden kann, daß man alles, was Menschen nur zur Glückseligkeit zählen mögen, von den Triebfedern der Handlung wegnimmt. Also muß die Sittlichkeit auf das menschliche Herz desto mehr Kraft haben, je reiner sie dargestellt wird. Woraus denn folgt, daß, wenn das Gesetz der Sitten und das Bild der Heiligkeit und Tugend auf unsere Seele überall einigen Einfluß ausüben soll, sie diesen nur so fern ausüben könne, als sie rein, unvermengt von Absichten auf sein Wohlbefinden, als Triebfeder ans Herz gelegt wird, darum weil sie sich im Leiden am herrlichsten zeigt. Dasjenige aber, dessen Wegräumung die Wirkung einer bewegenden Kraft verstärkt, muß ein Hindernis gewesen sein. Folglich ist alle Beimischung der Triebfedern, die von eigener Glückseligkeit hergenommen werden, ein Hindernis, dem moralischen Gesetze Einfluß aufs menschliche Herz zu verschaffen. — Ich behaupte ferner, daß selbst in jener bewunderten Handlung, wenn der Bewegungsgrund, daraus sie geschah, die Hochschätzung seiner Pflicht war, alsdann eben diese Achtung fürs Gesetz, nicht etwa ein Anspruch auf die innere Meinung von Großmut und edler verdienstlicher Denkungsart, gerade auf das Gemüt des Zuschauers die größte Kraft habe, folglich Pflicht, nicht Verdienst, den nicht allein bestimmtesten, sondern, wenn sie im rechten Lichte | ihrer Unverletzlichkeit vorgestellt wird, auch den eindringendsten Einfluß aufs Gemüt haben müsse.

In unsern Zeiten, wo man mehr mit schmelzenden weichherzigen Gefühlen, oder hochfliegenden, aufblähenden und das Herz eher welk, als stark, machenden Anmaßungen über das Gemüt mehr auszurichten hofft, als durch die der menschlichen Unvollkommenheit und dem Fortschritte im Guten angemeßnere trockne und ernsthafte Vorstellung der Pflicht, ist die

Hinweisung auf diese Methode nötiger, als jemals. Kindern Handlungen als edele, großmütige, verdienstliche zum Muster aufzustellen, in der Meinung, sie durch Einflößung eines Enthusiasmus für dieselben einzunehmen, ist vollends zweckwidrig. Denn da sie noch in der Beobachtung der gemeinsten Pflicht und selbst in der richtigen Beurteilung derselben so weit zurück sind, so heißt das so viel, als sie bei Zeiten zu Phantasten zu machen. Aber auch bei dem belehrtern und erfahrnern Teil der Menschen ist diese vermeinte Triebfeder, wo nicht von nachteiliger, wenigstens von keiner echten moralischen Wirkung aufs Herz, die man dadurch doch hat zuwegebringen wollen.

Alle Gefühle, vornehmlich die, so ungewohnte Anstrengung bewirken sollen, müssen in dem Augenblicke, da sie in ihrer Heftigkeit sind, und ehe sie verbrausen, ihre Wirkung tun, sonst tun sie nichts; indem | das Herz natürlicherweise zu seiner natürlichen gemäßigten Lebensbewegung zurückkehrt, und sonach in die Mattigkeit verfällt, die ihm vorher eigen war; weil zwar etwas, was es reizte, nichts aber, das es stärkte, an dasselbe gebracht war. Grundsätze müssen auf Begriffe errichtet werden, auf alle andere Grundlage können nur Anwandelungen zu Stande kommen, die der Person keinen moralischen Wert, ja nicht einmal eine Zuversicht auf sich selbst verschaffen können, ohne die das Bewußtsein seiner moralischen Gesinnung und eines solchen Charakters, das höchste Gut im Menschen, gar nicht stattfinden kann. Diese Begriffe nun, wenn sie subjektiv praktisch werden sollen, müssen nicht bei den objektiven Gesetzen der Sittlichkeit stehen bleiben, um sie zu bewundern, und in Beziehung auf die Menschheit hochzuschätzen, sondern ihre Vorstellung in Relation auf den Menschen und auf sein Individuum betrachten; da denn jenes Gesetz in einer zwar höchst achtungswürdigen, aber nicht so gefälligen Gestalt erscheint, als ob es zu dem Elemente gehöre, daran er natürlicher Weise gewohnt ist, sondern wie es ihn nötiget, dieses oft, nicht ohne Selbstverleugnung, zu verlassen, und sich in ein höheres zu begeben, darin er sich, mit unaufhörlicher Besorgnis des Rückfalls, nur mit Mühe erhalten kann. Mit einem Worte, das moralische Gesetz verlangt Befolgung aus Pflicht, nicht aus Vorliebe, die man gar nicht voraussetzen kann und soll. |

Laßt uns nun im Beispiele sehen, ob in der Vorstellung einer Handlung als edler und großmütiger Handlung mehr subjektiv bewegende Kraft einer Triebfeder liege, als, wenn diese bloß als Pflicht in Verhältnis auf das ernste moralische Gesetz vorgestellt wird. Die Handlung, da jemand, mit der größten Gefahr des Lebens, Leute aus dem Schiffbruche zu retten sucht, wenn er zuletzt dabei selbst sein Leben einbüßt, wird zwar einerseits zur Pflicht, andererseits aber und größtenteils auch für verdienstliche Handlung angerechnet, aber unsere Hochschätzung derselben wird gar sehr durch den Begriff von P f l i c h t g e g e n s i c h s e l b s t, welche hier etwas Abbruch zu leiden scheint, geschwächt. Entscheidender ist die großmütige Aufopferung seines Lebens zur Erhaltung des Vaterlandes, und doch, ob es auch so vollkommen Pflicht sei, sich von selbst und unbefohlen dieser Absicht zu weihen, darüber bleibt einiger Skrupel übrig, und die Handlung hat nicht die ganze Kraft eines Musters und Antriebes zur Nachahmung in sich. Ist es aber unerlaßliche Pflicht, deren Übertretung das moralische Gesetz an sich und ohne Rücksicht auf Menschenwohl verletzt, und dessen Heiligkeit gleichsam mit Füßen tritt, (dergleichen Pflichten man Pflichten gegen Gott zu nennen pflegt, weil wir uns in ihm das Ideal der

Heiligkeit in Substanz denken,) so widmen wir der Befolgung desselben, mit Aufopferung alles dessen, was für die innigste aller unserer Neigungen nur immer ei|nen Wert haben mag, die allervollkommenste Hochachtung, und wir finden unsere Seele durch ein solches Beispiel gestärkt und erhoben, wenn wir an demselben uns überzeugen können, daß die menschliche Natur zu einer so großen Erhebung über alles, was Natur nur immer an Triebfedern zum Gegenteil aufbringen mag, fähig sei. J u v e n a l stellt ein solches Beispiel in einer Steigerung vor, die den Leser die Kraft der Triebfeder, die im reinen Gesetze der Pflicht, als Pflicht, steckt, lebhaft empfinden läßt:

Esto bonus miles, tutor bonus, arbiter idem
Integer; ambiguae si quando citabere testis
Incertaeque rei, Phalaris licet imperet, ut sis
Falsus, et admoto dictet periuria tauro,
Summum crede nefas animam praeferre pudori,
Et propter vitam vivendi perdere causas.[4]

Wenn wir irgend etwas Schmeichelhaftes vom Verdienstlichen in unsere Handlung bringen können, dann ist die Triebfeder schon mit Eigenliebe etwas vermischt, hat also einige Beihilfe von der Seite der Sinnlichkeit. Aber der Heiligkeit der Pflicht allein

[4] Juvenal, Satiren, 8, 79—84. Übers. v. Ulrich Knoche (München 1951):

Sei ein guter Soldat, ein guter Vormund, ein lautrer
Schiedsmann! Ruft man einmal in heikeler, brenzlicher Sache
Dich als Zeugen herbei, mag Phalaris auch eine Lüge
Von dir heischen, und vor dem Stier einen Meineid diktieren,
Halt's für die furchtbarste Schuld, dem Leben die Ehre zu opfern
Und um das Leben zu retten, des Lebens Sinn zu verderben!

P h a l a r i s : Ein Tyrann Siziliens von sprichwörtlicher Grausamkeit. Sein berühmtestes Marterwerkzeug war ein eherner Stier, in dem er die Verurteilten bei lebendigem Leibe röstete. (Erl. v. Knoche)

alles nachsetzen, und sich bewußt werden, daß man es k ö n n e, weil unsere eigene Vernunft dieses als ihr Gebot anerkennt, und sagt, daß man es tun s o l l e, das heißt sich gleichsam über die Sinnenwelt selbst gänzlich erheben, und ist in demselben Bewußtsein des Gesetzes, auch als Triebfeder eines d i e S i n n l i c h k e i t b e h e r r s c h e n d e n Vermögens, | unzertrennlich, wenn gleich nicht immer mit Effekt, verbunden,[5] der aber doch auch, durch die öftere Beschäftigung mit derselben, und die anfangs kleinern Versuche ihres Gebrauchs, Hoffnung zu seiner Bewirkung gibt, um in uns nach und nach das größte, aber reine moralische Interesse daran hervorzubringen.

Die Methode nimmt also folgenden Gang. Z u e r s t ist es nur darum zu tun, die Beurteilung nach moralischen Gesetzen zu einer natürlichen, alle unsere eigenen, sowohl als die Beobachtung fremder freier Handlungen begleitenden Beschäftigung und gleichsam zur Gewohnheit zu machen, und sie zu schärfen, indem man vorerst fragt, ob die Handlung objektiv d e m m o r a l i s c h e n G e s e t z e, und welchem, g e m ä ß sei; wobei man denn die Aufmerksamkeit auf dasjenige Gesetz, welches bloß einen G r u n d zur Verbindlichkeit an die Hand gibt, von dem unterscheidet, welches in der Tat v e r b i n d e n d ist (leges obligandi a legibus obligantibus[6]), (wie z. B. das Gesetz desjenigen, was das B e d ü r f n i s der Menschen im Gegensatze dessen, was das R e c h t derselben von

[5] 1. Aufl.: „und ist in demselben Bewußtsein des Gesetzes auch als Triebfeder eines die Sinnlichkeit beherrschenden Vermögens unzertrennlich, wenn gleich nicht immer mit Effekt verbunden,". Konstruktion nicht ganz klar. — Die Akad.Ausg. erhält die Interpunktion und erwägt als Änderung am Anfang: „und ist von demselben das Bewußtsein des Gesetzes", sowie ähnliche Formulierungen.

[6] dt.: Gesetze des Verpflichtens von verpflichtenden Gesetzen

mir fordert, wovon das Letztere wesentliche, das Erstere aber nur außerwesentliche Pflichten vorschreibt,) und so verschiedene Pflichten, die in einer Handlung zusammenkommen, unterscheiden lehrt. Der andere Punkt, worauf die Aufmerksamkeit gerichtet werden muß, ist die Frage: ob die Handlung auch (subjektiv) um des mo|ralischen Gesetzes willen geschehen, und also sie nicht allein sittliche Richtigkeit, als Tat, sondern auch sittlichen Wert, als Gesinnung, ihrer Maxime nach habe. Nun ist kein Zweifel, daß diese Übung, und das Bewußtsein einer daraus entspringenden Kultur unserer bloß über das Praktische urteilenden Vernunft, ein gewisses Interesse, selbst am Gesetze derselben, mithin an sittlich guten Handlungen nach und nach hervorbringen müsse. Denn wir gewinnen endlich das lieb, dessen Betrachtung uns den erweiterten Gebrauch unserer Erkenntniskräfte empfinden läßt, welchen vornehmlich dasjenige befördert, worin wir moralische Richtigkeit antreffen; weil sich die Vernunft in einer solchen Ordnung der Dinge mit ihrem Vermögen, a priori nach Prinzipien zu bestimmen was geschehen soll, allein gut finden kann. Gewinnt doch ein Naturbeobachter Gegenstände, die seinen Sinnen anfangs anstößig sind, endlich lieb, wenn er die große Zweckmäßigkeit ihrer Organisation daran entdeckt, und so seine Vernunft an ihrer Betrachtung weidet, und Leibniz brachte ein Insekt, welches er durchs Mikroskop sorgfältig betrachtet hatte, schonend wiederum auf sein Blatt zurück, weil er sich durch seinen Anblick belehrt gefunden, und von ihm gleichsam eine Wohltat genossen hatte.

Aber diese Beschäftigung der Urteilskraft, welche uns unsere eigenen Erkenntniskräfte fühlen läßt, ist | noch nicht das Interesse an den Handlungen und ihrer

Moralität selbst. Sie macht bloß, daß man sich gerne mit einer solchen Beurteilung unterhält, und gibt der Tugend, oder der Denkungsart nach moralischen Gesetzen, eine Form der Schönheit, die bewundert, darum aber noch nicht gesucht wird (laudatur et alget[7]); wie alles, dessen Betrachtung subjektiv ein Bewußtsein der Harmonie unserer Vorstellungskräfte bewirkt, und wobei wir unser ganzes Erkenntnisvermögen (Verstand und Einbildungskraft) gestärkt fühlen, ein Wohlgefallen hervorbringt, das sich auch andern mitteilen läßt, wobei gleichwohl die Existenz des Objekts uns gleichgültig bleibt, indem es nur als die Veranlassung angesehen wird, der über die Tierheit erhabenen Anlage der Talente in uns inne zu werden. Nun tritt aber die zweite Übung ihr Geschäft an, nämlich in der lebendigen Darstellung der moralischen Gesinnung an Beispielen, die Reinigkeit des Willens bemerklich zu machen, vorerst nur als negativer Vollkommenheit desselben, so fern in einer Handlung aus Pflicht gar keine Triebfedern der Neigungen als Bestimmungsgründe auf ihn einfließen; wodurch der Lehrling doch auf das Bewußtsein seiner Freiheit aufmerksam erhalten wird; und obgleich diese Entsagung eine anfängliche Empfindung von Schmerz erregt, dennoch dadurch, daß sie jenen Lehrling dem Zwange selbst wahrer Bedürfnisse entzieht, ihm zugleich eine Befreiung von der mannigfaltigen Unzufriedenheit, | darin ihn alle diese Bedürfnisse verflechten, angekündigt, und das Gemüt für die Empfindung der Zufriedenheit aus anderen Quellen empfänglich gemacht wird. Das Herz wird doch von einer Last, die es jederzeit insgeheim drückt, befreit und erleichtert, wenn an reinen moralischen Entschließungen,

[7] dt.: sie wird gelobt und friert (doch)

davon Beispiele vorgelegt werden, dem Menschen ein inneres, ihm selbst sonst nicht einmal recht bekanntes Vermögen, die innere Freiheit, aufgedeckt wird, sich von der ungestümen Zudringlichkeit der Neigungen dermaßen loszumachen, daß gar keine, selbst die beliebteste nicht, auf eine Entschließung, zu der wir uns jetzt unserer Vernunft bedienen sollen, Einfluß habe. In einem Falle, wo ich nur allein weiß, daß das Unrecht auf meiner Seite sei, und obgleich das freie Geständnis desselben, und die Anerbietung zur Genugtuung an der Eitelkeit, dem Eigennutze, selbst dem sonst nicht unrechtmäßigen Widerwillen gegen den, dessen Recht von mir geschmälert ist, so großen Widerspruch findet, dennoch mich über alle diese Bedenklichkeiten wegsetzen kann, ist doch ein Bewußtsein einer Unabhängigkeit von Neigungen und von Glücksumständen, und der Möglichkeit sich selbst genug zu sein, enthalten, welche mir überall auch in anderer Absicht heilsam ist. Und nun findet das Gesetz der Pflicht, durch den positiven Wert, den uns die Befolgung desselben empfinden läßt, leichteren Eingang durch die Achtung für uns selbst im Bewußtsein unserer Freiheit. Auf diese, wenn sie wohl | gegründet ist, wenn der Mensch nichts stärker scheuet, als sich in der inneren Selbstprüfung in seinen eigenen Augen geringschätzig und verwerflich zu finden, kann nun jede gute sittliche Gesinnung gepfropft werden; weil dieses der beste, ja der einzige Wächter ist, das Eindringen unedler und verderbender Antriebe vom Gemüte abzuhalten.

Ich habe hiermit nur auf die allgemeinsten Maximen der Methodenlehre einer moralischen Bildung und Übung hinweisen wollen. Da die Mannigfaltigkeit der Pflichten für jede Art derselben noch besondere Bestimmungen erforderte, und so ein weitläufiges Geschäfte ausmachen würde, so wird man mich für entschuldigt halten, wenn ich, in einer Schrift, wie diese, die nur Vorübung ist, es bei diesen Grundzügen bewenden lasse.

Beschluß

Zwei Dinge erfüllen das Gemüt mit immer neuer und zunehmender Bewunderung und Ehrfurcht, je öfter und anhaltender sich das Nachdenken damit beschäftigt: *Der bestirnte Himmel über mir, und das moralische Gesetz in mir.* Beide darf ich nicht als in Dunkelheiten verhüllt, oder im Überschwenglichen, außer meinem Gesichtskreise, suchen und bloß vermuten; ich se|he sie vor mir und verknüpfe sie unmittelbar mit dem Bewußtsein meiner Existenz. Das erste fängt von dem Platze an, den ich in der äußern Sinnenwelt einnehme, und erweitert die Verknüpfung, darin ich stehe, ins Unabsehlich-Große mit Welten über Welten und Systemen von Systemen, überdem noch in grenzenlose Zeiten ihrer periodischen Bewegung, deren Anfang und Fortdauer. Das zweite fängt von meinem unsichtbaren Selbst, meiner Persönlichkeit, an, und stellt mich in einer Welt dar, die wahre Unendlichkeit hat, aber nur dem Verstande spürbar ist, und mit welcher (dadurch aber auch zugleich mit allen jenen sichtbaren Welten) ich mich, nicht wie dort, in bloß zufälliger, sondern allgemeiner und notwendiger Verknüpfung erkenne. Der erstere Anblick einer zahllosen Weltenmenge vernichtet gleichsam meine Wichtigkeit, als eines *tierischen Geschöpfs*, das die Materie, daraus es ward, dem Planeten (einem bloßen Punkt im Weltall) wieder zurückgeben muß, nachdem es eine kurze Zeit (man weiß nicht wie) mit Lebenskraft versehen gewesen. Der zweite erhebt dagegen meinen Wert, als einer Intelligenz, unendlich, durch meine Persönlichkeit, in welcher das moralische Gesetz mir ein von der Tierheit und selbst von der ganzen Sinnenwelt unabhängiges Leben offenbart, wenigstens so viel sich aus der zweckmäßigen Bestimmung meines Daseins durch dieses Gesetz, welche nicht auf Bedingungen und Grenzen dieses Lebens | eingeschränkt ist, sondern ins Unendliche geht, abnehmen läßt.

Allein, Bewunderung und Achtung können zwar zur Nachforschung reizen, aber den Mangel derselben nicht ersetzen. Was ist nun zu tun, um diese, auf nutzbare und der Erhabenheit des Gegenstandes angemessene Art, anzustellen? Beispiele mögen hierbei zur Warnung, aber auch zur Nachahmung dienen. Die Weltbetrachtung fing von dem herrlichsten Anblicke an, den menschliche Sinne nur immer vorlegen, und unser Verstand, in ihrem weiten Umfange zu verfolgen, nur immer vertragen kann, und endigte — mit der Sterndeutung. Die Moral fing mit der edelsten Eigenschaft in der menschlichen Natur an, deren Entwickelung und Kultur auf unendlichen Nutzen hinaussieht, und endigte — mit der Schwärmerei, oder dem Aberglauben. So geht es allen noch rohen Versuchen, in denen der vornehmste Teil des Geschäftes auf den Gebrauch der Vernunft ankommt, der nicht, so wie der Gebrauch der Füße, sich von selbst, vermittelst der öftern Ausübung, findet, vornehmlich wenn er Eigenschaften betrifft, die sich nicht so unmittelbar in der gemeinen Erfahrung darstellen lassen. Nachdem aber, wiewohl spät, die Maxime in Schwang gekommen war, alle Schritte vorher wohl zu überlegen, die die Vernunft zu tun vorhat, und sie nicht anders, als im Gleise einer vorher wohl überdachten Methode, ihren Gang machen zu lassen, so be|kam die Beurteilung des Weltgebäudes eine ganz andere Richtung, und, mit dieser, zugleich einen, ohne Vergleichung, glücklichern Ausgang. Der Fall eines Steins, die Bewegung einer Schleuder, in ihre Elemente und dabei sich äußernden Kräfte aufgelöst, und mathematisch bearbeitet, brachte zuletzt diejenige klare und für alle Zukunft unveränderliche Einsicht in den Weltbau hervor, die, bei fortgehender Beobachtung, hoffen kann, sich immer nur zu erweitern, niemals aber, zurückgehen zu müssen, fürchten darf.

Diesen Weg nun in Behandlung der moralischen Anlagen unserer Natur gleichfalls einzuschlagen, kann uns jenes Beispiel anrätig sein, und Hoffnung zu ähnlichem guten Erfolg geben. Wir haben doch die Beispiele der moralisch-urteilenden Vernunft bei Hand. Diese nun in ihre Elementarbegriffe zu zergliedern, in Ermangelung der *Mathematik* aber ein der *Chemie* ähnliches Verfahren, der *Scheidung* des Empirischen vom Rationalen, das sich in ihnen vorfinden möchte, in wiederholten Versuchen am gemeinen Menschenverstande vorzunehmen, kann uns Beides *rein*, und, was Jedes für sich allein leisten könne, mit Gewißheit kennbar machen, und so, teils der Verirrung einer noch *rohen* ungeübten Beurteilung, teils (welches weit nötiger ist) den *Genieschwüngen* vorbeugen, durch welche, wie es von Adepten des Steins der Weisen zu geschehen pflegt, ohne alle methodische Nachforschung | und Kenntnis der Natur, geträumte Schätze versprochen und wahre verschleudert werden. Mit einem Worte: Wissenschaft (kritisch gesucht und methodisch eingeleitet) ist die enge Pforte, die zur *Weisheitslehre* führt, wenn unter dieser nicht bloß verstanden wird, was man *tun*, sondern was *Lehrern* zur Richtschnur dienen soll, um den Weg zur Weisheit, den jedermann gehen soll, gut und kenntlich zu bahnen, und andere vor Irrwegen zu sicheren; eine Wissenschaft, deren Aufbewahrerin jederzeit die Philosophie bleiben muß, an deren subtiler Untersuchung das Publikum keinen Anteil, wohl aber an den L e h r e n zu nehmen hat, die ihm, nach einer solchen Bearbeitung, allererst recht hell einleuchten können.

NACHWORT DES HERAUSGEBERS

1
Zur Textgeschichte der Kritik der praktischen Vernunft

Kants Kritik der praktischen Vernunft ist im Jahre 1788 bei Johann Friedrich Hartknoch in Riga erschienen. 1792 folgt die zweite Auflage. Diese Auflage weist gegenüber der ersten eine Reihe von Veränderungen auf, die aber offensichtlich nicht von Kant selbst stammen. Als letzte Auflage zu Kants Lebzeiten erscheint 1797 die 4. Auflage; sie ist ein fast unveränderter Abdruck der 1. Auflage. Von einer dritten Auflage ist nichts bekannt. Weitere Auflagen erscheinen 1818 und 1827. Nachdrucke sind schon 1791, 1795 und 1796 in den Handel gekommen.

Die erste einer großen Zahl von Neuausgaben ist die Ausgabe von Rosenkranz, die als 8. Band seiner Gesamtausgabe 1838 erschienen ist. Wegen ihrer textkritischen Bemühungen wichtig sind die Ausgaben von Hartenstein von 1838 und 1867. Kehrbachs Ausgabe in Reclams Universal-Bibliothek weist als Datum der Vorrede 1878 auf. In der maßgebenden wissenschaftlichen Kantausgabe, der Ausgabe der Preußischen Akademie der Wissenschaften, ist die Kritik der praktischen Vernunft als 5. Band, 2. Auflage 1913, von Paul Natorp herausgegeben worden. Neben der Akademieausgabe sind die Ausgaben von Karl Vorländer in Meiners Philosophischer Bibliothek, letzte Auflage 1959, und die Ausgabe von Benzion Kellermann, erschienen 1914 als 5. Band der von Ernst Cassirer besorgten Gesamtausgabe, als wissenschaftliche Ausgaben zu erwähnen.

II
Textgestaltung

Der Text dieser Ausgabe ist nach der 1. Auflage von 1788 gestaltet. Die 2. Auflage wurde durchgehend verglichen.

Geht an Stellen, wo der Text dieser Ausgabe von der 1. Auflage abweicht, die Änderung bis auf die 2. Auflage zurück, so ist dies in den Anmerkungen angezeigt. Ebenso sind Änderungen der 2. Auflage, die zwar nicht übernommen sind, aber besonders erwägenswert scheinen, angegeben.

Die in Kants Handexemplar vorgenommenen Änderungen sind übernommen und die betreffenden Stellen in den Anmerkungen angezeigt.

An Stellen, wo unser Text sowohl von der 1. Auflage wie von der Akademieausgabe abweicht, ist — gegebenenfalls — auf dritte Quellen für die vorgelegte Fassung verwiesen.

Die Abweichungen von der Interpunktion der 1. Auflage wurden — einige Schlußzeichen ausgenommen — sämtlich angemerkt. Verweise auf die in der Akademieausgabe oder an anderer Stelle vorgenommenen oder vorgeschlagenen Interpunktionsänderungen sind nicht gegeben worden.

Nominalformen, die sowohl als Singular wie als — archaischer — Plural gedeutet werden können, wurden in dem Numerus gegeben, den der Sinnzusammenhang empfiehlt. (Vgl. S. 107, Z. 17; S. 136, Z. 8—9; S. 246, Z. 23—24; S. 249, Z. 16—17.)

Einige archaische Formen, vornehmlich solche, die ein besonderes Pathos ausdrücken, sind erhalten worden.

III
Benutzungshilfen

In den Anmerkungen finden sich die Übersetzungen der im Text vorkommenden lateinischen Zitate. Die Seitenzahlen der 1. Auflage sind dem Text beigegeben. Der Ausgabe ist ein Register beigefügt, dessen Bearbeitung freundlicherweise Gerhard Lehmann übernommen hat.

PERSONENREGISTER

A. bedeutet Anmerkung, D. Definition

SACHREGISTER